网络空间共同犯罪基本构造

张楚 著

西南政法大学最高人民法院应用法学研究基地

应用法学文库 | 张光君 主编

The Basic Structure of Joint Crime in Cyberspace

法律出版社
LAW PRESS·CHINA
北京

图书在版编目(CIP)数据

网络空间共同犯罪基本构造 / 张楚著. -- 北京：法律出版社, 2022

(应用法学文库 / 张光君主编)

ISBN 978-7-5197-5339-9

Ⅰ. ①网… Ⅱ. ①张… Ⅲ. ①互联网络-计算机犯罪-团伙犯罪-研究 Ⅳ. ①D914.04

中国版本图书馆 CIP 数据核字(2021)第 024922 号

网络空间共同犯罪基本构造
WANGLUO KONGJIAN GONGTONG FANZUI JIBEN GOUZAO

张 楚 著

策划编辑 陈 妮
责任编辑 陈 妮 王 鸿
装帧设计 李 瞻

出版发行 法律出版社
编辑统筹 法治与经济出版分社
责任校对 周合芝 周诗湄 王 皓
责任印制 吕亚莉
经　　销 新华书店

开本 710 毫米×1000 毫米 1/16
印张 15.75 **字数** 277 千
版本 2022 年 2 月第 1 版
印次 2022 年 2 月第 1 次印刷
印刷 北京虎彩文化传播有限公司

地址：北京市丰台区莲花池西里 7 号(100073)
网址：www.lawpress.com.cn
投稿邮箱：info@lawpress.com.cn
举报盗版邮箱：jbwq@lawpress.com.cn

销售电话：010-83938349
客服电话：010-83938350
咨询电话：010-63939796

书号：ISBN 978-7-5197-5339-9　　**定价**：88.00 元

凡购买本社图书,如有印装错误,我社负责退换。电话：010-83938349

总　序

百余年来，风云激荡，国家开启现代化进程，社会迭经变迁。中国法学与民族命运共浮沉，历经数变。改革开放，法学新生，日累寸进，乃有今日之成。国家顺应时代趋势，高瞻远瞩，倡导“建设社会主义法治国家”。及至今日，中国特色社会主义法律体系宣告建成，蔚为壮观。然当今中国，经济体制变革，社会结构变动，利益格局调整，思想观念变化，转型加剧突显结构矛盾，社会向学界提出挑战。社会转型催生法学转型，法学教育亟须“突围”。中国法学教育以解决中国问题为出发点，亦必以之为归宿。盖因中国有中国之问题，中国法学必须有中国意识，必须有能力把握和解决中国的法治问题。

“法者天下之公器也，变者天下之公理也。”法律是公共资源，立法者立法律为据，条贯社会；守法者以法律为凭，指导行为，充当法律请求权基础；执法者执行法律，让法律行于天下；司法者，秉持正义，衡断纠纷，匡正法度。然法律运行于社会，非有学术之研讨、化育与引导，无法建其功。法学本基于实践亦志于实践，是知识之学、智慧之学，更是实践之学，以依法合乎正义地解决社会纠纷为其要务。王泽鉴先生有言：“有实务而无理论，犹如盲目，有理论而不重实务，则近空谈。”中国并非缺乏法学理论，数十年来，主要法治国家之法学理论被大力引入。中国更不乏法律实务，“为有源头活水来”，三十年改革开放，现代化进程一路高歌猛进，为法学研究所准备之实务资源无限丰富。身处伟大时代，中国当今法治实践为展开法学研究提供了广阔天地，只是“犹在深闺人未识”。而今，从“立法主义”向“应用”转变的社会需求，促动中国法学转型，为中国法学教育锦上添花。挑战与机遇并存，西南政法大学2012年首创“应用法学”学科生逢其时。

“形而上者谓之道,形而下者谓之器。”法学理论界常以追求法学中的“形而上者”自居,带有追求弘法论“道”的自我优越感,鄙视法律实务“低级”;法律实务界则谓法学理论界“玄而又玄”,所研究者为“擒龙之术”,无以应对社会实践。而在法学界内部,理论法学与应用法学的隔膜亦至如此。应用法学研究在法学实务界与法学理论界、教育界遭到了截然不同的命运,实务界如火如荼与理论界、教育界落寞孤寂适成鲜明对照。改革开放以来,大学全面卷入市场经济大潮,斯文扫地,人文精神丧失。与此相应,大学教育之技术导向与职业化蓬勃发展。曾几何时,大学教育之技术导向与职业化成为批评的众矢之的。然天不丧斯文,国学重建及文化软实力战略,助成大学人文精神恢复。唯中国法学教育,实无力承受技术导向与职业化教育指责。若然,中国法学教育以应用为导向当备受诟病。然而,现实所提问题恰恰相反,中国法学教育所培养之法科学生竟然仍需较长时间方能应付法律实务。果如是,则中国法学教育职业化程度还远远不够,无法培养出合格的“法匠”。原因何在?从法学教育角度看,缺乏沟通法学理论与法律实务的“应用法学”,乃是一重要原因。

中国当前法学体系中,本有理论法学与应用法学之分。所谓应用法学者,是旨在直接服务法律实际生活、帮助解决法律实际问题之法学分支学科总称,其代表性学科是各种部门法学。在此意义上,应用法学几成一无所不包之庞然大物。盛名之下,其实难副。究其实质,这种“应用法学”还只是停留在部门法学层次。在这个庞大体系中,每一具体部门法学,皆形成各自独立之理论体系。尽管诸部门法学均以解决法律实际问题相标榜,却处于杂乱状态。各部门法学以研究对象和研究方法为主要标准,于应用法学名义下,纵向上各自确定自己之学科地位。而诸部门法学之间壁垒森严,扞格难通,成各自为政之局面,甚至相互挞伐,基于利益诉求争夺学术地盘。传统应用法学内部“纵向分割”,各部门法学孤军奋战,有碍通盘考量。“一叶障目,不见泰山。”每一种分类,无疑都是一种遮蔽。遮蔽之后需去蔽。综合运用法学理论,有效衔接法律规范与社会事实,非各部门法学单打独斗所能独力完成。欲去现行法学教育之蔽,加强薄弱环节,当形成真正之“应用法学”学科。

此“应用法学”,旨在会通理论与实践,研究对象上一改传统之“纵向”划分,在横向上贯通各部门法学,精研各法律部门于“应用”过程中所生之共同问题与共同规律。“法之理在法外。”应用法学旨在为“法之理”与“法之外”搭建学科桥梁,实现法学内部各学科之间的交叉融合,提升法律人的法律综合应用能力,意欲为“仰望星空”和“脚踏实地”建立中介,打破以部门法为界的划分方法,从横断面切入各个部门法学,突出法学知识的综合运用,实现关注对象从“立法”到“法律实施”的转变,强化法律应用技术,特别是法律方法论研究。总而言之,应用法学要借助法律方法论,把作为权威系统的法、作为社会系统的法和作为价值系统的法有机协调起来,沟通实务与学说,促进法学进步。而应用法学,实有助于法律职业共同体的养成。法官、检察官、律师、公证员等只是法律人从事不同法律职业分化之结果,但在培养法律职业共同体的过程中,仍有赖于法律思维的训练乃至内化。就此而言,应用法学的创立,是法律思维和法学教育理念的一场革命。

独立之精神,自由之思想,是现代大学之精髓。《诗经》有云:“周虽旧邦,其命维新。”思想自由与学术创新,亦是现代大学的社会职责。秉持创新理念,担当社会责任,西南政法大学首创“应用法学”学科,举“应用法学院”[1]一个学院之力,倾力打造“应用法学”。“应用法学文库”将以关注法律职业人员等特定主体运用法律的具体行为和实际效果为宗旨,概括、提炼法律职业主体在法律实务中应当遵循的技术、方法、规律和原则,期许为法律的正确应用进而制度完善提供实际指引和理论支持。西南政法大学诚欲和海内外有志之士,共谋应用法学发展大业。

“海纳百川,有容乃大。”“应用法学”乃新生事物,初创时期,尚显幼稚,然所针对问题,实具普遍意义,直指中国当前法学教育软肋。“应用法学”欲深入理论,润养于经典;关注实践,立足于现实;阐幽发微,沟通实务与理论两端;回应时代需求,服务现实社会。“应用法学”之发展壮大,端赖法学理论与法律实务携

---

[1] “西南政法大学应用法学院”现已更名为“西南政法大学人工智能法学院(应用法学院)”。西南政法大学人工智能法学院(应用法学院)以“回应国家战略、坚持错位竞争”为发展理念,以“智慧法治研究前沿、法律实务教育高地”为发展目标,力争将学院打造成培养“通识和专才皆备、知识和技能并举”的应用型、复合型、创新型高素质法治人才的摇篮。学院是智能司法研究重庆市 2011 协同创新中心的牵头单位。学院有“人工智能法学”二级学科,下设“应用法学”方向;设有“人工智能法学”“法律职业伦理与技能”“仲裁学”3 个教研室;建有“西部基层卓越法律人才教育培养基地”和“西南政法大学最高人民法院应用法学研究基地”等教学科研平台。其中,西南政法大学最高人民法院应用法学研究基地始建于 2013 年 7 月,是最高人民法院研究室、中国应用法学研究所与西南政法大学签署的《关于加强应用法学与审判理论教学科研战略合作框架协议》的内容之一。

手共进,践行法律,弘扬法治。涓涓细流,汇成大海。应用法学方兴未艾。唯愿法学理论与实务界,持开放心态,扶持发展,协力共进,共同推进中国法治事业。

唯今日为应用法学尽绵薄,希冀他日成蔚蔚大观。

是为序。

西南政法大学校长　付子堂

二〇一二年六月于重庆渝北宝圣湖畔

序

伴随新一轮的科技革命，人类涉足的区域逐渐从陆地空间扩展到海洋空间、宇宙空间。网络空间作为“第五空间”出现在人类生活中，不仅成为后疫情时代社会生活的重要基建，也成为老百姓衣食住行不可或缺的基本硬件，还充当着构建数据安全防御体系、实现社会网格治理的关键工具。本书是一本立足于“网络空间”的基点而展开的规范刑法学研究的专著，不仅打破了我国传统刑法学的基本理念，也为新时期刑法学研究提供了诸多可资参酌的思想成果。

2015 年，《刑法修正案（九）》正式生效，新增“拒不履行信息网络安全管理义务罪”“非法利用信息网络罪”“帮助信息网络犯罪活动罪”，是智能时代背景下刑法手段对网络犯罪行为的公法规制。而《网络安全法》于 2017 年正式实施，奠定了“网络空间主权原则”，将网络安全放在了与数据安全、信息安全同等重要的地位，共同筑造智能时代的国家安全观。近年来，致力于研究网络法学和人工智能法学的新秀比比皆是，人工智能法学作为一门新兴的法学学科，与传统的刑法学理念毂击肩摩，时代的转型使理论的革新呼之欲出。

刑法，作为一门古老而常新的部门法学，现已发展和形成了较为成熟而系统的理论品格。近年来，尽管对《刑法》的修订十分频繁，但对新型犯罪，尤其是网络犯罪的防范，能否对症下药，不仅需要风险防范的未雨绸缪和法律规则的与时俱进，更需要法学原理起点的追溯和法学基础理论的革命。早有学术文献对网络犯罪的生成原因、发展方向和预防机制进行过研究，但是这些研究都是从犯罪学的角度进行切入的，少有学者从规范刑法学的视角来分析。随着网络犯罪研究热度的升高，近年来，实务界和理论界催生了对网络爬虫问题、网络中立技术行为、新型网络犯罪手段等新问题的探讨。此外,“网络犯罪”“网络与信息安全法”“个人信息保护法”“数据安全法”等相关课程在本科研究生的专业选修课中相继开设,成为人工智能法学教育的主打品牌。这些不仅为人工智能犯罪的研究提供了不可多得的机遇,同时,也打开了新一代的莘莘学子通向未来的智慧之门。

随着互联网技术的发展与强大,网络犯罪逐渐从现实空间延伸到网络空间。循名责实,网络犯罪是一种犯罪形式,共同犯罪是一种犯罪形态。网络空间共同犯罪成了网络犯罪的高级形态,最早的学者涉猎研究涉网的共同犯罪,就手段异化的原因、网络黑色产业链、网络攻击与病毒侵入、网络提供者的法律责任等问题进行了研究。

如何应对智能时代的风险?网络风险对法律体系的冲击和对抗面临变与不变的对立与矛盾,然社会形态和治理体系总会面临一个从量变到质变,最后甚至聚变和激变的过程。法律关系是否重塑和调整,一方面,取决于社会意识对社会风险和机遇挑战承受的张力,即伦理和法理在科技革命中可以接受的振动和冲击强度;另一方面,取决于解决问题的方法论,即应对新型犯罪和新式风险,立法和解释应当如何转型。

网络空间的共同犯罪呈现隐蔽性、复杂性和不可预测性等特点,《刑法》中对共同犯罪的规定“字斟句酌”,给刑法研究者很大的发挥空间。诚然,基于共同犯罪的性质,从共同犯罪的成立到共同犯罪的量刑,共同犯罪理论因抽象、复杂,而被刑法学者喻为“刑法的绝望之章”。本书的作者——张楚博士大胆尝试以网络空间共同犯罪为研究点,展开对网络犯罪的深层次研究,其举颇具挑战性,不仅切入点较新颖而独到,而且在研究内容上也有重大突破。

张楚博士于2011年开始师从本人,研究刑法基础理论,在从事软件工程、互联网技术的科研工作后回来读博深造,聚焦时代热点,另起炉灶,选择以网络刑法与信息安全为研究内容,在攻读博士期间研究网络金融问题,涉猎关于移动支付刑法规制的问题,并立足刑法的转型和修订,讨论网络言论自由的法律边界,探索网络平台的监管责任。经过几年时间的整合,以网络空间的共同犯罪作为研究方向,最终也将这个选题贯穿到往后的科研产出中。

而今,张楚博士已在西南政法大学人工智能法学院留校任教,承担“网络与信息安全法”“网络犯罪”等相关课程的教研工作。无论是刑事法学的研究,还是新兴学科的打造，都任重而道远。在余生的教学生涯里，我真心地希望张楚博士能保持这份热忱，站好三尺讲台，投入科研和教学工作，在“科技＋法律”的革新浪潮中能够把握时代的脉搏，站在时代的前沿，以包容的心态和宽广的视野，去审视过往，擘画未来，奉献社会，将和谐理念内化于心，外化于行，不断充实学习和提升自我，为我国刑法学与人工智能法学的研究做出更大贡献。

是为序。

李永升*

2021 年 1 月 10 日

* 西南政法大学法学院教授、博士研究生导师。

目录

引　言

共同犯罪是刑法学术界热门的话题。共犯的成立、共犯可罚性的依据以及共犯刑事责任的根据等话题一直被理论界热议。围绕纷繁复杂的各类学说,论者们各执一词。有日本刑法学者把共同犯罪誉为刑法总论之绝望章节。[1] 由于论证的起点不同、论证的依据不同、论证的方法论不同,学者们得出的结论总是南辕北辙。

从共犯人处罚的根据上看,有责任共犯说、违法共犯说和因果共犯论的分歧;从共同犯罪的成立上看,有行为共同说和犯罪共同说的对立;从共同犯罪的性质上看,有独立性学说和从属性学说的差异。众说纷纭,没有统一的结论,主要是因为原理起点不一致,在论证的过程中,论者们缺乏对共同犯罪内核机制以及基本构造的明确。

结合当前的互联网、大数据时代背景,在网络空间中探讨共同犯罪的定罪量刑问题,传统刑法学有关共犯成立条件、共犯处罚根据、共犯参与人量刑规则等诸多问题面临重大修正甚至重构。

一、研究目的

笔者旨在立足于当下的网络时代背景下,构建出一套符合网络时代特色的共同犯罪理论,在对传统共同犯罪理论进行援引和改造的同时,发展出一套能够

---

〔1〕［日］高桥则夫:《共犯体系和共犯理论》,冯军、马乃纯译,中国人民公安大学出版社 1987 年版,第 17 页。

适用于网络空间的行为理论,对司法实践中的网络犯罪难题,以及共同犯罪的定罪量刑问题提出见解。

犯罪构成,是研究所有犯罪论理论的原理和基石。笔者在犯罪构成的基础上提出“基本构造”,旨在研究犯罪构成主观与客观方面的联系内核和机制。所谓“基本构造”,是事物内部要素之间的组成和架构,以及各要素之间的相互联系,是要素之间客观的影响和联动,是理论构建的方法论基础,是解决理论问题的思路,也是搭建一套理论化体系的模型。在某一学术领域出现学说争议,是因为论者看问题的角度不同,适用具体理论的背景亦有不同。但是,事物要素之间的联系、制约和对立是客观的,方法论的选择亦非各路论者的主观臆断,而应当结合当前的理论背景,亦不能脱离当前的实践环境。随着民众生活由传统空间向网络空间的过渡,一元空间逐渐演变为多元空间,以传统的方法论解决网络的问题必然面临困难和瓶颈。

方法论是主观与客观的统一体:一方面,一个问题能不能解决,这取决于方法论的内在合理性;另一方面,在一个问题可以以多种方法论切入的情况下,如何适用最有效、最合理的方法论,取决于人的主观能动性。原理决定方法论,纵然传统的方法论有待改造,但是不能违背原理的基本内核,从犯罪构成出发,解决共同犯罪的本体和实质。

方法论的选择,应当符合时代要求,根据时代的鲜明特色,在囿于基本原则的前提下,选择立场、构建思路。传统的共同犯罪理论的原理起点需要根本性明确,传统的共同犯罪理论面临更多的修缮和改造。在“互联网 +”“智能 +”时代蓬勃发展和网络空间不断丰富的大环境下,笔者探讨共同犯罪之内核,在原有的基础理论下明示认识论,明确方法论,以“基本构造”的研究思路贯穿共同犯罪的论述和研究始终,必须立足共同犯罪理论的基石,在原有的基础理论下确立方法论。

二、研究综述

近年来,研究网络犯罪的学者日益增多,2015 年往后比较有影响力的图书与专著有喻海松法官的《网络犯罪二十讲》、谢望原教授的《网络犯罪与安全》、刘军教授的《网络犯罪治理形势政策研究》等。直至 2019 年 6 月,网络犯罪的论文文献有近 12,000 篇,研究传统共同犯罪的文献有 16,000 余篇。将网络犯罪与共同犯罪一并研究的文献，呈逐年上升趋势，但尚未形成完整体系。

在学术论文的切入点上，有学者从共犯的构成要件的某一个方面或要素来研究网络共同犯罪，通过主观方面来研究网络共犯。[1] 也有学者从共犯的类型的角度切入来研究网络共同犯罪，通过不同类型的共犯研究网络共犯。[2] 还有学者以罪量要素作为研究点，以研究网络空间共同犯罪。[3] 无论是我国刑法理论还是域外刑法理论，网络共同犯罪的研究尚处在起步阶段，国内外学者对网络空间共同犯罪的研究现状可以做如下梳理：

（一）国内网络空间共同犯罪的研究现状

国内刑法学学者皮勇等教授较早涉足了网络刑法的研究。早期网络刑法的研究侧重网络犯罪而非网络刑法的研究，学者们致力于研究网络犯罪与其他学科的交叉。例如，杨正鸣的《网络犯罪研究》一书中通过网络犯罪与文化形态、法治形态等领域研究了网络犯罪。又如，王云斌的《网络犯罪》一书通过界定网络犯罪的概念和种类、认定和处罚等总则性规定，再以刑法分则为体系，列举了不同类型的网络犯罪。

总而言之，我国刑法学学者研究的规范刑法意义上的网络犯罪研究并不多见。国内有关共同犯罪的理论多为德日刑法的“舶来品”。有关共同犯罪成立的理论、处罚的根据、共同犯罪的性质理论多有在国外学者研究的基础上进行移植和借鉴。研究共同犯罪的国内学者通常以一个点进行切入，以小见大地研究共同犯罪的理论，传统刑法学理论通常以共同犯罪的性质作为主要的研究点。

早在 1982 年，伍柳村教授在论文中论述了共犯的二重性特征，这一学说也得到了年轻学者的发展和深化。[4] 钱叶六、张开骏等学者[5]从共犯从属性的方面、共犯从属性的程度阐释了自己对共同犯罪从属性学说的观点，江溯、陈家

---

〔1〕 郭旨龙：《论信息时代犯罪主观罪过的认定——兼论网络共犯的“通谋”与“明知”》，载《西部法律评论》2015 年第 1 期。

〔2〕 张俊霞：《网络共同犯罪若干疑难问题探讨》，载《河北法学》2007 年第 11 期。

〔3〕 王华伟：《网络语境中的共同犯罪与罪量要素》，载《中国刑事法杂志》2019 年第 2 期。

〔4〕 伍柳村：《试论教唆犯的二重性》，载《法学研究》1982 年第 1 期。

〔5〕 钱叶六：《共犯论的基础及其展开》，中国政法大学出版社 2014 年版；张开骏：《共犯从属性研究》，法律出版社 2015 年版。

林等学者则从罪责自负的原则出发,论证了共犯独立性的主张。[1]

受日本刑法学理论的影响,我国的刑法研究学者有从共犯体系来研究共同犯罪的,如江溯教授、[2]黎宏教授、[3]刘洪教授[4]等;也有从共犯的性质来研究共同犯罪的,如李洁教授、谭堃教授、[5]钱叶六教授、[6]陈世伟副教授[7]等;还有从特定的共犯种类来研究共同犯罪的,如刘凌梅教授、[8]张伟博士、[9]魏东教授、[10]朱道华教授、[11]刘远教授、[12]何秉松教授[13]等。还有学者将共同犯罪结合刑法的身份问题展开探讨,如陈山教授,[14]还有部分学者研究共同犯罪的特殊形态——承继共犯,如任海涛博士。[15]

2010年出版的《共同犯罪的网络异化研究》一书,从共同犯罪异化的背景和原因、黑客学校、网络中立帮助行为、木马入侵行为、黑色产业链、ICP和ISP犯罪[16]、网络群组的违法行为几个维度研究了共同犯罪在网络空间中的行为表现,首次以专著的形式把共同犯罪与网络犯罪的相关理论相结合。由于该书的出版处于网络2.0时代,网络犯罪侧重于技术犯罪,该书以网络犯罪为研究核心,以共同犯罪为切入点展开,偏向于经济犯罪的阐述。

(二)国外网络空间共同犯罪的研究现状

我国部分共同犯罪理论源于日本,日本学者注重从共同犯罪的处罚根据和

---

[1] 江溯:《犯罪参与体系研究——以单一正犯体系为视角》,中国人民公安大学出版社2010年版;陈家林:《共同正犯研究》,武汉大学出版社2004年版。

[2] 江溯:《犯罪参与体系研究——以单一正犯体系为视角》,中国人民公安大学出版社2010年版。

[3] 黎宏:《我国犯罪构成体系不必重构》,载《法学研究》2006年第1期。

[4] 刘洪:《我国刑法共犯参与体系性质探论——从统一正犯视野》,载《政法学刊》2007年第4期。

[5] 李洁、谭堃:《论共犯从属性理论的内涵》,载《国家检察官学院学报》2011年第1期。

[6] 钱叶六:《共犯论的基础及其展开》,中国政法大学出版社2014年版。

[7] 陈世伟:《论共犯的二重性》,中国检察出版社2008年版。

[8] 刘凌梅:《帮助犯研究》,武汉大学出版社2003年版。

[9] 张伟:《帮助犯研究》,中国政法大学出版社2012年版。

[10] 魏东:《教唆犯研究》,中国人民公安大学出版社2002年版。

[11] 朱道华:《教唆犯研究》,法律出版社2014年版。

[12] 刘远:《有组织犯罪概念的刑法哲学分析》,载《法学家》2008年第3期。

[13] 何秉松:《中国有组织犯罪研究》,群众出版社2010年版。

[14] 陈山:《共犯与身份》,科学出版社2012年版。

[15] 任海涛:《承继共犯研究》,法律出版社2010年版。

[16] ICP和ISP犯罪,即内容服务商和服务提供商涉及犯罪。ICP英文全称为Internet Content Provider,ISP英文全称为Internet Service Provider。

共犯人行为之间的因果性来研究共同犯罪,如山口厚、[1]曾根威彦、[2]葛原力三、十河太郎和大越義久,也有少部分学者从共犯的体系来解读共同犯罪理论,如照沼亮介。

国外的网络犯罪研究多以2001年通过的《网络犯罪公约》为基础,从网络犯罪的刑事实体法、刑事程序法以及网络犯罪管辖的相关问题展开研究,散见于部分中文文献和外文资料里的是各国的网络犯罪立法比较,以及《网络犯罪公约》对本国立法的实质影响,有关网络犯罪的文献也多倾向于网络安全、系统安全等方面。

与网络犯罪相比,外国刑法理论有关共同犯罪的论述颇为丰富:关于共同犯罪性质的理论,我国刑法中的独立性学说和从属性学说源于对他国刑法理论的借鉴。关于网络共同犯罪成立的理论,在我国刑法理论上出现了犯罪共同说与行为共同说的对立,主张共犯从属性原则的论断,也出现了严格从属性与夸张从属性的分化。共同犯罪的共犯人分类以及处罚原则,同样对我国刑事立法和司法实践有重要指导作用。由于理论体系庞杂,共同犯罪一直被中外学者喻为"绝望之章"。

国外只有较少学者研究了网络犯罪与共同犯罪的交叉,网络空间中的多人行为,由于行为时犯意联络的缺乏,在司法实践中更多以同时犯或者单独犯罪来认定和处罚。国外的共犯理论多以共犯从属性原则为基础,通过从属性的程度大小讨论共同犯罪的成立和处罚原则。

由于网络的虚拟化和不确定性,网络犯罪的行为人之间缺乏犯意联络,网络犯罪的行为人之间分工协作的意思表示减弱,行为人相互利用的意思表示增强。有意大利刑法学者用加功理论试图解决多人犯罪的问题,为共同犯罪独立性学说增加了几分主张,也为网络空间的共同犯罪问题提供了解决的思路。

(三)现有网络空间共同犯罪的理论缺陷

从国内外两个维度梳理刑法理论,并对有关网络犯罪和共同犯罪的论述进行梳理,当前网络空间共同犯罪的研究仍存在以下缺陷:

第一,"网络空间犯罪"的理论研究刚起步,并未脱胎于传统的"网络犯罪"。

---

[1] [日]山口厚:《从新判例看刑法》,付立庆、刘隽、陈少青译,中国人民大学出版社2009年版,第36~42页。

[2] [日]曾根威彦:《刑法学基础》,黎宏译,法律出版社2005年版,第486~493页。

对网络犯罪的定义是以网络为对象、手段还是平台尚不明确。无论是国内文献还是国外文献,学者们的研究更倾向于“网络犯罪”,而非“网络刑法”,学者们对网络犯罪的问题倾向于金融领域和科技尖端领域。随着网络3.0时代取缔网络2.0时代,网民的数量呈逐渐上升的趋势。不少学者提出了网络犯罪的三个发展阶段:以网络为对象的阶段、以网络为手段的阶段和以网络为空间的阶段。笔者将共同犯罪的研究置于网络空间的犯罪,不再赘述以网络为犯罪对象和以网络为犯罪手段的网络犯罪,以此缩小证成的范围。

第二,尚未明确共同犯罪的基本构造,极度缺乏共犯理论研究的内核理论支撑。网络空间共同犯罪成立的确定,共同犯罪范围的划定,诸如犯罪共同说或行为共同说的理论选择,共犯独立性还是共犯从属性的理论选择等,相关文献的理论论证都略显薄弱。大多数学术论文的论证是从现象而非本质的层面来研究共同犯罪,停留在共同犯罪在网络空间中的形态异化,并没有分析清楚在此种变化下共同犯罪的内核,抓住共同犯罪的本质和核心。

第三,共同犯罪的研究起点模糊,共同犯罪的研究体系孱弱。大多数文献只是从当前的网络时代大背景分析网络共同犯罪的特征、成因和预防措施,规范刑法学方面研究的文献较少,且这些文献只是从当前刑法鲜有的条文中解读网络犯罪,研究体系杂乱、单一。随着《刑法修正案(九)》对网络犯罪内容的丰富,网络犯罪相关条文与总则规定、其他条文的交叉和竞合,国内文献并未对相关条文的协调和适用作出深度的剖析,也未对法条和有关司法解释进行体系化的梳理和阐释。

三、理论意义及实践价值

目前,只有少数学者在网络空间的背景下研究共同犯罪。笔者在网络3.0的时代背景下讨论网络空间的共同犯罪,拟从传统的网络犯罪中分化出“网络空间犯罪”的下位概念。作为网络犯罪和共同犯罪的交叉部门,研究网络空间的共同犯罪具有以下理论意义及实践价值。

(一)理论意义

研究网络空间的共同犯罪,以共同犯罪内部的基本构造,由主观到客观,从内核到外核,展开网络空间共同犯罪的论点探讨,具有以下两个方面的理论意义。

第一,深化理论界对网络犯罪的认识和探索。《刑法》总则中没有单独对网络犯罪加以规定,《刑法》第285～287条对计算机犯罪作了笼统的规定。当前网络犯罪的研究并没有完全脱胎于计算机犯罪研究,理论界对网络犯罪的研究仍然还存在若干缺陷。比如,对网络犯罪的外延界定不明确、对网络犯罪的内涵框定不明晰等。网络犯罪仅指利用网络实施的犯罪,还是指仅能依靠网络实施的犯罪?再如,对网络犯罪中的"行为"论证不透彻:网络中的超链接行为,是刑法意义上的"传播"行为,还是"帮助传播"行为?网络空间中的"起哄闹事"如何证成?单纯的言语传播能否评价为刑法上的寻衅滋事?

第二,强化学术界对共同犯罪的讨论和探究。其一,明确我国共同犯罪理论的基本论点。我国学术界对于共同犯罪的理论通说是共同犯罪二重性学说,但该学说难免有和稀泥之嫌。一方面,该学说没有切中肯綮地表述共同犯罪的根本性质;另一方面,该学说也没有清晰明了地阐释共同犯罪的基本构造。共犯人人身危险性在何种情形下是独立的,又在何种情形下是从属于其他共犯人存在的?网络空间共同犯罪的提出,意味着对共犯理论和行为理论的重构。其二,丰富网络共犯的类型化研究。随着网络技术的高速发展,网络共同犯罪的刑事立法远远滞后。由于网络的特殊性,网络共同犯罪着手行为的认定、既遂标准的认定,以及不同类型网络共犯认定,是在互联网时代下的必然论题。

(二)实践价值

伴随网络2.0时代向网络3.0时代的过渡,新型的犯罪手段、犯罪类型逐渐进入大众的视野。研究网络空间共同犯罪,对于司法实践的定罪和量刑都有重要的指导意义,具体的实践意义和研究价值如下:

第一,对网络空间的共同犯罪成立范围的指导作用。由于网络具有不确定性、隐蔽性等特征,网络空间的教唆行为、网络空间的中立帮助行为到底能不能纳入刑法的调整范围,在理论界颇有争议,在司法实践中也没有统一的规范。研究网络空间的共同犯罪,可以从立法的应然角度去框定犯罪圈的大小,也可以从司法的实然性角度去调整犯罪圈的大小。

第二,对分则网络犯罪条文适用的解读作用。《刑法修正案(九)》新增了有关网络犯罪的若干罪名,但罪名之间杂糅,缺乏逻辑和体系,有口袋罪名之嫌。分则具体罪名的选择可以通过总则的原理来配合适用,用共犯原理来解释网络犯罪的现象问题,结合当下的网络时代,明确有关网络犯罪条文的理解和适用。

第三,对网络空间共同犯罪完成形态判定的参考作用。网络空间共同犯罪的共犯人的犯罪形态和犯罪阶段存在错层和分化。笔者立足于“互联网 +”时代的背景,共犯人各自犯罪形态的认定以及处罚原则的确立,也面临重构和洗牌,网络空间共同犯罪的共同犯罪本质有待明确,司法实践中有关共同犯罪成立和处罚原则的标准有待确立,以评判共犯人各自的犯罪形态。

第四,对网络空间秩序构建的促进作用。在网络空间的背景下,以共同犯罪的成立范围和处罚原则为视角研究各共同犯罪人的刑事责任,以网络空间共同犯罪行为人的主观方面、客观方面为研究起点派生出网络空间中网络提供者的注意义务、网民的权利边界等问题的探讨,对构建网络空间的和谐秩序起正面导向作用。

四、研究方法和研究创新

共同犯罪理论是一个传统理论,网络空间共同犯罪是一个全新的提法,在一个全新的领域中研究一个传统的理论,所谓“旧瓶装新酒”,方法论是核心要素,推陈出新是在研究方法和研究创新点上的必然要求。具体而言:

(一)研究方法

本书采用的研究方法如下:

1. 文献比较法

文献比较法主要表现在查阅大量的中西方文献中关于网络犯罪、计算机犯罪、共同犯罪等内容的文献资料,并进行系统的梳理与总结。在比较的过程中既注意梳理对网络犯罪行为模式、行为特征等内容的描述,也注意罗列各国有关共同犯罪的相关论述;既分析不同派别的学说,也分析司法解释出台的刑事立法背景,为网络空间共同犯罪的特征梳理起到铺垫作用。

2. 比较研究方法

比较研究方法体现在对中外共犯学术理论,以及国内外的立法和实践的比较研究中。结合网络 3.0 时代以及物联网时代的特性,研究各国网络立法和计算机犯罪立法的特点,也总结各国共同犯罪案件司法实践的可取和不足,从而提出适合中国立法特色、符合中国司法背景的相关论点,厘清网络空间共同犯罪的刑法性质和基本构造,为立法的完善和理论的修正提供有益的思路。

3. 实证研究方法

首先,将网络空间共同犯罪的典型案例作为研究样本,分析网络犯罪的运作模式及犯罪行为的样态,从个案中分析共犯人在案件中的意思联络,以及特定网络从业人员的注意义务。其次,剖析当前我国网络空间共同犯罪的共通性,探索网络共同犯罪的行为模式、完成形态等相关理论。最后,通过实证研究方法与文献法、比较研究方法相结合,建构网络空间共同犯罪的理论模型,丰富和完善网络犯罪、共同犯罪的相关理论。

4. 科技研究方法

通过人工智能算法、大数据分析、区块链存证技术等手段,对比网络空间共同犯罪中共犯人的行为方式,分析网络空间中共犯人在犯意联络上的特点。具体而言,通过区块链存证的技术,记录网络空间共犯人的行为轨迹,分析网络空间共同犯罪中行为人的手段与特点;通过大数据分析技术,对网络空间共同犯罪的高频犯意联动形式进行归纳,通过人工智能算法,总结出网络空间共同犯罪的行为范式与联动形式。

(二)研究创新

先前论者们研究网络刑法的专著并不多见,多数相关文献散见于计算机犯罪专著的部分章节中,本书的研究创新如下:

1. 研究论点的创新

笔者以规范刑法学作为网络犯罪和共同犯罪的结合点。笔者将研究的重心放在共同犯罪,网络空间作为共同犯罪异化的特色。以犯罪构成要件为核心,源于传统刑法理论而推陈出新,提炼和归纳共同犯罪的基本构造,特别注重对以下几个问题的厘定:

(1)将网络犯罪和网络空间的概念严格框定,避免将网络犯罪和计算机犯罪的概念杂糅,将目标锁定在网络犯罪上。

(2)从规范刑法学而非犯罪学的角度诠释网络空间共同犯罪,从本质上把握网络空间共同犯罪。

(3)从共性上把握网络共犯,从各类型的网络空间共同犯罪类型中抽象出共性,提出周延性的结论,用共性指导类型化的共犯研究。

2. 研究切入点的创新

笔者严格区分网络共同犯罪与网络空间共同犯罪。网络空间犯罪是网络共同犯罪的下位概念。网络空间共同犯罪是网络 3.0 时代的产物，是以网络为活动空间框定研究对象，对行为人共同犯罪的形态进行的研究。网络共同犯罪包括以网络为犯罪对象、以网络为犯罪工具和以网络为犯罪空间的共同犯罪，网络空间的共同犯罪以网络 3.0 时代为特征，对传统共同犯罪的犯罪模式大有冲击，笔者以共同犯罪行为人之间的犯意联络、共同犯罪行为人的客观行为为切入点，研究共同犯罪在网络空间的新变化。

3. 研究视角的创新

笔者以内核扩展到外延，从网络空间共同犯罪的基本构造研究网络空间各类型的共同犯罪。知网、万方中的期刊论文对网络空间的中立帮助行为稍有涉猎，但是对网络空间的组织行为、教唆行为以及聚众犯罪的研究相对较少。笔者分解和阐释共同犯罪在网络空间中的特点形式和异化形态，以基本构造应对网络空间共同犯罪的发展和变化。再进一步，笔者专章对网络空间不同类型的网络犯罪进行分述，归纳和总结在网络空间中不同共犯类型的特色。

4. 研究方法的创新

笔者以犯罪构成的理论剖析网络空间共同犯罪，行为人的犯意联络和行为联动作为内核探讨网络空间的共同犯罪。重在把握网络共犯的本质，与时俱进，结合共犯人在主观方面的联络和客观方面的联动，率先提出“共同犯罪的基本构造”，把共同犯罪的刑法理论拔高层次，从网络犯罪的社会危害性出发，诠释网络空间共同犯罪的共同特征，并在此基础上确立网络共犯行为的入罪标准，网络空间共同犯罪的成立标准和成立范围。有关网络犯罪的犯罪圈划定、网络共犯的成立条件和可罚性研究紧紧围绕共犯原理这个中心展开。笔者拟结合犯罪构成理论，解构共同犯罪的内核，评析网络空间共同犯罪的基本构造，将各种类型的网络空间共同犯罪加以整合。

第一章　网络空间共同犯罪概述

根据《刑法》总则第25条第1款规定，共同犯罪是指两人以上的故意犯罪。网络空间的共同犯罪，是网络空间中二人以上的故意犯罪。随着网络3.0时代到来，学界把“以网络为犯罪工具”和“以网络为犯罪空间”作为“分水岭”，但未从相关内涵的实质方面，对作为犯罪工具的网络和作为犯罪空间的网络两个时代作出区分。

“网络空间”一词虽然是一个热词，但是早已经不是什么新词。只有对网络空间这一基础概念进行框定，才能较清晰地把握网络空间的外延和内涵。网络空间具有虚拟性，但在这个虚拟的空间中，网民们已经可以从事实体的交易、支付以及消费等相关活动。以网络为空间的犯罪和以网络为犯罪手段的犯罪的区别点，既是网络2.0时代和网络3.0时代的“分水岭”，也是整个证成展开的前提。

第一节　网络时代的立法流变与理论发展

在当今的互联网时代，每个网民都是网络信息的输出者，同时，也是网络信息的接收者。随着互联网技术井喷式的发展，互联网服务从以前的信息交流，发展为对生活方方面面的渗透，预示着人们生活方式和交流方式的改变。有专家曾在2002年预言，到2015年，网络即将成为人们生活不可或缺的空间和平台，从衣食住行遍布在生活的每个角落。[1] 这个预言已经得到了证实。不可否认，

---

〔1〕 吴挺：《计算机与网络犯罪》，载《今日科苑》2007年第7期。

当前生活的种种变迁,都归结于计算机技术和网络技术带来的福音。然而,网络技术就如同一把“双刃剑”,给人们带来的不仅仅是便利,也衍生出了一系列违法犯罪现象。

一、网络空间共同犯罪的理论流变和发展概述

从20世纪90年代开始,网络刑法作为经济刑法的一个分支,逐渐进入研究者的视野。1997年《刑法》在第285~287条规定了计算机犯罪和网络犯罪,将计算机犯罪以侵犯社会管理为客体纳入刑法调整的范畴,计算机犯罪和网络犯罪逐渐成为刑法研究者热捧的研究对象。20世纪末21世纪初,学者们把研究的对象框定为“计算机犯罪”,“网络犯罪”作为一个组成部分包含在其中。比如,刘广三教授、〔1〕蒋平教授、〔2〕杨力平教授〔3〕等。赵秉志教授等学者从各国的立法技术和制度层面比较了各国计算机犯罪的理论和实践,总结了论者的“百家争鸣”。

在早年的计算机犯罪的文献中,论者主要侧重从网络技术的手段来介绍计算机犯罪,在规范层面上,以不同国家的立法比较,以及国际、区际间的司法协助和实践介绍计算机犯罪。总结起来,早年的文献主要呈现以下特点:第一,从概念、特征、成因、防控对策等方面来诠释计算机犯罪,构建出一套较为成熟和基础的计算机犯罪理论体系;第二,“计算机犯罪”的概念脱胎于经济犯罪的范畴,绝大多数文献呈现较为浓厚的专业性、技术性的特点;〔4〕第三,“计算机犯罪”与“网络犯罪”的概念杂糅,没有对网络犯罪的问题进行专门的阐述,只是放在计算机犯罪领域附带进行研究。

随着计算机技术的普及和网民数量的迅速增长,尤其是到2005年之后,网络犯罪和计算机犯罪的内涵和范畴逐渐发生分化。网络犯罪不再是白领犯罪的专利,多主体、多层次、多领域成为网络犯罪发展的新趋势。以犯罪团伙为代表的共同犯罪,也逐渐从现实空间发展到网络空间。至此,学界的研究方向也逐渐从犯罪学向规范刑法学转变,绝大部分研究网络共同犯罪的文献都散见于期刊

---

〔1〕 刘广三:《计算机犯罪论》,中国人民大学出版社1999年版。

〔2〕 蒋平:《计算机犯罪问题研究》,商务印书馆2000年版。

〔3〕 杨力平编著:《计算机犯罪与防范》,电子工业出版社2002年版。

〔4〕 魏伟、李武珍:《网络经济犯罪形势分析与防控对策研究》,载《武汉警官学院学报》2013年第2期。

论文和硕博论文中，从其中某一个方面对网络共同犯罪进行展开，学者们着力构建起一套共同犯罪和网络犯罪交叉的理论体系，较出名的是2010年《共同犯罪的网络异化研究》一书的出版，以点带面对网络共同犯罪进行了列举性分析。2015年，随着《刑法修正案（九）》新增“拒不履行信息网络安全管理义务罪”“非法利用信息网络罪”“帮助信息网络犯罪活动罪”等罪名，刑法罪名的设置上从“计算机犯罪”过渡到“网络犯罪”，从而掀起了网络犯罪研究的新一轮热潮。

总结而言，2005年以后的计算机犯罪研究和网络犯罪研究主要呈现的特点如下：第一，网络犯罪和计算机犯罪从理论上和实践中出现一定的分化。前者是一个互联性、互动性的范畴，而后者是单机性、独立性的范畴。第二，对网络犯罪和网络刑法从概念上和外延上并没有作出合理的区分。前者是犯罪学上的范畴，主要研究的是网络犯罪的特点、成因和预防对策，而后者是规范刑法学所涉及的领域，主要致力于研究网络犯罪的构成要件和犯罪形态。学者的文献中往往都混杂在一起研究，没有作适当的区分。第三，缺乏网络刑法的成熟研究体系。大多数文献是从网络犯罪的行为手段切入，从现象到本质，提出办理相关网络犯罪的方法和对策，极少部分文献从网络犯罪的构成要件、入罪条件、量刑机制等方面对网络刑法进行研究。第四，网络犯罪和网络空间犯罪等下位概念相互杂糅。这一时期网络犯罪的相关文献既有以网络为犯罪对象的犯罪，也有以网络为犯罪工具的犯罪，即便少部分学者在文献中提到了“网络空间的犯罪”这一概念，[1]也并未对网络空间这一具有时代特色的概念展开研究，对网络犯罪与共同犯罪理论进行交叉研究的，更是寥若晨星。

二、网络空间共同犯罪的时代背景及学说分流

网络信息技术是电子信息技术发展到一定阶段的产物。电子信息技术经历了从单机到联网的模式革新。从电子信息技术诞生伊始，数字化、虚拟化、碎片化即成为它的代名词，这些静止的、孤立的电子信息并没有产生人与人沟通交流的效果。网络的出现以阿帕网和局域网为雏形，随着万维网的出现，“网络技术”“网络空间”等词汇逐渐出现在社会生活中，当然，不同时代背景下的立法，

[1] 陈立云：《刍议虚拟空间的跨国有组织网络犯罪》，载《广州市公安管理干部学院学报》2007年第4期。

也呈现不同的法律特色。

1946 年 2 月 14 日，世界上的第一台电子计算机“电子数字积分计算机”在美国诞生，开创了计算机时代。从 20 世纪 40 年代中叶开始，计算机的进化经过了“电子管数字机”“晶体管数字机”“集成电路数字机”三个时段的衍变，[1] 直至 20 世纪 70 年代初，计算机的使用越来越频繁，成为白领工作的常用工具。随着计算机技术的广泛使用，计算机犯罪成为 20 世纪八九十年代的新型犯罪类型。但是，在 20 世纪，网络技术并未得到快速的发展，直至 1987 年，在互联网上的主机只有 3 万台左右。所以，当时的立法也并未对网络犯罪有过多的关注，而是把重心放在了计算机犯罪的打击力度上。

有学者把 20 世纪 90 年代之前称为“前网络时代”。所谓“前网络时代”，就是“单机时代”，在网络技术不发达的当时，计算机软件和计算机系统成为法律重点保护的对象。从 20 世纪 90 年代开始，真正意义上的网络时代才开始到来，网络 1.0 时代、2.0 时代和 3.0 时代的界分成了学界的通说。为构建犯罪学和规范刑法学的研究，有学者把网络犯罪分为“以网络为犯罪对象”“以网络为犯罪工具”“以网络为犯罪空间”三个阶段。

（一）网络 1.0 时代：计算机犯罪和网络犯罪的初步分化

1994 年，国务院颁布《计算机信息系统安全保护条例》，其中第 2 条界定了计算机信息系统的内涵，[2] 将网络系统内在地包含在了计算机系统这一内涵中。1994 年 7 月 5 日全国人民代表大会常务委员会通过的《关于惩治侵犯著作权的犯罪的决定》（已失效）中规定了侵犯著作权罪和销售侵权复制品罪，以此保护计算机软件，该决定既是现行《刑法》第 217 条和第 218 条的雏形，也被学者们认为是我国有关计算机犯罪规定的制度缘起。[3]

1997 年《刑法》的第 285 ~ 287 条规定了相应的计算机犯罪，关于计算机软件的保护规定在侵犯知识产权相关法益的犯罪中，计算机信息系统成为网络犯罪萌芽时期调整的对象。该时期被学界称为“网络 1.0 时代”，计算机系统、计

---

[1] 纪宗南：《单片集成电路数字万用表》，载《电子天府》2000 年第 7 期。

[2] 《计算机信息系统安全保护条例》第 2 条规定：本条例所称的计算机信息系统，是指由计算机及其相关的和配套的设备、设施（含网络）构成的，按照一定的应用目标和规则对信息进行采集、加工、存储、传输、检索等处理的人机系统。

[3] 高铭暄：《中华人民共和国刑法的孕育诞生和发展完善》，北京大学出版社 2012 年版，第 431 ~ 432 页。

算机数据、计算机程序和计算机软件是网络犯罪侵犯的主要对象。

在刑事立法上,《刑法》第285条、第286条以叙明罪状的形式,规定了以非法入侵、非法获取、非法控制、非法提供程序工具和破坏作为侵犯计算机信息系统的主要手段。在该时期,网络犯罪主要是技术犯罪,网络系统作为计算机系统的延伸,所以网络犯罪没有必要从计算机犯罪中剥离出来。实施计算机犯罪的主要行为模式是"侵入系统+破坏程序+获取数据",[1]其主要手段表现为特洛伊木马、意大利香肠战术、数据欺骗、蠕虫、逻辑炸弹、冒名顶替、活动天窗、乘机进入、废品利用、社交方法、利用扫描器、口令破解程序、截取、电器欺骗技术、超级冲杀法、计算机病毒等。[2] 计算机犯罪只有从事高端技术开发、高端编程技术的人员才可能实施。出现多人犯罪的情形相对较少,成立共同犯罪的空间相对狭窄,主要表现为入侵、破坏计算机信息系统的教唆类犯罪,或者传授犯罪方法类的犯罪,并且,计算机犯罪也不宜区分主从犯,考虑技术犯罪的特殊性,一般都应当比照主犯的量刑原则来进行。[3] 总而言之,当时的刑事立法和刑法理论足以解决多人实施的计算机犯罪问题。

从现行《刑法》的体系上来看,计算机犯罪规定在"妨害社会管理秩序罪"中的"扰乱公共秩序罪"一节,根据《刑法》第285条的表述,计算机犯罪所侵犯的领域主要涉及国家事务、国防建设、尖端科学技术领域。网络犯罪和计算机犯罪的客体,表现为社会管理秩序这一单一客体,几个罪名所规定的法定刑相对单一。学界通说认为,网络1.0时代是以网络或者计算机为犯罪对象的网络犯罪阶段,网络环境或者计算机系统被破坏,只是关涉高端领域破坏和涉密信息的泄露。因此,该类型的犯罪行为,从捍卫公权力的角度上看,主要侵害的是信息保护和管理的相关制度;从保护私权利的角度上看,主要侵害的是企业的知识产权和个人的信息安全。

在当时的网络时代背景下,网络系统就是计算机系统的延伸,缺乏独立的法律意义。然而,部分学者对此也进行了深刻的反思。有新闻传播学者质疑,在网站贴吧发帖、跟帖辱骂他人能否理解为行为方式的"公然"? 如果承认发帖辱骂

---

[1] 蒋惠岭主编:《网络司法典型案例(刑事卷)》,人民法院出版社2016年版,第17页。

[2] 王云斌编著:《网络犯罪》,经济管理出版社2002年版,第42~50页;杨正鸣主编:《网络犯罪研究》,上海交通大学出版社2004年版,第98~110页。

[3] 蒋惠岭主编:《网络司法典型案例(刑事卷)》,人民法院出版社2016年版,第9~14页。

他人的行为是公然性的,就等于承认了网络贴吧的虚拟社交意义——网络能为网民提供各抒己见的平台,具有虚拟空间的意义[1]。20 世纪末 21 世纪初,已然有了“网络空间”的概念雏形。

(二)网络 2.0 时代:计算机犯罪与网络犯罪的明显分化

随着网络技术越来越大众化、普遍化,网络不再是白领办公的专用设备,而是“飞入寻常百姓家”的社交工具,21 世纪初,互联网公司的投机泡沫破灭,旧网络时代逐渐向新网络时代过渡,网民们不再单纯通过网络获取股市信息和时事新闻,而是力求通过网络搭建一个相互交流、相互学习、相互分享的平台[2]。2004 年,“网络 2.0 时代”的概念被首次提出,结合往后学者的主张,该阶段主要是指从 21 世纪初开始,截至 2014 年前后这一时段。计算机网络系统逐渐向“人格化”“去中心化”发展,[3]由从前的“网络对网民”的单向传播,逐渐演变为“网民对网民”的双向互动。

随着网民互动性的增强,网络技术不再是单纯的信息分享平台。随着其信息交换功能的增强,网络工具的社交性逐渐体现。这一时代的网络特点主要表现如下:其一,用户更加活跃,网络功能从工具功能到平台功能转化。随着网络论坛的兴起和博客的普及,越来越多的网民利用网络记录自己的生活片段,表达自己对时政的看法,对其他网民文章的评论和转发也增强了网民们的沟通和交流。其二,网络信息聚合能力增强。在网络 1.0 时代,网页讯息的采集和编辑基本都由网页制作者承担;而在网络 2.0 时代,网页资讯大多都是集思广益,依靠网民大发“悬赏帖”广泛收集各种意见,网民之间的思维碰撞和热点争锋愈加强烈。其三,网络兴趣社群不断兴起。以 QQ 群、贴吧为代表的网络平台,为志同道合的网友们提供了更方便快捷的网络平台。

在这个时期,立法活动和司法活动都发生了微妙的变化。2000 年全国人民代表大会常务委员会发布的《关于维护互联网安全的决定》,明确了以“截获、篡改、删除”他人电子邮件的,以《刑法》第 252 条所规定的“侵犯通信自由罪”定罪

---

〔1〕 陈绚:《虚拟空间的真实侵害——网络诽谤分析》,载《国际新闻界》2000 年第 1 期。

〔2〕 唐齐鸣、赵鹏:《基于 Markov 区制转换的股市投机泡沫实证研究》,载汪同三、唐绍祥主编:《21 世纪数量经济学》(第 9 卷),中国水利水电出版社 2008 年版,第 197 ~ 207 页。

〔3〕 刘丹鹤:《网络空间与公共领域实践》,载《北京理工大学学报(社会科学版)》2007 年第 4 期。

处罚。[1] 在笔者看来,与其认为这是我国在立法层面承认了网络空间的存在,不如说是我国在立法层面承认了对“虚拟”财产的法律保护意义——一封电子信息抑或一张纸的毁坏,远达不到故意毁坏财物罪的构罪数额,但电子邮件和纸质书信,承载着写信人和收信人的个人隐私和信息往来,对电子邮件的“截获”“篡改”“删除”,与对纸质书信的“隐匿”“非法开拆”“毁弃”无异。2005 年和 2010 年,最高人民法院、最高人民检察院前后出台的《关于办理赌博刑事案件具体应用法律若干问题的解释》和《关于办理网络赌博犯罪案件适用法律若干问题的意见》,分别明确了为赌博网站担任代理的,接受赌注的以及参与网站利润分成等行为可以依据《刑法》第 303 条规定的“开设赌场罪”定罪处罚。[2]

网络 2.0 时代可谓是以网络为犯罪手段到以网络为犯罪空间的过渡阶段。在这个阶段,刑法的主要特色表现如下:第一,计算机犯罪和网络犯罪出现了比较明显的分化。网络的平台意义和社交意义明显加强,计算机犯罪倾向于静态的概念,而网络犯罪是一个动态、发展的概念。刑事法律保护的不仅是个人的信息安全,还致力于公共平台的安定和维稳。第二,网络犯罪侵犯的客体发生着改变。网络 1.0 时代的网络犯罪更多倾向于对计算机管理秩序本身的破坏,随着网络社交意义的加强,网络 2.0 时代的网络犯罪的犯罪客体具有更多公共秩序的色彩。第三,多人实施的网络犯罪案件数量增多。行为人所实施的网络共同犯罪不再是多人实施的对网络系统和计算机系统的技术破坏,而是利用网络实施的诈骗、盗窃犯罪。从法律适用上来看,对《刑法》第 285 ~ 286 条的适用在减弱,对第 287 条的适用逐渐在加强。[3]

(三)网络 3.0 时代:网络空间刑事立法模式探索

2014 年前后,网络 3.0 时代悄然而至,网络模式又出现了微妙的变化。到 2013 年年底,全球互联网拥有近 30 亿网民,互联网的普及率也达到了 40%,微

---

〔1〕《关于维护互联网安全的决定》第 4 条第 2 项规定,非法截获、篡改、删除他人电子邮件或者其他数据资料,侵犯公民通信自由和通信秘密构成犯罪的,依照刑法的有关规定追究刑事责任。

〔2〕《关于办理赌博刑事案件具体应用法律若干问题的解释》第 2 条规定:以营利为目的,在计算机网络上建立赌博网站,或者为赌博网站担任代理,接受投注的,属于《刑法》第 303 条规定的“开设赌场”。根据《关于办理网络赌博犯罪案件适用法律若干问题的意见》第 1 条第 1 款的规定,利用互联网、移动通讯终端等传输赌博视频、数据,组织赌博活动,具有下列情形之一的,属于《刑法》第 303 条第 2 款规定的“开设赌场”行为:(1)建立赌博网站并接受投注的;(2)建立赌博网站并提供给他人组织赌博的;(3)为赌博网站担任代理并接受投注的;(4)参与赌博网站利润分成的。

〔3〕郑泽善:《网络犯罪与刑法的空间效力原》,载《法学研究》2006 年第 5 期。

商时代席卷而至,而网上购物、网上学习、网上订餐、团购大战等新鲜的事物共同召唤出 O2O 的商务模式,线上的产品或者服务在线下均有实体店。在这个时代,传统的教学模式也受到不小的冲击,以在线答疑、视频教学为主要形式的慕课模式充斥着整个网络,全球优秀的师资和丰厚的学习数据库,缔造出新一代教育格局。网络模式的新变化,同样对金融行业提出了不小的挑战,传统的商业银行挥别了"躺着也能挣钱"的日子,以"P2P 理财""大众理财"为首的互联网金融大军来势汹涌,成了商业银行最大的劲敌。此外,行业的整合和洗牌还在继续,对于年轻人来说,"OTA"模式大力推广了旅游的直销业务,而在线买车也成了非常时髦的行为。比起网络 2.0 时代,网络 3.0 时代将网民身边的生活服务和传统行业也融入了其中,这再也不是一个单纯的"网民对网民"的交流模式,而是"网民—平台—网民"的运作模式,网络不再仅是网民交流平台的搭建者,还是网民需求的供应者和资源的分享中心。在网络 3.0 时代里,网络技术作为技术支持,贯穿各行各业,网络资讯联通了线上与实物,也承载了现实生活中行为人的部分实体权利和权益,至此,"网上""网下"的双层空间开始融为一体。

为此,在新型网络模式下,法律的制定和修改也成了学界不得不面对的话题,网络空间与现实空间的融合,成为这个网络时代的显著特色和重要趋势。"三网融合"为人们的出行、购物和理财提供了便利,网络信息的规范化和法制化成为立法的重要走向。人们对"网络安全"的理解也上升到了一个全新的高度,随着各类网络平台的搭建,"网络安全"的外延逐渐从传统的计算机系统安全扩展到了网络交易安全、网络金融安全等。网络社会管理逐渐催生,网络道德、网络秩序的构建也成为一系列全新的话题。

2013 年最高人民法院和最高人民检察院联合出台《关于办理利用信息网络实施诽谤等刑事案件适用法律若干问题的解释》,其中第 5 条规定:利用信息网络辱骂、恐吓他人,情节恶劣,破坏社会秩序的,依照追逐拦截型的寻衅滋事罪定罪处罚;[1] 而编造虚假信息,或者明知是编造的虚假信息,在网络上散布,或者组织、指使他人散布,起哄闹事,造成公共秩序严重混乱的,依照起哄闹事型的寻衅滋事罪定罪处罚。在《刑法修正案(九)》颁布前,司法解释中的"公共

---

〔1〕 根据《刑法》第 293 条的规定,寻衅滋事罪一般分为随意殴打型、追逐拦截型、强拿硬要型和起哄闹事型四个类型。

秩序混乱”也给学者们对“网络公共秩序”的阐释留下了一席之地。有学者声言司法解释不能越俎代庖，恪守“公共秩序只能是现实生活中的秩序”这一底线，网络上的言论只有可能造成现实空间生活秩序的紊乱。[1] 也有学者认为，将公共秩序的确定从现实生活扩展到网络世界，是对现行法律的一种大胆创新。[2]

学界的争论也为修正案的出台作出了一定酝酿。2015 年 11 月出台的《刑法修正案（九）》在《刑法》第 286 条和第 287 条后分别增加第 286 条之一的拒不履行信息网络安全管理义务罪和第 287 条之二的帮助信息网络犯罪活动罪，从网络平台管理者的作为义务和互联网技术支持的角度规定了行为人的罪责。就此，在网络空间中，多人犯罪的形态数量呈现上升的趋势。有学者把网络犯罪治理模式概括为“单向双轨三核”。“单向”是指网络帮助行为逐渐走向“独立化”的处理模式；“双轨”是指目前对网络犯罪帮助行为依然是刑事立法和刑事司法双轨推行；“三核”是指网络犯罪治理逐渐推行共犯责任、正犯责任和平台责任三种不同的评价机制。

三种责任的区分和不同评价体制的构建，承认了当前网络犯罪的多人化和多元化。目前正当网络 3.0 时代，不同的犯罪主体在犯罪过程中所起的作用大相径庭，而刑事责任单独评价这一体制的构建，也表现出刑事立法对网络犯罪刑事责任处罚原则的变化。“共犯正犯化”的立法思路尚不能解决所有的司法个案，但也为网络犯罪的理论研究拓展了新思路。网络空间作为一个新兴的社交空间，对人们的沟通交流，以及传统犯罪行为的模式都具有一定冲击。网络 3.0 时代是“人—机—人”的行为模式，网络不仅是行为人之间交流的工具，同时也是实施犯罪的重要场所，在这个时段，网络犯罪主要呈现的特点有以下几点。

第一，网络犯罪多以多人犯罪为表现形式。网络空间的犯罪，从几个人的单打独斗，逐渐发展为身份隐匿的多数人，他们有意识的相互联系，在网络空间中有心理防线的相互支持。网络空间的特殊性，决定了网络犯罪形态和方式上的特殊性。

第二，网络犯罪更多并非以网络为对象或者以网络为手段的犯罪，而表现为

---

[1] 魏东：《关于网络造谣入罪问题的法理检讨》，载《山东警察学院学报》2014 年第 6 期。

[2] 曲新久：《一个较为科学合理的刑法解释》，载《法制日报》2013 年 9 月 12 日，第 7 版；莫洪宪：《打击犯罪与保护言论自由并不冲突》，载《检察日报》2013 年 9 月 16 日，第 3 版。

以网络为犯罪空间的网络犯罪。网络空间中所承载的法益日益丰富,从以前单纯的网络信息系统,派生到当前的财产安全、社会管理秩序等。

第三,网络犯罪的客体与计算机犯罪的客体体现出明显的区别。虽然在当前的刑事立法中,网络犯罪是和计算机犯罪一起并列规定在"妨害社会管理秩序罪"中"扰乱公共秩序罪"一节,但是两种客体的不同在司法实践中显而易见:计算机犯罪的客体表现为计算机信息系统安全,或者计算机信息数据安全,因此,计算机犯罪的客体是单一客体。网络犯罪的客体则会因为网络平台承载的内容不同,表现出不同类型的犯罪客体。比如,金融理财网络平台中的犯罪呈现的犯罪客体是金融安全;网购平台中的犯罪表现的犯罪客体是市场秩序。

第二节　网络空间及相关概念的法律释义

《网络安全法》第 1 条明确"保障网络安全,维护网络空间主权"。何谓"主权"? 从字面意思来看,"空间"是与"时间"相对的概念,指的是物质存在的一种客观形式,由长度、宽度和高度表现出来,是物质存在的广延性和伸张性的表现。[1] 随着网络时代的到来,"空间"一词又派生出了新的内涵和外延。网络技术仍然属于电子信息技术的范畴,网络空间属于虚拟空间的下位概念。与其说是"虚拟",不如说是具有现实意义的数字空间,只是出现了肉体与意识的分离,实物化与数字化的双轨分化。[2] 计算机领域和网络领域可能涉及"空间"的概念大概有三种:储存空间、网络社交空间和网络平台空间。三类"空间"具有不同的含义与范围。

一、储存空间的法律属性及法律保护

储存空间即内存空间,指的是硬盘的内存容量或者储存容量,包括磁盘容量、移动硬盘和云端网盘的容量,主要是以兆(MB)、千兆(KB)、太(TB)等为单位的字节容量。计算机运算以二进制为基础、以 1024 为相邻单位的换算,就文字、图片、音像所包含的字节大小作为占用硬盘容量的计算标准。一个硬盘、一

---

〔1〕《新华字典》(第 10 版),商务印书馆 2011 年版,第 668 页。

〔2〕齐爱民:《论网络空间的特征及其对法律的影响》,载《贵州大学学报(社会科学版)》2004 年第 2 期。

个磁盘或者一个网盘的空间大，是指这个硬盘、磁盘或者网盘对字节信息的容量大，网络交际的社交空间和网络交易的平台不在此类“空间”的内涵之下。有学者曾经在论述中混淆了储存空间与网络空间，认为“网络空间公共秩序”是个伪命题，指出“平日我们所称的硬盘空间大小只是对信息数据容量大小的评判，并不是我们对具体空间长、宽、高等物理意义的有形判断，因此网络空间不可能具备现实生活空间所具备的法律意义”。[1] 此种观点把内存空间与网络空间的概念等同，既忽略了硬盘空间与网络社交空间以及网络平台空间法律属性的不同，也忽略了隐藏在其后面的储存空间与网络空间所承载法益的区别。

(一)储存空间的法律属性

硬盘内存空间所具备的法律意义，在于其是否能被评价为法律意义上的物，或者刑法意义上的财产。《民法典》第127条规定了“法律对数据、网络虚拟财产的保护有规定的，依照其规定”，第一次把对数据和虚拟财产的保护规定在基本法。从国务院的行政法规、部门规章和各地的地方性法规、政府规章来看，数据和虚拟财产的法律属性的定位并未达成一致意见。况且，储存容量并不属于运算程序或者运算数据。从法律意义上来说，能够肯定储存空间的财产属性，只是在民法理论上，这种财产到底属于特定物还是种类物、动产还是不动产，还有待商榷。[2] 肯定了硬盘空间的物权属性，就意味着在民事领域，承认了硬盘空间的可转让性，即其和其他财产一样，行为人可以买卖、赠与以及继承包括硬盘空间在内的虚拟财产；在刑事领域，承认了非法破坏、侵入、破坏以及以排他占有的行为方式，使用包括内存空间在内的虚拟财产，可能构成相应的财产型犯罪。

笔者之所以用“可能”一词，一是硬盘空间的本质是数字信息储存的“容量”而非信息数据本身，二是排除入侵和破坏，理论上的使用型盗窃是否构成犯罪，学界还存在争议。根据《刑法》第285～287条的规定，计算机犯罪的主要对象为计算机信息系统和计算机信息系统数据，从信息学的角度上看，计算机的硬盘容量属于计算机信息系统的“容器”，而计算机的硬盘容量本身也不同于计算机信息系统。

---

〔1〕 李晓明：《刑法：“虚拟世界”与“现实社会”的博弈与抉择——从两高“网络诽谤”司法解释说开去》，载《法律科学(西北政法大学学报)》2015年第2期。

〔2〕 徐丹：《网络虚拟财产的民法属性》，载《人民法院报》2009年8月25日，第6版。

(二)储存空间的法律保护

在司法实务过程中,盗用硬盘空间的违法现象时有发生。违反国家规定,侵入国家事务等特定计算机信息系统,并盗用系统空间的,以"非法侵入计算机信息系统罪"来定罪处罚。遵循罪刑法定的前提,非法侵入他人计算机系统并使用其储存空间的行为,只能以"非法侵入"来评价。但是,这样的评价只涉及"侵入"行为,而没有对排他性使用的行为作出评价。正如,侵入他人住宅和侵入他人住宅并强行占用房屋,是两种完全不同性质的情形。前者只侵犯了被害人的住宅安宁,可以仅以非法侵入住宅罪来定性;后者侵犯的是双重客体,即被害人的住宅安宁以及被害人的财产安全,构成想象竞合,应当以非法侵入住宅罪和抢劫财产类罪名从一重罪论处。

10 年前,非法进入、破坏和控制他人电脑系统,增加、删除或者修改计算机信息系统的手段主要是通过木马、病毒、逻辑炸弹等手段;如今,实施传统计算机犯罪的技术虽然在革新,但是手段的性质没变,只是在犯罪对象上,从原有的硬盘空间或者磁盘空间扩展到了云盘空间,云盘空间的盗用成了电子产品侵权的重灾区。"使用盗窃"这一学理概念的提出,旨在解决规制暂时或者永久性排他使用他人财产的违法现象。[1] 2013 年最高人民法院、最高人民检察院出台的《关于办理盗窃刑事案件适用法律若干问题的解释》也为"使用盗窃"这一概念构建出雏形,[2]可惜这一司法解释,侧重的是规制盗用他人车辆而造成财产损失的情形,而未对盗用行为本身的处罚作出明确规定。暂且不论"使用盗窃"这一命题能否成立,而命题展开必须建立在承认电子信息的财产属性的前提下。盗用他人的磁盘空间或者云盘空间,就是在网络时代背景下,对他人专有财产的违规占有和排他使用。

综上所述,储存空间的本质就是一个虚拟容量,其作用在于对计算机数据和计算机数据信息的承载,其法律意义在于本身具备的财产价值,缺乏交流属性和

---

〔1〕 黄国盛:《盗窃罪与故意毁坏财物罪的区别研究——兼论〈关于审理盗窃案件具体运用法律若干问题的意见〉第 12 条第 4 项的理解与适用》,载《中国检察官》2010 年第 24 期。

〔2〕 根据 2013 年 4 月 4 日实施的最高人民法院、最高人民检察院《关于办理盗窃刑事案件适用法律若干问题的解释》第 10 条的规定,偷开他人机动车的,按照下列规定处理:(1)偷开机动车,导致车辆丢失的,以盗窃罪定罪处罚。(2)为盗窃其他财物,偷开机动车作为犯罪工具使用后非法占有车辆,或者将车辆遗弃导致丢失的,被盗车辆的价值计入盗窃数额。(3)为实施其他犯罪,偷开机动车作为犯罪工具使用后非法占有车辆,或者将车辆遗弃导致丢失的,以盗窃罪和其他犯罪数罪并罚;将车辆送回未造成丢失的,按照其所实施的其他犯罪从重处罚。

人际属性。所谓的网络空间,多指网络社交空间和网络平台空间。网络社交空间是网民思想和言语交流的场所,是网络社交的低级形态,而网络平台空间是网民方方面面的交易和互动,是网络社交的高级形态。

二、网络社交空间的法律本质及内涵释义

随着网络1.0时代向网络2.0时代的过渡,机对人的单向传播逐渐衍变为人与人的双向传播。自2005年伊始,各种以空间、博客、贴吧为形式的网络社交空间横空出世。如果说在网络1.0时代中网络页面的功效在于公共信息的公布和推广,那么在网络2.0时代中,网络博客中的日志和相册的作用在于个人心情的分享和交流。网民的发帖、留言和互动,也构成了向分享、交流对象反馈的重要渠道。以MSN、腾讯QQ和新浪UC为代表的聊天软件的兴起,缩短了网民与网民信息交流与反馈的时间,方便了网民的沟通,是网络技术的进一步革新。

(一)网络社交空间的法律本质

网络社交空间的本质作用在于"交流",即言语的沟通和观点的碰撞。在社交空间下,行为人可以抒写心情、寻医问药、分享经验,其他人也可以针对发帖者的主张进行回应、反驳和补充。在此种双向的交流方式下,容易滋生的犯罪类型涉及言语类的犯罪以及信息传播类的犯罪。例如,行为人通过网络渠道造谣、诋毁或者谩骂特定的对象;再如,行为人在网络贴吧中发出不当言论,通过微博或者其他客户端散布虚假公众信息。2013年9月最高人民法院、最高人民检察院出台的《关于办理利用信息网络实施诽谤等刑事案件适用法律若干问题的解释》第5条,把辱骂他人、恐吓他人以及编造虚假信息在网上散布的行为,以寻衅滋事罪来评价。[1] 其中,"造成公共秩序混乱"的情节要求把解释的方法推到风口浪尖。有论者主张,这里的公共秩序混乱仅指现实空间的秩序混乱,而主张"双层空间"的论者,认为这里的混乱也可以扩大解释为网络空间秩序的混乱。

(二)网络社交空间的内涵释义

同样是虚拟空间的范畴,网络社交空间和硬盘内存空间的内涵已然不同。

---

[1] 最高人民法院、最高人民检察院《关于办理利用信息网络实施诽谤等刑事案件适用法律若干问题的解释》第5条:利用信息网络辱骂、恐吓他人,情节恶劣,破坏社会秩序的,依照《刑法》第293条第1款第2项的规定,以寻衅滋事罪定罪处罚。编造虚假信息,或者明知是编造的虚假信息,在信息网络上散布,或者组织、指使人员在信息网络上散布,起哄闹事,造成公共秩序严重混乱的,依照《刑法》第293条第1款第4项的规定,以寻衅滋事罪定罪处罚。

总结而言,在内涵上,两种虚拟空间的区别如下:

1. 空间的时代背景不同

硬盘储存空间出现在网络 1.0 时代,最初的含义指的是磁盘、硬盘的储存大小,而后发展到网络云端。但无论是单机的还是联网的,空间的储存功能没有发生变化,而且,这个概念的使用贯穿在网络时代甚至计算机数字媒体时代的始终。网络社交空间是网络 2.0 时代的特色和产物,是网民与网民沟通联系加强,以及网络发展的必然结果。其后逐渐衍变出的网络平台空间,以网络社交空间为基础,是建立在网民与网民双向沟通后的技术强化。

2. 空间的内容指向不同

硬盘储存空间中承载的具体内容是文字和图片,其本身的意义和属性并不决定硬盘空间的属性。换句话说,硬盘空间中文件的属性和硬盘本身的属性是不同范畴的,如果行为人以删除、更改为手段排除计算机机主对计算机本身的权利,可能涉嫌对计算机系统和相关知识产权保护双重法益的侵害。而网络社交空间的内容是情感、言语和思想的碰撞,社交空间的活动主题直接决定了社交空间的人际属性。如果"扰乱网络公共秩序"这一命题成立,则侵犯的是单一客体而非复杂客体。

3. 空间的作用和性质不同

硬盘空间的作用是"储存",体现出来的作用是对信息、文档和图片的储备。网络社交空间的作用在于"社交",体现出来的作用是人与人之间在言语、情感、观点等方面的交流。因此,网络硬盘空间所体现出来的是网络电子信息数据体现出来的财产属性,网络社交空间体现出来的是网络虚拟空间的活动平台属性。

4. 空间的专属性不同

硬盘储存空间体现出来的是财产属性,具有一定的专属性。因此,硬盘空间可以在行为人之间发生买卖、赠与等转让行为,能够被处分的实质原因是数据储备容量的"准物性"。网络社交空间本身不具有专属性,具有可转让性是网络平台背后的技术支持,这种技术支持是知识产权层面而非财产所有权层面。网络空间的社交性表现在人与人之间的交流、交易和其他相互活动,所以以网络平台为支撑的虚拟空间,具有较强的公众性,这种性质与财产的专有性相对立。

三、网络平台空间的法律含义及外延扩展

网络平台空间既是网络3.0时代的产物,也是网络社交空间发展到一定阶段的产物。随着网络的发展,人类对网络的使用不再局限于交流,网络技术逐渐渗透到居民生活的方方面面。网民的阅读权利、资源共享与作者的版权发生冲突时,一系列待完善的法律体系正在构建。网络平台空间给予网民的不仅是沟通的便利,也为网民们的金融投资、线上购物以及资金流通提供了便利。在网络逐渐普及实名制的当前,网络文化、网络道德、网络秩序等上层建筑的意识形态正在逐渐形成,网络平台空间作为网络新时代的产物,其体现出来的价值和秩序不单单是社交秩序,也包括在平台活动中应当遵循的各种其他秩序。

以网络为犯罪工具和以网络为犯罪空间的阶段,对应网络的社交空间性质和网络的平台空间性质。诚然,无论是以网络为犯罪工具,还是以网络为犯罪空间,其都将互联网作为实施犯罪的渠道,而非犯罪破坏的对象。问题是,这种手段何以理解为"工具",或者又何以理解为"空间"呢?

笔者认为,网络平台空间和网络社交空间的联系在于:网络平台空间是网络社交空间的发展和升级,在网络空间中实施的犯罪从以网络为犯罪手段的犯罪升级而来。不言而喻,"网络社交"离不开网络平台技术的支撑,只是在网络2.0时代,网络社交空间给网民带来的效果是信息分享和传输,网络平台空间给网民带来了其他方面的福音。网络社交空间和网络平台空间为网民提供一个渠道,方便网民进行沟通、分享和交易。

网络平台空间与网络社交空间的主要区别在于以下几点:

第一,两类网络平台承载的内容不同。网络社交空间承载的主要内容是符号、文字、图片和情感,网络社交空间的主要平台性质是交流和信息分享,因此,可能涉及的是传播类、语言类的犯罪,如诽谤罪和传播淫秽物品罪等;网络平台空间承载的是生活的方方面面,可能涉及各种法益的犯罪。

第二,两类平台中犯罪手段的性质不同。在网络社交空间中,网络的作用就是通信工具,大多以单线型的传播方式进行交流。没有网络渠道,大多数犯罪的手段与普通场合下实施犯罪手段并无差异。比如,行为人面对面的策划犯罪,电话中协商犯罪,或者通过网络聊天工具接洽犯罪。变化的是行为人沟通的手段,

不影响对行为人行为性质的评价。在网络空间中,网络的作用不仅是联络和交流的工具,很多情况下还能作为犯罪实施的重要场所,衍生出一系列新型的犯罪类型。比如,通过网络聊天群组聚众赌博的,其行为方式不同于一般的聚众赌博和开设赌场,兼具两种形态的共同特征,在司法实务中也存在不同的处理方式。[1]

网络平台空间中犯罪的特殊性取决于犯罪场所的特殊性,根源在于行为人在网络平台空间中犯罪行为本身的特殊性。网络空间的隐蔽性和虚拟性,一方面,决定了网络平台空间中行为人联络方式的特殊性;另一方面,决定了网络空间犯罪手段的特殊性。现实空间的多人犯罪,也存在犯意联络和犯罪实施,但是,行为人之间通过网络空间的犯意磨合与现实空间的犯意交流,以及通过网络实施的窃取型犯罪与现实空间的窃取型犯罪,都有明显的不同。

综上所述,网络平台空间之所以能够成为独立的网络发展阶段以及网络犯罪和网络刑事立法的一个独立阶段,最终归功于网络平台空间本质与作用的特殊性。如今,网络平台不再是一个单纯的交流沟通的场所,而是随着网络技术的高速发展,派生出的新型网络空间。这不是一个高端化的少受众的空间,而是一个平民化的多主体的空间,这也为学界研究新型共同犯罪提出了新问题和新思路。笔者所说的网络空间,指的是凭借网络,所实施的涉及信息发布和传播、资金汇转和结算、讯息的共享与交流所依仗的方式、渠道和系统,在这种渠道下从事生产经营,或者私人活动所涉及的犯罪尤其是共同犯罪,是本书的论述重点。

第三节　网络空间共同犯罪的概念、类别和特点

网络空间共同犯罪,其本质是共同犯罪。在网络空间中,共同犯罪的外在行为形态,以及行为人之间的内部联动机制,与传统的共同犯罪有一定区别。网络空间共同犯罪概念的评定直接框定了论述的中心。网络空间共同犯罪的概念,牵涉网络空间共同犯罪的内涵和外延。这种内涵和外延,直接决定了网络空间共同犯罪与传统共同犯罪的特别之处。因此,网络空间共同犯罪所涉及的犯罪类型划定,有助于研究网络空间共同犯罪的表象与性质。

---

[1] 王志远:《网络共犯问题对我国共犯制度模式的挑战》,载《刑法论丛》2010 年第 3 期。

一、网络空间共同犯罪的概念与类别

如果能在网络空间中成立单独犯罪,那么在网络空间中同样也可以成立同质的共同犯罪。网络空间中共同犯罪的概念是网络空间共同犯罪相关理论展开的铺垫,是阐明网络空间共同犯罪基本原理和基本构造的基础。网络空间共同犯罪的类型的框定,是对研究对象内涵和外延的界定。

(一)网络空间共同犯罪的概念界定

"网络空间共同犯罪",从字面上可以理解为"在网络空间实施的共同犯罪"。例如,两个行为人通过共谋,凭借网络空间窃取公私财产,或者通过共谋盗窃网络平台保管的资金。前例以电信共同诈骗为主要表现形式,后例以合伙盗窃网络理财平台或者第三方支付平台的资金为主要表现形式。那么,网络空间共同犯罪的外延和内涵可以在"在网络空间实施"这一限定语中进行扩张或者限缩。这是否意味着,只要是涉网的共同犯罪,就一定被评价为网络空间的共同犯罪?通过网络空间进行共谋,进行教唆以及提供技术支持的行为人能否认定为在网络空间中实施的犯罪?

在网络空间中,共同实行犯罪的行为人,应当纳入网络空间共同犯罪的范畴。对实行网络犯罪提供技术支持的人,因为其技术具有特殊性、垄断性和排他性,对网络犯罪的实施起较重要的作用,因而也可以被纳入共同犯罪的评价范畴。

但是,利用网络空间来统筹犯罪,召集犯罪或者教唆犯罪的,是否也属于网络空间的共同犯罪?在界定一个概念时,考虑一个词的内涵要素需要扩张还是限缩,不是单纯从实然角度上剖析,还应该从应然角度上分析,这样的扩张或者限缩是否有助于解决法律问题。

与网络技术支持行为不同的是,教唆行为和组织行为的实施,通过网络并非唯一手段,也并非关键手段,脱离了网络空间,行为人仍然可以在现实生活中加以实施。但是,网络空间中实施的教唆行为与组织行为,具有在网络空间中的特殊性。所以在网络空间共同犯罪的词义界定时,仍然应当把这两类共犯包含在内。

笔者认为,网络空间的共同犯罪,在定义中仍然有广义和狭义之分。狭义的网络空间共同犯罪,指的是整个犯罪过程都依托于网络的共同犯罪,即二人以上的行为人故意在网络空间中实施的犯罪,包括网络空间中的实行犯和网络空间的帮助犯;广义的网络共同犯罪,指的是一部分犯罪过程依托于网络,已经具备刑事可罚性,包括通过网络空间来部署、安排、协调犯罪的行为,以及煽动、教唆的行为。

广义的网络空间共同犯罪概念,在狭义网络空间共同犯罪的内涵下进行扩张,将网络空间中的组织犯和教唆犯也纳入其概念的范畴。当然,概念的界定终究是抽象的,列举类型、框定范围,才能进一步明确网络空间共同犯罪的外延。

(二)网络空间共同犯罪的类型划分

关于共同犯罪的类型,从法理上进行划分,可以分为任意的共同犯罪与必要的共同犯罪、事前通谋的共同犯罪与事前无通谋的共同犯罪、简单的共同犯罪与复杂的共同犯罪、一般的共同犯罪与特殊的共同犯罪;从法律上进行划分,可以分为结伙犯罪、聚众犯罪以及集团犯罪。[1] 这些分类都是对共同犯罪在学术上或者在实践中的划分,在网络空间的语境和背景下,部分分类未必能适用,后文主要以犯罪的种类对网络空间的共同犯罪分类的影响展开讨论。

网络社交空间和网络平台空间分别为网络 2.0 时代和网络 3.0 时代的产物。网络社交空间关注的是网民之间的信息互动。网络 3.0 时代的到来,主要以在线视频拖动的远程教育、在线交易、在线理财等网络涉财交易活动为表象,移动客户端各类涉财性软件的出台为时代契机,以互联网以及移动互联网给网民所带来的方方面面的生活便利为实际效果。

在网络 2.0 时代的背景下,网络犯罪更多涉及的是互联网信息犯罪,以网络侮辱、网络诽谤以及在网络中传播虚假恐怖信息为主要手段。随着网络 3.0 时代的到来,生活的方方面面都有网络技术的渗入,现实空间中的一切犯罪或者一切共同犯罪,都能够在网络空间中成立。《刑法》分则中的章节对犯罪以法益侵害的种类进行了划分,并不是分则中的所有性质的罪名都能够在网络空间中实施。

如前所述,网络空间中不能出现现实空间中的暴力犯罪。“网络暴力”指的是在网络上发表的攻击性言论,虽然具有伤害性、侮辱性和煽动性,但是这些言

---

〔1〕 陈兴良:《共同犯罪论》(第 2 版),中国人民大学出版社 2006 年版,第 133 ~ 140 页。

语上的攻击并不会直接在身体上或者生理上对被害人带来功能上的伤害。[1]在网络空间中，信息交换、文件传输是网络的基本功能，随着网络金融的发展，网络支付、网络转账以及网络理财成了网络3.0时代的主要特色，网络空间中共同犯罪的实施，必须受制于网络环境。笔者认为，在网络空间中实施的共同犯罪，主要有以下三种类型：

1. 网络信息传播类的共同犯罪

网络信息传播类的共同犯罪，是指行为人在网络空间中共同实施的以违法信息的发布和交换为形式的犯罪，包括以下几种类型：第一，通过网络进行传送淫秽的电子文字、图像和音像，或者在线直播淫秽表演；第二，在线非法提供或者交易违法信息，如公民个人信息、企业商业秘密以及恐怖主义信息等；第三，通过网络公然诽谤、侮辱他人，或者编造、传播虚假恐怖信息、虚假信息的行为。网络信息传播类的共同犯罪，表现为一方实施信息发布或者传播的行为，另一方为其提供网络平台或者技术支持。

2. 网络涉财类的共同犯罪

网络涉财类的共同犯罪，是指行为人通过网络空间所实施的财产犯罪，或者行为人通过网络实施与财产相关的犯罪类型。比如，行为人通过网络空间实施诈骗、盗窃、信用卡诈骗，或者行为人在网络空间中聚众实施赌博行为。网络涉财类的共同犯罪，表现为一方行为人进行召集或者组织，另一方负责实行和落实，还有一方人负责洗钱和分赃，从而形成一条无形的黑色产业链的情形。

3. 网络秩序破坏类的共同犯罪

网络秩序破坏类的共同犯罪，是指行为人共同实施的破坏网络秩序的犯罪，包括破坏系统化的安全秩序、监管秩序，也包括特定情形下的网络秩序如经营秩序等。具体而言，前者是指通过破坏硬件、软件、网络装备或者计算机系统，使网

[1] 《刑法》中的“暴力犯罪”大概涉及的表述有“强制穿戴宣扬恐怖主义、极端主义服饰、标志罪”“劫持航空器罪”“劫持船只、汽车罪”“暴力危及飞行安全罪”“武装掩护走私、抗拒缉私”“抗税罪”“强迫交易罪”“强奸罪”“强制猥亵、侮辱罪”“非法拘禁罪”“拐卖妇女、儿童罪”“妨害公务罪”“聚众阻碍被收买的妇女、儿童罪”“强迫劳动罪”“侮辱罪”“诽谤罪”“刑讯逼供罪、暴力取证罪”“破坏选举罪”“暴力干涉婚姻自由罪”“组织残疾人、儿童乞讨罪”“抢劫罪”“煽动暴力抗拒法律实施罪”“妨害作证罪”“组织他人偷越国（边）境罪”“运送他人偷越国（边）境罪”“强迫卖血罪”“走私、贩卖、运输、制造毒品罪”“阻碍军人执行职务罪”“阻碍执行军事职务罪”，每个罪名中“暴力”的含义和程度可能不一样，但是在刑法理论上一般认为言语暴力不是刑法意义上的暴力。

络大面积瘫痪、网络安全受到威胁,导致一系列的日常活动无法开展;后者是指破坏特定用途的网络设施,使相应的活动无法开展,如破坏公职机关的内务网以致公职活动无法正常开展,破坏企业局域用网以致企业生产经营无法正式进行等。网络秩序破坏类的共同犯罪,多表现为行为人通过多方精密谋划、部署和安排,共同实施犯罪的情形。

二、网络空间共同犯罪的犯罪特征

网络最初的功能即交流功能,网络作为行为人聚集和沟通的重要工具,其基本功能也是将人与人的信息汇聚在一起。与物理空间不同的是,网络空间中容纳的内容并非实物,而是各种虚拟的数据,空间的虚拟性也决定了网络空间中网络犯罪的特殊性。网络空间的特点决定了多人犯罪的形态在网络空间中的独特性。传统的共犯理论、间接正犯理论和同时犯理论的运用,都能为解决网络空间共同犯罪的问题提供一定的借鉴。

(一)网络空间犯罪的特点列举

网络犯罪的隐蔽性、虚拟性、技术性和数字性等一系列主张,自计算机和网络犯罪产生之时就一直被论者所主张。研究网络空间的共同犯罪,应当结合网络技术的兴起对传统刑事法律的冲击现状,以及当今网络文化的发展趋势。与传统犯罪以及先前网络犯罪的特色相比,网络空间犯罪的特殊性可以概括为以下三个方面。

1. 犯罪管辖时空的不对等性

网络犯罪的隐蔽性不仅给刑事侦查带来了挑战,也为传统刑法领域的犯罪管辖提出了问题。按照《刑法》第6条的规定,行为人的犯罪行为倘若在我国领域内发生,应当适用我国刑法。根据《刑事诉讼法》第25条的规定,刑事案件由犯罪地的法院管辖,如果被告居住地的法院更宜管辖的,被告人居住地的法院也有权管辖。之所以如此规定,是考虑管辖的便利以及对司法资源的节约。无论是刑事诉讼活动还是民商事诉讼活动,由被告人居住地的法院管辖,都有利于证据的收集、当事人的传唤以及审判活动的开展。

但是,网络犯罪给刑事审判提出的难题不是行为与结果的分离,而是行为人与行为的分离,[1]行为人的居住地可能是固定的,而行为人实施犯罪的空间是虚拟的。行为人所实施的犯罪活动,可能侵犯的是域外的相关法益。网络空间中的犯罪,应该如何适用刑事法律上的管辖问题,是对传统刑事法律的管辖规定进行改良,或者是独辟蹊径,找到其他解决之道?虚拟的网络也是一个无国界的空间,在网络空间中的犯罪,应该适用何种法律?无论是民事案件或者是刑事案件,准据法适用的难题,也是网络空间虚拟性带来的一个必然挑战。

2. 犯罪对象的虚拟性与法益侵犯的真实性

从网络犯罪诞生之初,网络侵财的虚拟性一直被论者们主张,导致虚拟财产侵权和虚拟财产犯罪的打击一直存在法律缺位。十几年前的Q币、游戏装备、IP的电子邮箱因为适用范围狭窄,交换渠道的单向性,一直让大部分学者主张虚拟财产的法益侵犯是“虚拟”的,[2]但是,在这个过程中,被害人财产损失的事实,财产法益受侵害的事实,却是真实存在的。在网络空间犯罪中,犯罪数额如何计算则是一个涉及法律评价的难题。再者,虚拟财产极易复制,在民法上到底属于动产还是不动产,尚无定论。[3] 那么,在民法上,其所有权和使用权的转移到底是以什么作为标准?在刑法上,如何把握涉及虚拟财产的盗窃罪或者诈骗罪的犯罪形态,以哪一个时间点作为犯罪既遂的标准?传统的控制说或者失控说都难以解释网络空间的财产犯罪问题。

在讨论网络空间所涉及的具体法律问题时,虚拟财产理应受到法律规制,是论者们都已经达成的共识——虚拟财物虽然看不见摸不着,但隐藏在虚拟财产背后的法益是真实的。法律应当如何规制?刑法介入和调整的思路和尺度如何把握?

3. 犯罪行为的无形性

网络的虚拟性决定了网络空间中行为的无实物性。网络空间中的行为在外观上是“透明的”,网络空间中的犯罪行为缺乏构成要件的外观,其情节和结果的评价标准,与现实空间的行为大相径庭。点击数、浏览数与评论数大多存在重复性和无效性,如何对网络犯罪行为的社会危害性进行评估,是一个难题。在网

[1] 张智辉:《试论网络犯罪的立法完善》,载《北京联合大学学报(人文社会科学版)》2015年第2期。

[2] 张明楷:《非法获取虚拟财产的行为性质》,载《法学》2015年第3期。

[3] 詹毅:《网络游戏中物品的民法属性》,载《知识产权法研究》2009年第1期。

络空间中,无法实施杀人、强奸、绑架、伤害、抢劫等暴力犯罪。有学者认为,通过计算机远程在线控制并更改医院处方,属于通过计算机杀人的案件。即便承认通过网络系统更改处方的行为性质属于“杀人”,因行为人身份信息的非公开性,以及信息内容数据本质的特殊性,网络空间中的行为,不具有有形性和暴力性,其犯罪手段也与现实空间中不尽一致。

网络空间中的行为,最初是以信息传播、扩散以及程序入侵和更改作为主要形式,其后随着网络系统的升级,逐渐衍生出在线涉财活动。因而,网络空间中的行为的社会危害性,只能折射到现实空间,以现实空间中的人身安全和财产损失,来评判网络空间中行为社会危害性的大小。在尚未着手实施犯罪前,犯罪行为人之间的共谋具备何种性质,是否具有刑事可罚性?网络空间中犯罪行为的无形性,决定了网络空间中行为人犯意联络的孱弱性,共犯分工的不明确,以及共犯人之间的弱组织性,进而决定了网络空间共同犯罪的特殊性。

(二)网络空间中共同犯罪的特点研究

网络犯罪的特殊性是网络大背景下必然阐析的视野前提。早期的学者从犯罪学上阐述了网络犯罪的特殊性,如果说犯罪学的研究是从现象层面对网络犯罪的解读,那么规范刑法学就是学术理论对研究框架的搭建。首先,手段的技术性、危害的扩散性、空间的虚拟性、本质的信息性是学者们对网络犯罪特征的一贯主张。[1] 其次,还有学者提出虚拟性、智能性和超时空性是网络犯罪中重要的法律特征,网络犯罪的发生对传统刑法中犯罪的刑事管辖权问题提出了巨大的挑战。[2]

1. 网络空间共同犯罪在犯罪学上的特点

相对于传统的技术犯罪,网络犯罪呈现出来的新特点表现为“数字化”。“以发展的眼光看问题”是马克思主义哲学倡导的方法论。对于共同犯罪,也应当以运动的视角重新审视。网络空间中的“共同犯罪”,比起网络空间中的个人犯罪,也相对于传统的共同犯罪,其最显著的法律特点如下。

(1)网络空间共同犯罪的隐蔽性

网络空间共同犯罪的隐蔽性,是指共犯人的信息和手段具有隐蔽性。

---

[1] 杨正鸣:《网络犯罪及其特征》,载《山东公安专科学校学报》2002 年第 1 期。
[2] 陈结淼:《关于我国网络犯罪刑事管辖权立法的思考》,载《现代法学》2008 年第 3 期。

其一,共犯人身份信息的隐蔽性。比起面对面沟通协商的共同犯罪,在网络空间的共同犯罪中,共犯人并不了解彼此,对有关姓名、年龄、地域等个人信息并不知晓,因此共犯人之间的关系微妙复杂。共犯人通常情况下是以利益为合作统筹,而非信任作为合作基础。

其二,共犯人犯罪手段的隐蔽性。网络空间的本质是数据平台,通过网络空间所实施的侵财型共同犯罪,行为人通常情况下通过植入木马病毒、变更口令或者更改二维码的手段进行,其欺诈性和窃取性的外观更明显。

其三,共犯人犯罪活动的隐蔽性。网络空间的共同犯罪,在通常情况下涉及很长的黑色经济链条,在犯罪侦查活动中,能被侦破的信息只是一部分,整个犯罪集团很难被一次性连根拔起。

(2)网络空间共同犯罪的复杂性

网络空间共同犯罪的复杂性,表现为行为人之间联动方式的复杂性。网络空间的共同犯罪,可以和传统的共同犯罪一样,经过充分的布局和谋划,也可以以单向联络、单向利用的形式来展开。在传统的共犯理论框架下,网络空间中的共同犯罪必然面临改造和重组。刑法基本理论基调的转向,不仅是时代背景的呼吁,也亟待学者们的推导。刑法的思维,不仅在于分析问题,也在于解决问题。笔者所主张的"基本构造",既是网络空间共同犯罪在理论上的认识论,也是实践中遵循的方法论。网络空间共同犯罪的复杂性,一方面,根源于共犯理论的复杂性;另一方面,取决于共犯分工的复杂性。网络空间的共同犯罪,在主犯与从犯、正犯与共犯的划分上,比传统的共同犯罪更棘手。正如有学者提出,"在解决这一类共犯问题上,通常出现原因与结果,前提和结论的颠倒和杂糅"。[1]

(3)网络空间共同犯罪的不可预测性

网络犯罪的不可预测性,一方面,受到网络技术高速发展的影响;另一方面,受到立法技术滞后性的制约。随着网络支付和在线转账等信息技术的发展,网络赌博、网络传销等手段大肆网罗网民的视野,不仅在犯罪的防范上为办案人员带来了新挑战,也在犯罪的技术侦查、犯罪的治理手段上提出了新的问题。手势获取、指纹提取、二维码复制等新兴的网络诈骗方式,逐渐替代了原有的诈骗手段和盗窃手段。诚然,在网络空间中,一个人"单打独斗"实施犯罪的情形少之

---

〔1〕 陈可倩:《德、意、中共同犯罪人认定标准比较研究》,载《法商研究》2015 年第 1 期。

又少。网络空间的共同犯罪,将呈现怎样的新特点,将朝着怎样的风向发展,都难以预料。科技的前卫性和法律的滞后性也是犯罪预防的终极矛盾。[1] 网络犯罪的不可预测性,亟待网络法律法规出台的前置性和有效性。

2. 网络空间共同犯罪在规范刑法学上的特点

随着新支付方式的出现,金融诈骗、新型盗窃以及传统诈骗等相关罪名的适用,成了学界们热议的话题,这些争议产生的缘由,是立法的不确定性,以及司法解释实质内容的矛盾性。[2] 刑事立法的规定在具体案件的适用中过分单薄,而司法解释的出台在具体案件办理中相对滞后。

有学者把网络空间中共同犯罪区别于传统共同犯罪之处总结为:犯罪主体的不明确性、犯罪故意不清晰性、共同犯罪构成模糊性以及主从关系的不明了性。[3] 结合共犯人的分类,笔者认为,网络空间中共同犯罪行为的特殊性可以总结如下:

(1)网络空间共同犯罪行为人的意思联络的片面性

网络空间中共同犯罪行为人的意思联络的片面性取决于网络空间的虚拟性和隐蔽性。在传统的共同犯罪以及聚众犯罪中,行为人大多是先聚集在一起,其后才明确犯罪目的,谋划犯罪步骤,实施犯罪安排。而网络空间中的共同犯罪,是先在网络空间进行发起活动,其他有同向犯罪意愿的行为人在知晓发起人的犯罪意图之后加入网络群组,一起实施犯罪,行为人对彼此的犯意并不通晓。共犯人之间对其他人犯意的具体内容,甚至连其他共犯人的存在都可能未曾了解,因此,网络空间中的共同犯罪多为片面共犯。

(2)网络空间组织行为的松散性

在网络空间中,各行为人之间组织联系的松散性取决于意思联络的片面性。因为在网络空间的多人犯罪中,行为人之间没有稳定的犯意联络,人与人之间的组织是缺乏统筹的:一是缺乏统领式的人物对犯罪活动的张罗和号召;二是缺乏对行为人之间的犯罪活动的强制鞭策和支撑。传统的共同犯罪有一个向心力,这个向心力是以犯罪成员的共同犯罪目的为导向的,导致共同犯罪往往是以整

[1] 张小虎:《犯罪预防与犯罪控制的基本理念》,载《河南省政法管理干部学院学报》2008 年第 1 期。

[2] 李永升、张楚:《移动网络视域下冒用型信用卡诈骗罪的界定》,载《学术探索》2016 年第 7 期。

[3] 王志远:《网络共犯问题对我国共犯制度模式的挑战》,载《刑法论丛》2010 年第 3 期。

体犯意为激励,网络空间中的共同犯罪因为缺乏对犯罪的沟通和交流,行为人往往是以自我为中心的,从自我出发,利用其他行为人的行为,以其他行为人创造的客观条件来辅佐和强化自己实施犯罪。

(3)网络空间帮助行为的中立性与不可替代性

根据《刑法》第27条第1款的规定,在共同犯罪中起次要作用或者辅助作用的是从犯。一般认为,起次要作用的是起次要作用的实行犯,而起辅助作用的是帮助犯。所以,通常认为帮助犯是共同犯罪中的从犯,其社会危害比不上主犯。但是,在网络空间中的共同犯罪,为共同犯罪的实施提供技术支撑或者平台支持的共犯,往往扮演不可替代的角色。在传统的共同犯罪中,即便没有帮助犯,或者在帮助犯缺位的情况下,行为人可以自行克服环境的不利条件,或者在更换帮扶者的前提下继续实施犯罪。

(4)网络空间教唆行为的广受众性

传统的共同犯罪区分了教唆行为和煽动行为。一般认为,教唆是有具体对象的,刑法理论中的教唆,主要指《刑法》第29条规定的教唆和分则中部分以教唆、引诱等为犯罪手段的具体罪名。煽动是没有特定对象的,刑法理论中的煽动,主要指分则中的以煽动为手段的具体罪名。一般认为,煽动行为属于实行行为,而教唆行为属于非实行行为。在虚拟的网络空间中,行为人通过网络向不特定的网民教授犯罪方法或者以物质利益、精神利益为激励,向不特定的网民传播犯罪方法时,排除"传授犯罪方法罪"的适用,该行为到底认定为"煽动",还是认定为"对象不特定的教唆"？在网络空间的背景下,教唆行为与煽动行为的界限逐渐模糊。

本章小结

网络空间共同犯罪这一概念的提出,并不当然致力于研究在网络空间中实施犯罪的行为方式,而是要分析共同犯罪在网络空间中的新变化。与计算机犯罪研究、网络犯罪研究相区别的是,笔者并不着力研究技术犯罪与经济犯罪的专业性,而是立足于网络空间这一背景,对共同犯罪理论进行评述和修正。"网络犯罪"和"共同犯罪"两条主线的交叉点,在于共犯人在网络空间中行为方式的异化。

网络空间中的共同犯罪是共同犯罪的范畴,传统共同犯罪的理论意味着严峻的考验,面临修正、改良甚至是重构。研究网络空间中的共同犯罪,其突破口在于共同犯罪理论的解构和重构,包括共同犯罪成立根据的理论、共同犯罪分工的理论以及共同犯罪处罚根据的理论。将原有的理论框架,放入智能时代背景中,通过共同犯罪的基本构造来透视和解读。

第二章　网络空间共同犯罪理论的原理起点

犯罪成立是刑罚处罚的前提,共同犯罪成立的理论不仅是研究共同犯罪处罚根据的前提,也是研究共同犯罪的分工以及共同犯罪的处罚原则等一系列共犯问题的基石。在传统共犯理论中,以犯罪共同说和行为共同说为对立的学说揭示了共同犯罪成立的机制,共犯从属性学说和共犯独立性学说以共犯与正犯的互动关系,揭示了共犯的可罚性来源,责任共犯说、纯粹的引起说和违法共犯说,提供了共犯可罚性的根据。

网络空间共同犯罪理论应当明确两个方面的内容。一方面,网络空间共同犯罪共犯人之间可罚性的原理是什么。在联系微弱、分工不明晰的共同犯罪中,共犯人的人身危险性是本身与生俱来,还是从其他共犯人身上"借用"而来的,这是从属性与独立性之争。另一方面,网络空间共同犯罪的成立范围有多大。在网络空间中的多人犯罪中,行为人之间是相互利用的,而非传统共同犯罪中的相互合作。在网络环境下,共同犯罪的成立范围应当适当扩张,还是应当适当限缩,其原理分歧在于,应当采用犯罪共同说还是行为共同说。

第一节　网络空间共同犯罪性质的原理起点

"西方历史上共同犯罪理论,萌生于中世纪意大利刑法学家对犯罪构成要件的解释。"[1]大多数学者认为,正犯与共犯的界限确定是共同犯罪概念的基

〔1〕 陈兴良:《共同犯罪论》(第2版),中国人民大学出版社2006年版,第37页。

石。[1] 虽然从理论探究的角度上看,共同犯罪中共犯与正犯的划分和共同犯罪的性质是两个维度的问题,前者研究的是共犯量刑的问题,后者研究的是共犯成立和可罚性基础的问题。共同犯罪性质的确定,决定了共同犯罪的构成要件理论及其他相关理论。

明确了共同犯罪的性质,才能讨论网络空间共同犯罪构成要件和处罚根据。共同犯罪从属性与独立性的原理起点,直接决定了网络空间中共同犯罪的成立范围和处罚范围。

一、共犯从属性学说与独立性学说的对立与统一

共犯从属性与独立性的对立与统一,是共同犯罪理论中应当解决的首要矛盾,其确定了共犯参与人的可罚性根据。网络空间的共同犯罪从属性和独立性学说的选择,表明了研究网络空间的共同犯罪处罚根据的原理起点:应当以参与人个人的可罚性为视角,还是以共同犯罪整体的可罚性为视角?

(一)共犯从属性学说和独立性学说概述

共犯从属性学说是当前刑法学界大多数学者的主张,它主要以旧派客观主义的共同犯罪理论为基调,最早被德国刑法学界毕克迈尔所主张,其后得到德国法学家梅耶、贝林格、麦兹尔、李斯特和日本法学家小野清一郎、泷川幸辰等人的推崇。[2] 其基本的主张是教唆行为、帮助行为、组织行为这三类非实行行为,不具有实质上侵害法益的危险性,或者侵害法益的危险性还不充分,不能单独犯罪,只有在实行行为构成犯罪的情况下,共犯才可能成立,因为共犯的可罚性借用于正犯。[3] 为了解释教唆犯成立单独犯罪,以及共犯人直接独立量刑等问题,从属性学说内部又分化出"从属性方面"和"从属性程度"等相关理论,但终究没有完美地解释共同犯罪某些独立性的问题。

共犯独立性说以主观主义的共同犯罪理论为基础,主要为德国法学家宾丁、柯拉、布黎、拿格扎以及日本法学家牧野英一、木村龟二等人所主张,认为犯罪不

---

〔1〕 钱叶六:《共犯与正犯关系论》,载《中外法学》2013 年第 4 期;陈文昊、郭自力:《刑事立法帮助行为正犯化进程中的共犯独立性提倡——从共犯从属性的理论症结谈起》,载《广东行政学院学报》2017 年第 1 期;郭旨龙:《网络犯罪共犯行为的正犯化与定量评价》,载《科技与法律》2014 年第 6 期。

〔2〕 刘明祥:《论我国刑法不采取共犯从属性说及利弊》,载《中国法学》2015 年第 2 期。

〔3〕 钱叶六:《共犯论的基础及其展开》,中国政法大学出版社 2014 年版,第 157 页。

是行为人行为的表现而是行为人人格的表现，行为人之所以构成犯罪是因为其行为的反社会危害性以及对结果的原因力。[1] 随着学说的发展和渗透，共犯独立性学说呈现和共犯单一制理论相融合的趋势，有学者提出"包括的正犯者的概念"，认为应当取消正犯的区分。[2] 正如共犯独立性说的倡导者佛尼茨库所主张，所有参加共同犯罪的人没有谁主谁辅的问题，都应当视为相互协力的独立正犯，单纯的帮助行为则视为特别罪的独立正犯，《格陵兰刑法典》就是单一制的立法模式。[3] 在网络共同犯罪的司法实践中，部分案件也没有区分共犯与正犯，而是全部按照正犯来定罪处罚。

笔者认为，共同犯罪的处罚根据和共同犯罪的分工，是两个不能割裂的问题。但是，在两个问题内部，应当成立的逻辑是：为什么处罚共同犯罪——共同犯罪的责任划分标准是什么。前者探究的是行为人可罚性的来源，后者探究的是行为人责任的参照和互动。倘若认为行为人的可非难性是从其他行为身上"移植"或者"借用"的，以共犯从属性学说作为论证的原理起点，则必须先厘清共犯与正犯之间的从属性问题，进而才能解决多人之间责任划分的问题，因为前者对后者起决定性作用。但是，倘若行为人的可非难性是其行为本身所具备的，以共犯独立性学说作为论证的原理起点，则前者对后者只是影响性的作用，厘清行为人之间的犯意互动对行为人的量刑只具有参考性的价值。在逻辑上，共同犯罪性质的讨论应当放在共犯人分工之前，共犯人刑事责任的处罚根据，决定了正犯对共犯定罪量刑的参考价值。

（二）二重性学说的兴起和发展

1982 年，著名刑法学家伍柳村教授撰文《试论教唆犯的二重性》，从共犯教唆和独立教唆的角度诠释了教唆犯从属性和独立性的双重性质。[4] 此后，年轻学者们将教唆犯的二重性学说扩展到其他共同犯罪领域，发展为共犯二重性说。

随着学说的发展，二重性学说又逐渐发展为具体的二重性说、抽象的二重性

---

〔1〕 陈兴良：《共同犯罪论》（第 2 版），中国人民大学出版社 2006 年版，第 40 页。

〔2〕 刘明祥：《论中国特色的犯罪参与体系》，载《中国法学》2013 年第 6 期。

〔3〕 比如，《格陵兰刑法典》第 9 条：以任何方式教唆或者帮助他人犯罪者，本法典适用之。

〔4〕 伍柳村：《试论教唆犯的二重性》，载《法学研究》1982 年第 1 期。

说与辩证的二重性说。[1] 具体的二重性说也称作机械的二重性说,完全局限于《刑法》第29条对教唆犯二重性学说的理解。抽象的二重性说指的是主犯和从犯的从属性抑或独立性要根据从犯的人身危险性来决定,如果从犯的人身危险性大于主犯,则在共同犯罪中从犯体现出独立性,如果从犯的人身危险性小于主犯,则在共同犯罪中从犯体现出从属性。辩证的二重性说是当前学界大多数学者的主张,认为共犯的属性是从属性和相对独立性的统一,[2] 有学者通过"相互利用关系"诠释了共同犯罪行为之间的互动关系。这种"相互利用关系"是共犯之间的有机联系,也是共犯得以独立存在的根本原因。[3] 还有学者借用韩德两国共犯二重性学说的主张,提倡"修正的共犯二重性说",以从属性为原则,当共犯的行为属于"重罪"时,共犯具有独立性,[4] 该主张在实质上与辩证的二重性说的主张具有异曲同工之处,都是根据行为人的人身危险性或者所犯罪行的严重性,在具体情况下判定共犯的性质是独立的还是从属的。只是一个立足于人身危险性的比较,另一个立足于罪行轻重的评价。

1. 共犯二重性学说的固有缺陷

共犯二重性学说只是在一定程度上对共犯从属性学说和独立性学说的调和,并没有揭示出共同犯罪的本质。主张"二重性"学说的学者,错误地把事物的特征与事物的本质等同。"特征"是一个事物的征象、标志和特点,一个事物的特征是对该事物的抽象和概括,可以是一元的,也可以是多元的。对某一事物特定方面的概括、抽象和总结,都属于"特征"的范畴。与之相对,"本质"应该是单纯的,它是事物本身所固有的、决定事物性质、面貌和发展趋势的根本属性。事物的本质是隐蔽的,需要通过现象来表现。因此,如果说"特征"是对事物特点的概括,"本质"就是对事物特点的提炼升华。一个事物可能具有两面性,但是两面性的概括只能是对其表征的总结,而不能是对其实质内涵的提炼。因此,"共犯二重性"只能是对共同犯罪双重特点的梳理,并不能作为对共犯本质属性的诠释。据此,共犯二重性学说,只能让共犯独立性与共犯从属性之争在短时间

---

[1] 魏东:《我国共犯论刑法知识的渊源考察与命题辨正——兼与陈兴良教授商榷》,载《现代法学》2013年第6期。

[2] 李荧荧:《教唆犯性质刍议——对刑法第29条的解读》,载《广西政法管理干部学院学报》2015年第1期。

[3] 陈世伟:《论共犯的二重性》,中国检察出版社2008年版,第105~106页。

[4] 毛海利:《"修正的共犯二重性说"之提倡》,载《法学论坛》2016年第2期。

内偃旗息鼓,而不能做到对其长时间的调和,隐藏在“共犯二重性”背后的,是共犯的独立性和从属性谁主谁辅,以及独立性抑或从属性程度的问题。[1]

在共犯独立性与从属性的对立过程中,共犯从属性原理成了占上风的学说。共犯独立性说因为被披上“主观主义刑法”“行为人刑法”的外观而被大多数刑法学者所诟病。[2] 即便是现在已经成为通说的共犯二重性原则,也成了论者们攻击的靶心,被学者们批判为“共犯二重性之名,共犯独立性之实”,是借鉴并运用了苏俄刑法学“主客观统一”原则的中国特色“第三说”。[3] 诚然,抛开论者们对主观主义和客观主义理论共通点的忽视,共犯独立性和共犯从属性中也难免有共通之处。诸如共犯独立性抑或从属性是在哪些方面体现的,如何辩证地体现,共犯的独立性或者从属性的限度又应当如何等。

钱叶六教授提出“要素从属性”,从共犯成立的要素上来讨论共犯从属性的方面与程度。[4] 齐藤金作认为,共犯的从属性包括成立上的从属性和处罚上的从属性,平野龙一和植田松正认为,共犯的从属性分为实行的从属性、罪名的从属性和要素的从属性。山中敬一认为,共犯的从属性分为实行的从属性、罪名的从属性、可罚的从属性和要素的从属性。[5] 张开骏教授认为,从属性方面总结起来只有两个:一个是实行的从属性,另一个是要素的从属性。[6] 德国刑法学者迈耶率先提出把从属性程度分为四种:最低限度从属性、限制从属性、极端从属性以及夸张从属性。这四种从属性程度都是以犯罪成立三阶层为基础的。最低限度从属性是指共犯的成立只需要具备构成要件的该当性,共犯与正犯就构成共同犯罪;限制从属性要求共犯与正犯构成共同犯罪,必须要兼具该当性和违法性;极端从属性认为共同犯罪的成立必须要求共犯和正犯兼具该当性、违法性和有责性;夸张从属性认为共犯的成立认为不仅要求该当性、违法性和有责性都符合,正犯的处罚原则与量刑事由也及于共犯。[7] 限制从属性说目前是较多学者的观点,从属性方面和从属性程度等一系列观点的分化,让共犯从属性的性质

---

〔1〕 魏娟玲:《论教唆犯的性质》,载《河南省政法管理干部学院学报》2002 年第 6 期。

〔2〕 何明凤:《共犯从属性与独立性统一说之提倡》,载《湖北警官学院学报》2014 年第 7 期。

〔3〕 魏东:《我国共犯论刑法知识的渊源考察与命题辨正——兼与陈兴良教授商榷》,载《现代法学》2013 年第 6 期;魏东:《教唆犯诠释与适用》,中国人民公安大学出版社 2012 年版,第 556 ~ 567 页。

〔4〕 钱叶六:《共犯论的基础及其展开》,中国政法大学出版社 2014 年版,第 180 ~ 212 页。

〔5〕 马克昌:《比较刑法原理:外国刑法学总论》,武汉大学出版社 2002 年版,第 659 页。

〔6〕 张开骏:《共犯从属性理论的体系建构》,载《清华法学》2013 年第 6 期。

〔7〕 张开骏:《共犯从属性理论的体系建构》,载《清华法学》2013 年第 6 期。

在论述中,缺点越发突出。

诚然,从属性方面和从属性程度的提出正是对共犯从属性论点论证不利的妥协,看似是对共犯从属性性质的修补和完善,实际对共犯从属性学说的主张显得底气不足,对共犯当有的独立性也是“欲盖弥彰”。实际上,无论是共犯从属性学说还是共犯独立性学说,都免不了对对方观点的批驳与构建,如同一个矛盾的两个方面,相互依存和相互统一才是一个事物的本质。虽然张明楷教授支持的是共犯从属性学说的观点,但是先前他也指出,共犯独立性和共犯从属性学说,只有在区分制的语境下才有意义,如果认为我国共犯体系是单一制,那么我们对共同犯罪性质的讨论就不具有正当性。[1]

对《刑法》第29条第2款的理解,有论者认为“被教唆的人没有犯被教唆的罪的可以从轻或者减轻处罚”是有违罪刑均衡的,因此该条文应当修改甚至是废除。[2] 这样主张的论者是把共犯从属性的性质先入为主地代入了论证。他们论证的逻辑为:如果被教唆的人是在犯罪预备阶段因为客观原因不能实施犯罪,按照犯罪预备的处罚原则,可以比照既遂犯从轻、减轻或者免除处罚,教唆者反而“可以从轻减轻处罚”,这样的结论似乎经不起逻辑推敲。但是,如果在论证时不进行“教唆犯的刑事责任小于实行犯”这一预设,先前的证成未必不能成立。况且,被教唆的人和教唆者量刑基准的参照标准也是不同的。被教唆的人量刑基准的参照是其本人实施犯罪的既遂状态,教唆者量刑基准的参照在法条中并没有明确。

2. 共犯二重性学说的症结本质

“如果存在学派之争,各个学派必然想方设法推翻对方的体系与学说,结局是每个学派都必须补救原来的理论或者创建崭新的理论。”[3]一个事物内部各要素就是辩证统一的。同一性离不开斗争性,斗争性也同样离不开同一性。如果将其中一方彻底否定或者完全抛弃,另一方的观点也难以支撑和成立。与其说是对共犯属性的建立和反思,还不如说是对共犯性质立场的选择和把握,如果原理起点本身就有所分歧,那么论者们的观点只能南辕北辙。虽然无论是主张

---

〔1〕 张明楷:《刑法的基本立场》,中国法制出版社2002年版,第329~331页。

〔2〕 江溯:《超越共犯独立性与共犯从属性之争——刑法第29条第2款的再解释》,载《江苏大学学报(法学版)》2014年第2期。

〔3〕 张明楷:《刑法的基本立场》,中国法制出版社2002年版,第5页。

共犯从属性还是共犯独立性原则的论者,在论述中都有殊途同归的内容,但是其关键性的分歧不是结论的分歧,而是论证起点的分歧。

从1979年《刑法》的第26条到现行《刑法》的第29条,该条款一字不落地被保留,立法者在关于教唆者刑事责任的规定上态度显得含混暧昧,尤其是其中第2款的描述,也为论者们展开教唆犯的二重性,包括共犯的二重性奠定了法条依据。解决共犯独立性或者从属性等一系列的问题,是为了梳理共犯成立这一理论的基石,以及共犯刑事责任这一最终落脚点。共同犯罪之所以被称为刑法理论的"黑暗章节",[1]是因为各路论者们从刑事责任出发,来反推共犯的性质。即便共犯的处罚原则明确在法条中属于"现象"范畴,如何提炼出共同犯罪的"本质",还应当根据共犯本身的人身危险性和法益侵害性等因素来评定。

根据罪责自负原则,行为人的可罚性是由行为人自身决定的,正如同一个事物的内部矛盾,共犯之间的刑事责任的相互影响和参照则是根据事物之间的外部矛盾。内部矛盾是决定事物性质和特点的根据,而外部矛盾是影响事物与事物之间联系和发展的条件。在进行共同犯罪相关问题的研究时,如果以正犯与共犯的联系和互动来反推共犯正犯的性质,有本末倒置之嫌。有学者指出,我国刑法虽然把共同犯罪分为四种类型,但是在法益侵害的场合,四类共犯人都是为自己所招致的行为"一次责任"进行答责。[2] 与其从实然的角度讨论共同犯罪的属性,还不如从应然的角度上讨论,在网络空间的共同犯罪中,尤其是在共同犯罪的成立问题上,应当以什么作为论证的原理起点。

二、网络空间中共同犯罪性质的原理起点

诚然,解决问题的方法并非唯一,但是论证一个问题时,一个原理起点的选择决定了解决问题的方法、原则和思路。在网络空间中研究共同犯罪,起点的选择,直接决定了网络空间中共同犯罪的成立范围、共同犯罪的成立条件和共同犯罪的处罚根据。

笔者以共犯独立性作为网络共同犯罪的原理起点。选择独立性,并不意味着笔者抛弃和否定共犯的从属性。共犯独立性落脚到共犯的处罚原则,而共犯

---

[1] 杨开江:《主犯研究》,武汉大学法学院2012年博士学位论文,第78页。

[2] 张勇、王杰:《帮助信息网络犯罪活动罪的"从犯主犯化"及共犯责任》,载《上海政法学院学报(法治论丛)》2017年第1期。

从属性诠释共犯与正犯之间的互动关系。在共同犯罪独立性与从属性双重特点中，主张以共同犯罪中的行为人为研究的起点，从行为人自身的社会危害性以及处罚原则，分析共同犯罪人之间的犯意互补与行为互动。

（一）主张网络空间共同犯罪独立性的可能性

共犯的独立性与从属性之争是新旧学派争论的热题，从 20 世纪 80 年代伊始，也颇受论者们的关注。笔者对“共犯性质的从属性或独立性”的观点持中立态度。论证共犯的独立性和从属性的过程都不可能将对立观点彻底击垮，而论点本身的证成更是离不开对对立观点的批驳、反思和构建。笔者的“中立态度”并不是对共同犯罪的性质持回避态度，对共犯性质的认识也正是为了解决共犯成立、共犯分工以及共犯处罚等问题。换言之，其最终目的是解决问题，只要构建的思路能解决共同犯罪的相关理论，可以换一种思考问题的思路和方法，执着于非此即彼的争论，或许会在论证的过程中，思路越走越狭窄。

日本刑法和意大利刑法用加功理论来解决多人犯罪的问题，尤其是共同犯意缺乏的片面共犯。所谓“加功”，在日本刑法学中也称为“加担”，〔1〕指的是行为人对犯罪进程的相互推动和相互促进。〔2〕 诚然，中国古代刑法中也有“加功”这一概念，〔3〕我国古代刑法中的“加功”这一概念更多是从行为人的客观行为所带来的实害效果来评定行为人的人身危险性，而没有对行为人的主观罪过作过多的评价。意大利刑法和日本刑法中的加功理论受到主客观相统一原则的影响，对行为人的主观方面作出了修饰，但是该理论的关注点也更多倾向行为人的客观方面。至少，单纯运用加功理论难以区分共同犯罪、片面共犯和间接正犯，甚至把过失的加功行为也纳入了理论的范畴，〔4〕因此，加功理论被国内的极少数学者所主张。

但是，加功理论提供的新思路在于，共同犯罪的研究可以共犯人为个体，而共同犯罪为整体作为起点。传统刑法理论是将共同犯罪的成立作为预设的前提，首先从整体上把握，其次才对行为人个体的特殊性进行研究。当然，研究具体问题还是应当从具体问题上进行分析。共同犯罪之所以能成为论者们研究的

〔1〕 金光旭：《日本刑法中的实行行为》，载《中外法学》2008 年第 2 期。

〔2〕 陈文昊：《加功行为的匡正与型构》，载《宜宾学院学报》2017 年第 1 期。

〔3〕 比如，《唐律·贼盗》：“诸谋杀人者，徒三年；已杀者，斩；从而加功者，绞。”再如，《元典章·吏部六·儒吏》：“若有为从加功之人，须问如何计合情由，行害时某人下手，某人如何加功，其尸弃於何处。”

〔4〕 温建辉：《共同过失犯罪新解》，载《理论探索》2015 年第 4 期。

对象,是因为这一类犯罪现象的社会危害性大,一群人通过谋划和组织实施的犯罪,其危害明显大于一两个人单独实施的犯罪。所以在实务侦查、起诉和审判活动中,通常把整个犯罪团伙作为不能分割的主体。在诉讼活动中,共同犯罪中的行为人在通常情况下是以共同被告或者并案的形式出现在法庭上。

在网络空间共同犯罪中,行为人与行为人之间的行为模式发生了微妙的变化,到底是以整体为研究起点还是以个体为研究起点,还应当根据行为人之间的犯意联动和互动方式的特点来选择。加功理论提供了借鉴和参考,也为网络空间中共同犯罪的个体化和差异化研究提供了可能。加功理论并不意味着对共犯独立性的彻底主张,但是两者在共犯问题的构架和研究思路上却有不谋而合之处。

(二)主张网络空间共同犯罪独立性的必然性

关于共犯的性质,俄罗斯学者认为已经形成了两种稳定的学派。其主张从属性的观点,以共犯之间相互依存的补充性质为主张的主要内容,表现为以实行犯为核心人物,其余共犯之间的互动为辅助而不具有独立的意义;主张独立性的观点,把共同犯罪看作独立的犯罪活动形式,之间的联系和互动可以割裂开来看。[1] 两种观点对立的实质是研究思路的对立。如前所述,解决问题的方式是多种多样的,但是一把钥匙开一把锁,什么样的方法最能解决实际问题,也只能从问题的症结上来入手。如果说独立性主张的可能性为我们解决问题提供了思路和途径,那么独立性主张的现实性,则是结合当前理论的发展趋势和实践的问题导向而呈现的应然倾向。

1. 从实际层面上讲,主张共犯独立性,对网络空间中的共同犯罪研究,具有可操作性。从司法活动上看,和传统的共同犯罪不同的是,网络空间中的共同犯罪中的行为人具有隐蔽性和分散性的特征,隐藏在各行为人背后的是一串较长的黑色经济链条和利益诉求。这些利益诉求未必是同向推进和发展的,因此,很难将这一条黑色产业链上的相关人一网打尽。如果说传统的共同犯罪的侦破过程,是把握住犯罪的重要线索,拊背扼喉,打捞漏网之鱼,将整个犯罪团伙连根拔起,那么对网络空间中的群体犯罪的侦破,就是从黑色产业链上的一个螺丝钉着

---

〔1〕［俄］Н. Ф. 库兹涅佐娃、И. М. 佳日科娃主编:《俄罗斯刑法教程(总论)》(上卷·犯罪论),黄道秀译,中国法制出版社2002年版,第37～53页。

手,顺藤摸瓜,找到这条黑色产业链上的策划者、技术指挥者以及积极参与者,从每个环节上将黑色链条上的窝点各个击破。前者的破案过程是从整体到局部,而后者的侦查过程却是从局部到整体。因此,在整个案件的侦破过程中,共犯独立性的原理起点比从属性更具有优势。

2. 从理论层面上讲,主张共犯独立性,对网络空间中的共同犯罪研究,具有必要性。研究共同犯罪的成立条件和处罚根据,离不开对共同犯罪构成要件的剖析,总结起来,用共犯独立性解决网络空间共同犯罪的问题,从研究的思路上看,有以下几个方面的必要性。

首先,从犯罪主观方面来看,共犯人之间的意思联系片面,犯意联络单一,共犯人之间的独立性比起传统犯罪更明显。所以在进行理论解剖时,以个体的犯意传递来研究整体的犯意联动更科学。网络空间中的多人犯罪,并不必然构成传统刑法意义上的共同犯罪,可能构成片面共犯,有可能构成间接正犯,也有可能构成同时犯,所以对行为人个体的主观方面的评断影响整体共犯人的主观方面的认定。

其次,从犯罪客观方面来看,行为人缺乏犯罪行为的分工和协作,更多的是在知晓他人犯罪活动之后,对其他共犯人行为的单向或者双向利用,这种利用的前提是行为人对他人行为的通晓程度。网络空间中行为人行为模式的松散性,决定了在网络空间中研究共同犯罪的思路,应该是从局部到整体,从个体行为特点开始建构,抽象出整体行为特点。

再次,从犯罪客体方面来看,由于行为人之间的犯意联络单一,分工模糊等问题,一个网上犯罪团伙所实施的共同犯罪,犯罪性质可能存在发酵和变异。成立一个网络群组的初衷可能是实施某一行政违法行为,但是随着时间的推移,新网络群组成员的加入,网络群体的性质可能从违法演变为犯罪。或者,群组成立的本意是为了实施此项犯罪,其他犯罪成员的加入使犯罪群组开始实施彼项犯罪,犯罪客体的性质发生转向和偏移。传统的共同犯罪,其客体性质是由犯罪群体成立的性质或者领导者的决策来决定的,而网络空间的共同犯罪长期存在“领导缺位”的现象,从个体行为所侵犯的法益来统筹整体行为所侵犯的法益,是一个较科学的方法。

最后,从犯罪主体方面来看,网络空间中的多人犯罪中的行为人可能缺乏相应的刑事责任年龄，或者可能缺乏构成犯罪的某种特殊身份，[1]因此，网络空间中的多人犯罪并不必然构成共同犯罪。在尚不能对网络犯罪群体的性质作出完整、充分评价的前提下，着眼于个体的犯罪，进而反馈到犯罪团体本身的性质，未尝不是一个全新的思路。

3. 从理论的发展动向和思路的选择趋势上看，主张共犯独立性，对于研究网络空间共同犯罪，具有必然性。一个理论的构建，必然会经历从单一到丰富、一元到多元的构建过程。先哲们提出的思路和方法是应对原始问题的模板和框架，但是不能全面地应对新问题、新事态和新局面。面对全新的问题，即便不对传统的观点分解之后进行重构，也应当对现有的理论不断地修缮和革新，使之与网络3.0时代和"互联网+"时代相适应。在网络空间中，行为人实施犯罪的过程中具有开放性和隐蔽性，传统共同犯罪的相关理论与同时犯、间接正犯、片面共犯等相关理论开始出现交融与重合，共同犯罪人实施犯罪的犯罪形态可能发生错位，传统共同犯罪的相关理论存在一定的滞后性和片面性，只有明确共犯的原理起点，多思路、多维度地建构解决问题的思路，才能应对共同犯罪领域出现的新问题。

第二节　网络空间共同犯罪范围的原理起点

犯罪共同说和行为共同说之争是共同犯罪另一对对立的原理起点，两派学说之争的对立点正是共同犯罪的成立范围。立足在网络空间的大背景下，行为人之间的犯意联络单一、共犯人之间的分工作用不明晰，网络空间中的片面共犯以及过失共同犯罪能否成立，取决于对共同犯罪成立范围起点的选择。

一、犯罪共同说和行为共同说对立之实质

共犯独立性说和共犯从属性学说解释的是共同犯罪中行为人之间的相互关系，而犯罪共同说与行为共同说的讨论，实际上要解决的是共同犯罪与单独犯罪之间的关系。[2] 有学者主张，共同犯罪是一种违法形态，而刑事责任所起的是个别性的作用。[3] 随着学术流派的变迁，犯罪共同说出现了完全犯罪共同说和

---

〔1〕 张捷、姚军：《伙同未达刑事责任年龄人作案可构成共同犯罪》，载《人民司法》2013年第8期。

〔2〕 郭君勋：《案例刑法总论》（第2版），台北，三民书局1983年版，第419页。

〔3〕 钱叶六：《共犯论的基础及其展开》，中国政法大学出版社2014年版，第72页。

部分犯罪共同说的分流，而犯意共同说也曾经在学术界有过一席之地。

犯罪共同说和行为共同说始终是成立共同犯罪最为鲜明的两个对立观点，有学者提出过疑问："从共犯从属性的角度出发，犯罪共同说是否等于罪名从属性，而行为共同说是否等于罪名独立性"，[1]这种观点混淆了共同犯罪成立的根据和共同犯罪成立的范围。两种对立观点的实质在于共同犯罪的"共同"是构成要件之"共同"还是行为人行为之"共同"。

（一）犯罪共同说的主张以及展开

犯罪共同说以客观主义刑法作为根基，强调行为在犯罪构成要件的意义，从实质上讲，就是行为人对同一法益实施犯罪的侵害，[2]主张该学说的刑法学家有德国的毕克迈尔、日本的小野清一郎和泷川幸辰。犯罪共同说强调行为人实施犯罪的法益的相同性。从现象上看，是行为人所实施的犯罪事实有一定范围的重合；从本质上讲，是行为人所实施的犯罪在构成要件上有一定范围内的重合。

1. 完全犯罪共同说和部分犯罪共同说概述

完全犯罪共同说也称严格的犯罪共同说，要求数人共同实行或者加功以实现"同一的故意犯罪"时，才可能有共犯的成立。[3] 我国刑法理论界的通说从《刑法》第25条出发，主张完全犯罪共同说，并受到了高铭暄、马克昌、王作富等知名学者的支持，[4]但是也因为"共同犯罪成立的范围不当限缩""法益保护不力"等缺陷被很多学者所反对。[5] 在主观方面的故意不全等但有重合的情况下，行为人之间不能构成共同犯罪，只能按照单独犯罪来定罪处罚，在极端情况下甚至可能有放纵犯罪的可能性。比如，一人基于杀人的故意，另一人基于伤害的故意向被害人开枪，两个行为人不能够构成共同犯罪。根据完全犯罪共同说，必须要求行为人的犯罪主体要件、犯罪主观要件和犯罪客观要件都是全同关系，

---

[1] 张开骏：《共犯从属性理论的体系建构》，载《清华法学》2013年第6期。

[2] 陈兴良：《共同犯罪论》（第2版），中国人民大学出版社2006年版，第54页。

[3] 钱叶六：《共犯论的基础及其展开》，中国政法大学出版社2014年版，第73页。

[4] 高铭暄、马克昌主编：《刑法学》（第5版），北京大学出版社、高等教育出版社2011年版，第165～166页；王作富主编：《刑法》（第5版），中国人民大学出版社2011年版，第124～126页。

[5] 钱叶六：《共犯论的基础及其展开》，中国政法大学出版社2014年版，第74～76页。

才能肯定共犯的成立，这种理论过于狭隘。[1]

随着犯罪共同说的演变，完全犯罪共同说和部分犯罪共同说在内部开始出现分流。为缓解完全犯罪共同说的不合理性，一个改良的观点逐渐被学者们所接受——部分犯罪共同说，也称为“修正的完全共同说”。按照此种学说，共同犯罪的成立，不要求多人所实施的犯罪完全相同，而只要具备一定程度上的重合即可，[2]部分犯罪共同说也成了司法实务界广泛采纳的观点。

2. 犯罪共同说的结论及评述

在认定共同犯罪的结论时，部分犯罪共同说和完全犯罪共同说所得出的结论大多数都一样，因为部分犯罪共同说和完全犯罪共同说的本质是一样的——主张的是“犯罪的共同”而非“行为的共同”。根据犯罪共同说，可以得出以下结论。

第一，共同犯罪的成立范围需在犯罪构成成立范围内。[3] 只是完全犯罪共同说支持的是犯罪构成的全等关系，部分犯罪共同说主张的是犯罪构成的包容和重合关系。但是无论按照哪一类的观点，在超出行为人犯罪构成范围之外的部分都不可能成立共同犯罪。比如，多人犯罪中部分行为人无相应刑事责任能力，或者行为人之间的犯意没有重合要素，行为人之间不构成共同犯罪。

第二，共同犯罪的成立应当限定在一个犯罪事实内。[4] 这里的犯罪事实可以体现为共同犯罪所体现出来的构成要件，也有可能体现为共同犯罪所侵犯的法益。这里的犯罪事实的限定可以体现为犯罪事实的全等，也可以体现为犯罪事实之间的包容和重合。

第三，承认事后共犯的成立，事后共犯可以认为成立共同犯罪。[5] 如果事后为其他行为人窝藏赃物、毁灭罪证或者包庇行为人的，可以认为和行为人构成

---

〔1〕 “根据完全犯罪共同说，假设甲乙二人构成共同犯罪，A1 表示甲的客观构成要件的行为，B1 表示甲的犯罪构成主观要件，C1 表示甲犯罪构成主体要件，A2 表示乙的客观构成要件的行为，B2 表示乙的主观要件，C2 表示乙犯罪构成主体要件，则，$A1 \cap A2 = A1 = A2$，$B1 \cap B2 = B1 = B2$，$C1 \cap C2 = C1 = C2$，用逻辑学知识来讲，只有 A1 和 A2、B1 和 B2、C1 和 C2 三对概念的外延皆是全同关系，甲乙方可成立共同犯罪。”李永升、师福伟：《间接正犯的本质研究》，载《法治研究》2014 年第 2 期。

〔2〕 钱叶六：《共犯论的基础及其展开》，中国政法大学出版社 2014 年版，第 76～79 页。

〔3〕 李光灿、马克昌：《论共同犯罪》，中国政法大学出版社 1987 年版，第 191～192 页。

〔4〕 马克昌：《比较刑法原理》，武汉大学出版社 2002 年版，第 635 页。

〔5〕 张明楷编著：《外国刑法纲要》，清华大学出版社 2007 年版，第 296 页。

共同犯罪(事后共犯)。[1] 行为人之间成立共同犯罪,其中共同的犯罪故意,可以是一方实施犯罪甚至已经实施完毕犯罪以后,另一方才得以萌发的。行为人之间犯意的共同既可以是同时产生的,也可以是在一定时间差内产生的,成立共同犯罪的关键性问题在于行为人之间犯意内容的重合,而不在于犯罪时间的重合。

第四,片面共犯和共同过失犯罪没有成立的余地,有学者认为只要罪过形式存在不同,共同犯罪就难以成立。[2] 就部分犯罪共同说而言,主观方面的犯意必须有重合之处,也就是在主观意图上,共犯人之间有"协力犯罪"或者"帮助犯罪"的意图,哪怕是事后共犯,也存在包庇人对行为人犯罪痕迹的"打点"行为。在片面共犯中,共犯人虽然都为故意犯罪,但共犯人之间缺乏协作和联络,而是一方在知晓另一方犯罪意图的情况下的单向利用。因为过失犯罪缺乏犯罪的动机,共同过失犯罪就更加没有共同犯罪主观方面的协作机制。

3. 犯罪共同说的固有缺陷

部分犯罪共同说具有一定的进步之处,它把行为人构成要件或者法益侵害的同等,修正为了构成要件或者法益侵害的部分重合,受到了部分学者的支持[3]。但是,它并没有解决实际的问题,完全犯罪共同说尚不能解决的问题,也同样是部分犯罪共同说的诟病所在。总结起来,这些缺陷可以概括为以下几点。

(1)部分犯罪共同说看似解决了"行为人犯同一种罪"这一问题,将"行为人犯罪法益的全等"改为"行为人侵犯法益有重合",这样的修正并没有解决实际问题。比如,甲和乙各自以杀人的故意和伤害的故意向被害人实施殴打造成被害人死亡,得出"甲和乙在故意伤害的范围内成立共犯"这一结论没有意义。[4] 笔者认为,共同犯罪的本质之所以有讨论的必要,是因为共同犯罪的本质,应当折射出行为人刑事责任根据的指向,即共犯人之间的协作和互动,才能说明共同犯罪的处罚性根据,以及共同犯罪比单独犯罪体现出的更强的社会危害性。部分犯罪共同说为了修饰法益或者构成要件的"共同",把这种"共同"理解为范围

---

〔1〕 不讨论行为人构成何罪的问题,即便行为人构成特殊的罪名,即窝藏、包庇罪,或者掩饰、隐瞒犯罪所得、犯罪所得收益罪等分则条文的单独犯罪,行为人与所帮助的犯罪人之间,在理论上构成共同犯罪(事后共犯)。

〔2〕 浦法仁、李江泓编写:《刑事法律小辞典》,上海辞书出版社 2004 年版,第 97 页。

〔3〕 吴光侠:《主犯论》,中国人民公安大学出版社 2007 年版,第 9 ~ 11 页。

〔4〕 张明楷:《刑法学》(上册)(第 5 版),法律出版社 2016 年版,第 358 ~ 359 页。

上的包含与重合，这样的修正看似是对犯罪共同说的完善，实质上是为了完善而完善，脱离了讨论共同犯罪本质的初衷。

(2)部分犯罪共同说仍然可能导致对参与人定性的困难。比如，甲和乙分别基于杀人和伤害的故意对被害人实施殴打，被害人死亡却无法查明被害人的死因，我们只能依照存疑有利于被告的原则，按照故意杀人未遂和故意伤害致死来分别处罚，这样会得出很荒谬的结论：具有主观恶性更大的甲因为案件的无法查明可能承担更小的刑事责任，而主观恶性较小的乙反而可能为被害人的死亡承担刑事责任，这是完全有违罪刑相适应原则的，亦有放纵犯罪之嫌。[1] 四要件支持论者重视构成要件的符合性与刑事责任的适应性，部分犯罪共同说得出的结论，并不能得到这一类论者的支持。

(3)部分犯罪共同说忽视了客观归责的本质，在很大程度上从主观方面限制了共同犯罪的构成要件，也混淆了共同犯罪成立和共同犯罪罪责这一对基本概念。[2] 笔者认为，无论是单独犯罪的成立，还是共犯的成立都是事实判断的过程，犯罪成立的标准是可以量化和统一的。按照三阶层论者的观点，这一部分应当放在构成要件的该当性上讨论。而共同犯罪的责任是一个价值层面的判断，共犯人的罪责是应当根据其犯罪情节的不同情况区别对待的，这一部分是应当放在有责性上来讨论的。因此，部分犯罪共同说也受到三阶层论者的诟病。

综上所述，部分犯罪共同说作为犯罪共同说的一个修正理论出现在学者们的视野，其对“犯罪共同”这一基本主张是没有发生变化的，即便部分犯罪共同说起完善完全犯罪共同说的作用，但是这样的观点并没有解决实际问题，如果行为人在犯罪构成的重合范围内构成犯罪，那么在此重合范围内的犯罪构成如何体现在行为人的量刑幅度上，则是一个仍然存在的空白。

因此，笔者认为犯罪共同说的主张只是解决了“共同犯罪理论中的重合问题”，并没有说明共同犯罪主体的手段机制，以及犯罪主体个体化量刑的缘由。如果在网络空间的背景下研究共同犯罪，行为人之间的犯意联络缺乏，在共同犯意部分缺失的情况下，按照犯罪共同说，全然否定片面共犯的成立，可能会造成共同犯罪成立范围的限缩，不利于网络空间中多人犯罪的认定和处罚。

---

〔1〕 阎二鹏：《共犯本质论：基于“个人责任”的反思性检讨》，载《刑法论丛》2009 年第 3 期。

〔2〕 黎宏：《刑法总论问题思考》，中国人民大学出版社 2007 年版，第 476 页；钱叶六：《共犯论的基础及其展开》，中国政法大学出版社 2014 年版，第 79 页。

(二)共同意思主体说的消逝和启发

共同意思主体说是共同犯罪成立范围学说中短暂存在又纵然消逝的一种学说,又称意思主体说,最早在日本司法实务中被适用,用来处理暴力集团犯罪以及智能型案件的幕后操作者。[1] 此学说为日本刑法学者草野豹一郎所首倡,其后得到齐藤金作、藤木英雄、大塚仁、前田雅英等学者的支持。按照此种观点,共同犯罪的成立在于行为人之间形成相同的目的,在此种目的的驱使下,行为人团结一心,形成了一定的共同意思主体,共同实施犯罪。该学说认为共同犯罪的实质在于犯罪意思的共同,也有学者形象地称之为“同心一体”。[2] 行为人之间行为的共同只是在这一内核驱动下的外部表征。如果行为人之间欠缺了意思联络,或者欠缺了对其他行为人的利用,行为人之间则不构成共同犯罪。

1. 共同意思主体说的弊端与缺陷

共同意思主体说以行为人“同心一体”作为共同犯罪的表征,以犯罪主观方面来统领行为人之间的犯罪互动,以主观方面来带动其他方面的犯罪构成,难免被众多刑法学者冠以“主观主义刑法”的名义,况且该学说过分强调行为人之间的共同犯意,却缺乏论证主观方面对客观方面的指导和支撑,也缺乏对共同犯罪主体犯意“共同性”的描述,因此从一诞生就呈现较为致命的缺陷。

日本《刑法典》第 60 条将共同犯罪中所有实行犯罪的都规定为正犯,而在司法实践中,共同犯罪更多体现为共谋型的共同犯罪,因此,日本刑法研究共同犯罪的起点更倾向关注行为人的主观方面,以主观方面来统率犯罪构成的其他方面。单一制的体系的主张,也使大量论者们对其“行为人刑法”倾向的质疑声层出不穷。笔者并不当然地反对或者支持“行为人刑法”的观点。刑法的规制作用,直接的作用点在于行为人的行为,但是间接的作用点在于行为人的人身危险性,通过对行为的规制来降低行为人的主观恶性,主张行为人主观恶性的学派,也自然而然地与“主观主义刑法”“行为人刑法”等概念划为了一流。然而,“无罪过则无刑事责任”,罪过必然是刑事犯罪的核心,与民事法律不同的是,刑法首先着重关注的是行为人的过错以及行为本身,其次才关注行为造成的危害结果。因此,刑法处罚“举动犯”“行为犯”“犯罪未完成形态”等形态

---

[1] 吴光侠:《主犯论》,中国人民公安大学出版社 2007 年版,第 5 ~6 页。

[2] 吴光侠:《主犯论》,中国人民公安大学出版社 2007 年版,第 5 ~6 页。

和现象，在没有危害结果的情况下，依然要纳入刑法规制。通说认为，在刑事领域内不存在"无过错责任"或者"严格责任"。[1] 相反，民事法律更多关注的是行为人给被害人造成的损失，对行为人本身的过错关注较小，所以有"严格责任"以及"过错推定责任"的成立空间。

因此，笔者认为，"以行为人的主观方面来统领犯罪构成"的主张，不应该受到全盘否定，毕竟该主张能和日本的刑法理论和当时的司法实践相融合。但是，日本刑法所主张的"共同意思主体说"是建立在"共谋正犯"理论基础上的，我国有刑法学者考虑引进该学说，[2]也有学者狠批这种学说没有顾及中国理论的当前发展，理论移植本身就存在"排异"。[3]

2. 共同意思主体说的启发与提示

虽然共同意思主体说在共同犯罪成立范围的学说中存在的时间不长，但是它同样为犯罪共同说与行为共同说的论述和修正指明了一条思路：无论是对行为的诠释还是对构成要件的阐发，共犯人之间主观方面与客观方面辩证与统一是值得深究的问题。到底是行为的互动促使行为人之间犯意的磨合，还是行为人之间犯意的互动协调好了各自的行为。从主观到客观，抑或从客观到主观，这就是一个"蛋鸡相生"的矛盾问题，共同意思主体说给我们的启发是，如何论述共犯人的主观方面和客观方面的互生和统一。

笔者虽然在结论上不认同共同意思主体说，但是在网络空间中讨论共同犯罪，或许能从共同意思主体说中得到提示，该说的问题所在，也正是网络空间共同犯罪理论构建时应当克服的缺陷。网络空间的共同犯罪，理应从行为人的共犯分工模式以及行为人之间犯意互动的特殊性来进行分析。如前所述，比起传统的共同犯罪，网络空间中的共同犯罪犯意联络的特殊性，表现为网络空间中行为人犯意联络的片面性。共同意思主体说从行为人的主观方面出发，其后日本

---

[1] 当然，国内也有部分学者倡导刑事领域的严格责任的构建，参见武小凤：《对我国刑法中严格责任立法现状及未来的比较分析》，载《法学家》2005 年第 3 期；刘霜、任彦君：《论英美刑法中的严格责任及其借鉴》，载《河北法学》2005 年第 3 期；董文蕙、佘小松：《英美刑法严格责任探析》，载《河南师范大学学报（哲学社会科学版）》2008 年第 1 期；周新：《英国刑法严格责任的构造与借鉴》，载《政治与法律》2011 年第 2 期。

[2] 刘艳红：《共谋共同正犯论》，载《中国刑法》2012 年第 6 期；刘艳红：《共谋共同正犯的理论误区及其原因》，载《法学》2012 年第 11 期。

[3] 陈洪兵：《"二人以上共同故意犯罪"的再解释——全面检讨关于共同犯罪成立条件之通说》，载《当代法学》2015 年第 4 期。

各路学者也是在主观方面的范围和重合度上进行修饰。在主观方面的分析方法上，共同意思主体说仍然有可圈可点之处。在研究网络空间的共同犯罪中，应当从以下三个方面进行把握。

第一，行为人之间犯意联络的模式。这是共同犯罪成立条件在主观方面的根基。在网络时代的大背景下，是否能为片面共犯留下成立的余地。一方行为人正在实施犯罪时，尚未知悉另外其他行为人正在实施网络犯罪，其他行为人利用该行为的犯罪行为，为自己实施犯罪行为进行加工，此种单向的意思联络是否应当评价为行为人之间的"共同犯意"，单一方向的利用型犯意能否突破"共同犯意""同心一体"的传统认识，此种利用型犯意的正犯又应当如何与间接正犯加以区分？

第二，行为人之间的犯意内容，或者主观方面的重合度。正如犯罪共同说所主张和加以完善的，从犯罪构成或者法益侵害的角度出发，以全同和包含的不同思路分流出完全犯罪共同说和部分犯罪共同说。但是，无论是以共犯整体的构成要件作为研究出发点，还是以共犯人的主观方面作为研究出发点，行为人之间主观方面的重合度和契合度都是难以逃避的话题，毕竟主观方面是构成要件的其中一方面，就像硬币的其中一面。在松散犯意联络的网络空间中，行为人之间的犯意不可能完全相同，那么在何种相似度下能够成立共同犯罪？行为人没有反对其他共犯人实施网络犯罪，是否就意味着以默认的形式参加共同犯罪？

第三，行为人各自的犯意，或者主观方面的射程。这种射程是否既包含了对自己行为的认识，也包含了对其他行为人的认识？行为人除了解自己行为的社会危害性外，是否对其他犯罪人的行为的社会危害性也应当存在一定的了解？需要明确的是，在网络空间中，行为人只是需要知道其他行为人造成犯罪后果的可能性，还是必须知道其他行为人造成犯罪后果的必然性。

虽然共同意思主体说已经在共同犯罪的学术史上逐渐被湮没，但是它为研究网络空间中的共同犯罪提供了更多思维上的借鉴。我们可以从行为人之间的犯意模式、犯意内容的相似度来研究网络空间中共犯人主观方面的契合度，从中梳理网络空间中共同犯罪的成立范围，确立网络空间中共同犯罪的犯意联络的外延和内涵。

（三）行为共同说的主张以及评述

行为共同说的提出未必比犯罪共同说晚，因为和共同意思主体说同样被冠以"主观主义刑法"的嫌疑,先前被众多刑法学者所摒弃。陈兴良教授指出,行为共同说把共同犯罪理解为共同表现恶性的关系,而不是强调数人共犯一罪。[1]

外国较早提出该学说的为德国刑法学家布黎和日本刑法学家牧野英一、山冈万之助。张明楷教授早年主张的是部分犯罪共同说,[2]而自2010年前后,也开始提倡行为共同说,指出"共同犯罪是行为人共同实施的刑法上的违法行为,而并非特定的犯罪行为"。[3] 我国倡导行为共同说的学者不多,比较具有代表性的是陈洪兵博士和阎二鹏博士。[4]

1.共犯行为共同说的基本释义

行为共同说不再强调犯罪构成要件的重合或者法益侵害的相同,转向关注的是行为本身,认为只要二人以上的犯罪人通过自己的行为实施各自企图,就构成共同正犯。"行为人之间并非共同实现一个犯罪,而是通过各自的行为营造一个共同的犯罪事实,以实现各自的犯罪。"[5]

行为共同说所主张的"行为共同",并不是行为人之间没有在犯意互动的前提下所实施的共同行为,仍然以主张"犯意共同"为中心思想。起初有日本刑法学者指出,"行为之共同"是指与法律上的构成要件分离、先于构成要件存在的"自然意义上的行为的共同"。[6] 但是有学者质疑,如果把这里的行为完全理解为"自然意义上的行为",那么在论证中则夸大了行为的主观恶性,偏离了我们对刑法意义上的行为的传统理解,因此不能脱离了构成要件和因果关系的制约来讨论"共同"[7]。

刑法所关注的行为,兼具有体性和有意性。[8] 与共同意思主体说一致的是,行为共同说认为:凡在行为人的共同目的范围内即成立共同行为。与共同意思说相比,行为共同说更进步的是,行为共同说以共同目的或者共同犯意作为共

[1] 陈兴良:《共同犯罪论》(第2版),中国人民大学出版社2006年版,第55页。

[2] 张明楷:《刑法的基本立场》,中国法制出版社2002年版,第268页。

[3] 张明楷:《刑法学》(第4版),法律出版社2011年版,第358页。

[4] 陈洪兵:《共犯论思考》,人民法院出版社2010年版,第36页;阎二鹏:《共犯本质论之我见——兼议行为共同说之提倡》,载《中国刑事法杂志》2010年第1期。

[5] 内藤謙『刑法講義総論(下)(二)』(有斐閣,2006年)1362-1363頁。

[6] [日]団藤重光:《刑法纲要各论》(第3版),冯军译,中国人民大学出版社2003年版,第241页。

[7] 钱叶六:《共犯论的基础及其展开》,中国政法大学出版社2014年版,第80页。

[8] 王者香、徐珏:《刑法上的行为新论》,载《政法论坛》1994年第5期。

同犯罪主观方面的根基,也关注了行为人在客观方面的行为联动,这种行为联动是建立在客观行为和事实的因果关系上的。所以,根据行为共同说,在不同的犯罪构成要件下仍然可能构成共同犯罪,决定行为人之间共同犯罪成立的主客观构成要件,从而决定行为人犯意的共同性和行为之间的联动性。

2. 共犯行为共同说的基本结论

在行为共同说的流派衍变中,逐渐出现了主观主义的行为共同说和客观主义的行为共同说的分化。无论是主观主义还是客观主义的行为共同说,都强调共犯人之间“行为”的相同性,只是前者主张的是行为人通过共同行为而表现出来的共同的反社会的主观恶性,而后者主张的是行为人通过共同行为来实现各自的犯罪。该学说与犯罪共同说最显著的分水岭在于,该说是从共同犯罪行为本身来研究共同犯罪,而犯罪共同说是从共同犯罪构成的角度上来研究共同犯罪。根据行为共同说的主张,有学者得出以下结论。

第一,共同犯罪的行为人,可能其中一方缺乏罪过、无刑事责任能力或者存在犯罪阻却事由。换句话说,共同犯罪中的部分行为人如果不负刑事责任,不影响共同犯罪的成立。[1] 笔者对该结论持保留态度。论者得出结论不仅需要依据行为共同说,还必须放在犯罪成立三阶层的原理主张之下,以限制从属性学说为基础,从共同犯罪整体加以考察,认为整体上可以构成共同犯罪,行为人刑事责任的有无以及大小在个人的量刑层面来进行判定。论者们在主张行为共同说的同时要以其他理论来修饰,根据极端从属性学说或者犯罪构成四要件说,该结论的前提成立,结果不成立。[2] 由此,网络空间中共同犯罪的成立,不仅要以共犯成立的范围作为前提,还要以共同犯罪的成立条件作为判断的依据。

第二,共同犯罪的成立,可以在不同的犯罪构成中成立。行为共同说的内核强调的是“行为的共同”而非“犯罪的共同”,共犯人之间所实施的犯罪行为即便不在相同的或者有部分重合的犯罪构成之内,只要行为人所实施的行为能够表现出同向性,就可能成立共同犯罪,共同犯罪的成立不要求共犯的罪名与正犯或者其他共犯相同。[3] 犯罪共同说论证的内核是构成要件的相同或者重合,而行

---

〔1〕 陈兴良:《共同犯罪论》(第 2 版),中国人民大学出版社 2006 年版,第 55 页。

〔2〕 陈洪兵:《“二人以上共同故意犯罪”的再解释——全面检讨关于共同犯罪成立条件之通说》,载《当代法学》2015 年第 4 期。

〔3〕 内藤謙『刑法講義総論(下)(二)』(有斐閣,2006)1362 - 1363 頁;前田雅英『刑法総論講義(第 4 版)』(東京大学出版会,2006 年)419 頁参照。

为共同说论证的核心是犯罪人行为的同向性。

第三，事后共犯不能成立。根据行为共同说的主张，即便事后共犯和实行犯的犯罪行为都指向一个犯罪对象或者侵犯同一法益，犯罪人之间也不构成共同犯罪，因为行为人之间从主观方面缺乏联络的机制，所以事前没有通谋成立的事后共犯，按照行为共同说的主张，是被否定的。“这一观点在分则法条中也有所体现：根据《刑法》第 310 条的规定，明知是犯罪的人而为其提供隐藏住处、财物，或者逃匿作假证明包庇的，构成窝藏、包庇罪。”按照部分学者的观点，部分事后共犯可以依据刑法分则相关的罪名来适用，而不是按照刑法总论中共同犯罪的原理来解决。[1] 有论者指出，事后才加入共同犯罪的，也不会对犯罪的完成产生实质性的影响。[2]

第四，不同的犯罪意思之间可以构成共同犯罪。陈兴良教授指出，共同犯罪只能在共同犯罪故意的基础上才能够成立，因为《刑法》第 25 条明确把共同过失犯罪排除在了共同犯罪的成立范围外。但是，陈兴良教授又例外地认为片面共犯具有共同犯罪的故意，因而可以成立共同犯罪。[3] 这一观点得到一些学者的反驳。有学者指出，共同犯罪不一定必须具备共同犯罪的意思。[4] 甚至有外国刑法学者提出，一方处于故意，另一方处于过失，也同样可以构成共同犯罪[5]。

3. 共犯行为共同说的修正方向

行为共同说作为一个新兴的学说，就行为主体的犯罪意思、行为的同向性等问题至今尚未达成一致意见，所以也有学者适时地提出不同的“修正的行为共同说”加以完善，以此来解决共同犯罪的理论问题。论者修正的关键性问题在于，如何利用好行为共同说，解决实行过限、片面共犯、承继共犯以及共犯的身份问题。这些问题，也是网络空间供犯罪的症结所在。与其说是理论的适用决定了共犯成立的范围，不如说是以把握理论为原理起点，划定网络空间共同犯罪成立的范围。总而言之，理论起点的选择仍然是讨论网络空间中共同犯罪的前提。因此，行为共同说的修正方向就在于，如何解释共犯人行为的“同向性”。

---

〔1〕 周啸天：《事后抢劫罪共犯认定新解——从形式化的理论对立到实质化的判断标准》，载《政治与法律》2014 年第 3 期。

〔2〕 吴光侠：《主犯论》，中国人民公安大学出版社 2007 年版，第 5 页。

〔3〕 陈兴良：《共同犯罪论》（第 2 版），中国人民大学出版社 2006 年版，第 58 页。

〔4〕 吴光侠：《主犯论》，中国人民公安大学出版社 2007 年版，第 5 页。

〔5〕 斎藤信宰『刑法講義（総論）』（成文堂，1991 年）581 – 582 頁参照。

在传统的共同犯罪领域，两个行为人通过谋划，在入室后分别实施了盗窃和抢劫行为。根据完全犯罪共同说，两个行为所触犯的罪名不同，两个行为人不能成立共同犯罪；根据部分犯罪共同说，行为人在财产法益的侵害范围内成立共犯；根据行为共同说，行为人入室之后又分别实施盗窃和抢劫，其行为都扰乱了被害人的住宅安宁，亦造成了对被害人财产侵害的实施，因此，在入室和后续的犯罪行为上来看，两人的行为具有一定的同向性，行为人之间成立共同犯罪。何为行为的指向性，如何判断行为的指向是相同的，这些问题正是行为共同说修正和完善的方向。

在网络空间的犯罪领域，两个人通过策划，一方负责录制和在线播放淫秽视频，另一方负责提供网络平台。且不论两个行为人是否被科以相同的罪名，根据犯罪共同说，行为人一方扰乱了淫秽物品的监管和治理秩序，另一方在扰乱该秩序的同时也破坏了网络监管秩序，行为人在淫秽物品监管和治理秩序的法益侵害范围内成立共同犯罪。根据行为共同说，两个行为人所实施的行为，从大的方面讲都是对社会管理秩序的侵害，行为具有同向性，因而共同犯罪成立。犯罪共同说和行为共同说虽然得出了同样的结论，但是其论证过程是不同的。如前所述，犯罪共同说以犯罪构成的相同性或者重合性作为论证的核心，犯罪构成较具体；行为共同说以行为的同向性作为论证的核心，而行为的同向性较抽象。因此，行为共同说需要加以修正和完善的，正是对行为同向性的描述。

二、网络空间中共同犯罪成立范围的原理起点

网络空间中共同犯罪成立的范围，直接关涉网络空间的继承共犯、片面共犯、同时犯以及间接正犯等理论学说的构建。网络空间共同犯罪理论体系，是以框定在传统的共犯理论框架下进行，还是放在全新的视域来考察，是个方法论问题，即网络空间的共同犯罪，是作为共同犯罪来研究，还是另辟蹊径，作为单独犯罪来处罚。一把钥匙开一把锁，共同犯罪成立范围的原理起点，应当根据网络犯罪的时代特色来确定，并结合我国现有的共同犯罪理论，进行修正和改良。

（一）基于网络犯罪的时代特色，行为共同说选择的可能性

行为共同说或者是犯罪共同说的采纳，一方面，要立足于我国现有刑法理论；另一方面，要结合司法实践，更应当结合网络空间中共同犯罪可能的发展趋势。行为共同说在我国刑法理论中已经有学派的分流，众说纷纭的共同犯罪理

论，也亟待统筹、升级和改良。行为共同说在原理上与犯罪共同说对立，选择行为共同说，其可能性主要有两个方面。

第一，从我国众多共犯刑法学流派的梳理上看，我国共同犯罪理论已经形成了行为共同说的流派根基。我国刑法理论，尤其是以张明楷教授为代表的刑法流派，多受日本刑法流派的影响，以日本刑法中的共同犯罪理论作为借鉴，以犯罪成立三阶层理论作为基石。所以在原理起点选择的时候，有学者逐渐开始转向，提出共同犯罪是一种共同的违法形态，并不一定是一种共同的犯罪形态。[1]论者们提出这样的主张是想在三阶层的论证中，能把共同犯罪的成立范围扩大，再从有责性的层面，对不负刑事责任的共犯人进行出罪判定。这样的论证思路未必会受到论者们的广泛接受，但是该论述与行为共同说的主张有异曲同工之处——都是从行为人的行为而不是行为人所犯行为之罪来框定共同犯罪的成立。犯罪共同说在相同的犯罪构成讨论行为人的行为，不利于新情势，尤其是网络空间中共同犯罪成立范围的划定，得出的结论可能有违罪刑相适应原则。[2]

第二，从网络空间中多人犯罪的现实情况来看，限缩共同犯罪的成立范围可能造成放纵犯罪的结果。行为共同说的选择，有助于最合理地划定网络空间共同犯罪的成立范围。网络空间中的多人犯罪，行为人之间缺乏犯意联络，行为之间缺乏分工和谋划，与传统的共同犯罪存在手段上的不同。如果选择和适用犯罪共同说，将所有不具有双向犯意联络的多人犯罪都按照单独犯罪来处理，必然会使共同犯罪的成立范围大幅度限缩。更有学者声称，"在网络空间中，共犯理论体系存在着消失的可能和尴尬"。[3] 共同犯罪现象的认定，之所以区别于单独犯罪，是因为共同犯罪的社会危害性，在大多数情况下比单独犯罪更大，共同犯罪的成立机制在第三章中着重讨论，如果在网络空间共同犯罪的成立范围上进行限缩，单独犯罪的成立范围扩大，则不利于对网络空间中多人犯罪的打击。不同于现实空间，网络空间中的道德底线有待明确，网络空间的伦理框架正在构建。在网络空间中，有的行为人脱下面具，阴暗和负面的情绪暴露无遗，行为人虽然在现实生活中尚未造成严重损害，但是必然能在网络空间中掀起轩然大波。

---

〔1〕 张明楷：《共同犯罪是违法形态》，载《人民检察》2010 年第 13 期；张开骏：《共犯从属性理论的体系建构》，载《清华法学》2013 年第 6 期。

〔2〕 邓国良、邓定远主编：《网络安全与网络犯罪》，法律出版社 2015 年版，第 158 页。

〔3〕 米铁男：《共犯理论在计算机网络犯罪中的困境及其解决方案》，载《暨南学报（哲学社会科学版）》2013 年第 10 期。

为防止犯意的交叉感染,扩大共同犯罪的成立范围,限缩共犯人的刑事责任,是研究共同犯罪应有的方法论。

此外,在网络空间的共同犯罪中如果采用犯罪共同说,也会遇到一系列的问题。比如,在网络空间中,如何根据犯罪人的行为判断行为人的犯罪构成,他们的犯罪构成之间是否存在重合或者相似,能否被纳入共同犯罪的范畴。如果把共同犯罪理解为行为人一并实施的违法状态,或者说放在三阶层中的违法性阶层来加以判断,这种价值判断只是在质上的判断,“行为是共同的,责任是个别的”。行为人之间的相互行为是否达到共同“犯罪”的程度,以及行为人各自的行为是否达到犯罪的程度,还需要一个在量上的二次判断。

(二)基于网络犯罪的时代特色,行为共同说改良的可能性

行为共同说的适用,能在网络空间中适当地扩大共同犯罪的成立范围,把缺乏犯意联络的片面共犯包含其内,也把行为人之间具有同向性的犯罪行为评价在共同犯罪的范畴。但是,行为共同说,从被人抨击到逐渐被人接受、被人主张,也免不了被改良的过程。一个经得起考验的学说应当具有普适性,这种普适性的改良应当考虑学说的溯源和发展,也应当结合到本国中实践的情况,使该学说能够“入乡随俗”,更“接地气”,实现“本土化”。

1. 在国外的刑法流派中,行为共同说有不同的理解

行为共同说起源于日本,但随着学说的发展,该学说逐渐有了强硬的行为共同说与温和的行为共同说的分化。[1] 分化的焦点在于,“行为共同”所指的“行为”到底指的是什么样的行为。强硬的行为共同说现在已经基本上没有支持者,该说认为“行为”指的是“前构成要件的自然行为”,这种主张夸大了行为人的主观恶性,从行为人的主观恶性来解读“行为之共同”,是行为人主义的刑法立场,被很多学者所反驳,也是我国早年支持该说学者较少的主要原因。温和的行为共同说也称为构成要件的行为共同说,以构成要件为出发点,这点主张与犯罪共同说类似,但与犯罪共同说不同的是,犯罪共同说是就犯罪构成论证犯罪构成,而该说是以犯罪构成为核心,论证的过程以该构成要件为圆心而发散,着眼于行为人的行为是否具有“共同性”或者“同样性”。因此,即便同样被冠以“行为共同说”,两者的“共同行为”依然存在不同的解释和

---

〔1〕 亀井源太郎『正犯と共犯の違い』(弘文堂,2005 年)16 頁参照。

论述。

2. 在我国的刑法流派中，行为共同说同样也存在分歧

钱叶六教授通过对日本学说史的研究，提出行为共同说分为主观主义的行为共同说和客观主义的行为共同说，[1]两个对立的学派本质上就是前述的强硬的行为共同说和温和的行为共同说的对立。钱教授基于自己对共犯限制从属性的理解以及对客观主义刑法立场的阐明，表明自己对共犯的理解是“基于客观主义的行为共同说”。但是，问题的核心点仍然在于如何以相同的构成要件为圆心，展开共同行为的辐射范围。诚然，如果就构成要件论述“相同”，那么客观主义的行为共同说，或者温和的行为共同说，也是以“行为共同说”之名，行“犯罪共同说”之实。也有青年学者主张在主观方面加入共同犯罪意思相互促进的内容，对传统的行为共同说进行修正，[2]该主张有一定的进步性，但是在网络空间中讨论共同犯罪，或者在片面共犯的视域下，相互促进的主观犯罪意思未必是全部的实现方式。

由此可见，不同学者对行为共同说所主张的“行为共同”的辐射范围是不同的。同样是主张行为共同说的学者，有人指出一方是故意，另一方是过失，甚至行为人双方都是过失，都可以构成共同犯罪，[3]有学者指出把两人以上的共同过失犯罪排除在共同犯罪之外，是基于《刑法》第25条第2款的明文规定，属于根据行为共同说作为共同犯罪处理的例外，但是一方故意另一方过失或者片面共犯的情形，应当成立共同犯罪。[4]

可以看出的是，行为共同说仍然在经历一个不断修正的过程，总结起来，立足于当前的网络时代背景，行为共同说应当在两方面进行改良：一方面，是对“行为共同”标准的理解，即如何理解行为的共同性；另一方面，是以“行为共同”为中心的辐射范围，即能否将具有过失的共同犯罪和片面共犯包括在内。

（三）基于网络犯罪的时代特色，行为共同说改良的必要性

无论是共犯从属性说和共犯独立性说的对立，还是犯罪共同说和行为共同

---

〔1〕 钱叶六：《共犯论的基础及其展开》，中国政法大学出版社2014年版，第80～82页。

〔2〕 陈伟强：《共同犯罪刑事责任研究》，清华大学出版社2013年版，第127页。

〔3〕 周德金：《论过失共同犯罪》，载《浙江工商大学学报》2008年第5期。

〔4〕 黎宏：《共同犯罪行为共同说的合理性及其应用》，载《法学》2012年第11期。

说的对立,矛盾的排斥和斗争必然包含相互统一和相互依存的成分。比如,无论是独立性学说还是从属性学说都免不了对立观点的梳理,以及对从属或者独立方面和程度的论述。同样,行为共同说和犯罪共同说都离不开对"共同"的描述,只是对"共同"的理解有偏差。诚然,无论是主观主义刑法还是客观主义刑法,都离不开对犯罪构成的阐述和旁证。

一个理论要很好地被"本土化",除考虑这个理论的溯源、发展和我国理论的实际情况,还要考虑的是这个理论所适用的对象。行为共同说的理论,对共犯人的主观方面的犯意、客观方面的行为亦有不同的描述,不同论者的主张,对于网络空间的共同犯罪,到底适用何种流派、采取何种观点,必须结合我国刑法理论对共同犯罪的描述,以及网络空间共同犯罪的现实特点。

首先,根据我国《刑法》明文规定,共同犯罪只能是"二人以上共同故意犯罪",这是共犯成立的基本前提,所以两人以上基于过失的犯罪,不能作为共同犯罪来处理,[1]我们理应将主观上存在过失的多人犯罪,直接排除在共同犯罪的范畴之外。在网络空间的共同犯罪中,行为人实施犯罪的关键是行为人对各自犯罪"共同性"的认识,这也为网络空间中的片面共犯的成立条件以及成立范围明确了修正的方向。

其次,犯罪成立三阶层学说是否是解释共同犯罪的最佳方法,也值得反省。三阶层论者们在对行为共同说的论述中,都是在该当性和违法性层面肯定共犯的成立,其后在有责性层面分别评判共犯人刑事责任的承担,这样的思路是否接地气,适应中国刑法理论,同样值得反思。

最后,基于网络空间的特殊环境,必然对行为共同说的主张进行适当改良。《刑法》分则对网络犯罪的两次修改,不仅鞭策我们对现有刑法理论进行反思,也激励我们对解释方法进行选择。比如,对《刑法修正案(九)》增加的帮助信息网络犯罪活动罪(《刑法》第 287 条之二)的理解,有学者坚守部分犯罪共同说和共犯的从属性理论,认为该法条只是一条注意性的规定,不具有"罪状"的法条外观,[2]也有学者主张行为共同说以及共犯独立性原则,主张网络空间中的犯

〔1〕 虽然司法解释规定了交通肇事罪的共同犯罪,但是笔者认为,其构成共犯的机制仍然是基于"共同故意",而非基于主观方面的"共同过失",关于这点,笔者在第三章进行详细论述。

〔2〕 张明楷:《论帮助信息网络犯罪活动罪》,载《政治与法律》2016 年第 2 期;花岳亮:《帮助信息网络犯罪活动罪中"明知"的理解适用》,载《预防青少年犯罪研究》2016 年第 2 期。

罪,行为人的技术支持应当以独立的罪名来加以规制,“网络空间中从犯主犯化”的观点成了另外一派主张。[1] 尽管学术上存在对立,但这些众说纷纭观点的归属,终将在刑事立法上走向统一。

殊途同归的是,不同学者的观点都回归到刑法谦抑性的要求,如何在“不得已性”的原则下对法条作出较好的诠释,使法条在适用中不违反罪刑法定原则以及罪刑相适应原则,是刑法研究必须恪守的底线。只有统一好原理起点,才能对相关网络犯罪司法解释作出合理的理解。

本章小结

共犯的独立性和从属性之争是共犯理论上最基础、最根本的问题。明确共同犯罪的性质能对网络空间共同犯罪的成立范围、成立条件以及处罚根据有一定的指向作用。笔者倾向于把共犯性质作为共同犯罪研究的原理起点,这种起点的选择,不是站在独立性或是从属性的某个角度,对对立面进行反驳和批判,而是在扬弃的基础上,有批判地继承双方学者的学术论点,确立网络空间共同犯罪的研究思路。在犯意联络单一、犯罪分工和协作不明确的网络空间中实施犯罪,从犯罪个体出发,具有理论上的可取性和实践上的可操作性,以共犯独立性作为研究起点,更符合网络空间共同犯罪的行为特点。

传统的共犯学说,把共犯独立性与共犯从属性、犯罪共同说与行为共同说理解为学说的对立,这正是论证起点的对立。隐藏在共犯独立性与从属性之争背后的,是共犯处罚根据的本质对立,即责任共犯论、违法共犯论和因果共犯论的对立与同一。处罚根据的明确是对共犯成立条件的明确,成立条件的明确正是为了成立范围的明确,这条逻辑线也正是讨论共同犯罪基本构造应当明确的论证起点。

站在己方已经根深蒂固的起点和思路,向对立观点进行批驳和指责并无实际意义,毕竟只是论者们渐行渐远的一面之词。论者们应当思考的,不仅是学说本身的周延性,而是应当结合论证的对象以及背景,何种学说更具有理论的说服力以及实践中的可操作性。

---

〔1〕 张勇、王杰:《帮助信息网络犯罪活动罪的“从犯主犯化”及共犯责任》,载《上海政法大学学报(法治论丛)》2017年第1期。

网络空间中的共同犯罪,行为人之间的犯意联络具有一定的特殊性,犯罪行为之间也缺乏双向互补性,在虚拟的网络空间中,共犯人在实施犯罪活动的过程中存在犯罪形态衔接上的偏差。因此,行为共同说的选择,有利于网络空间中扩展共同犯罪的成立范围,扩大对网络犯罪的打击领域。当然,共同犯罪成立范围的扩大并不等于对刑法谦抑性的违背。“违法是共同的,责任是分别的。”[1] 入罪的评价机制和出罪的评判机制必须同时构架,共同犯罪的成立范围以共同犯罪参与人整体为研究,从构成要件的角度来探讨整体行为的社会危害性,而量刑的深浅和出罪的条件则以共犯参与人个体为研究视角,剖析参与人的互动和分工。

---

〔1〕 陈伟强:《共同犯罪刑事责任研究》,清华大学出版社2013年版,第18页。

第三章　网络空间共同犯罪的成立机制和基本构造

网络空间共同犯罪的成立机制和基本构造，旨在明确网络空间共同犯罪成立的内核，以此作为中心，辐射共犯人之间的犯罪行为和犯罪目的。以共犯独立性说和行为共同说作为主张，网络空间共同犯罪的处罚根据决定了共同犯罪的性质，明确了共同犯罪的成立机制，进而确定共同犯罪的基本构造。网络空间共同犯罪的成立机制与构成要件，内外兼顾地评价了网络空间共同犯罪的基本构造。共同犯罪的基本构造，是共同犯罪成立机制的外核，共同犯罪的成立机制，是共同犯罪基本构造的内核。

网络空间共同犯罪的成立机制，是以共同犯罪的性质以及共同犯罪的成立范围为理论基础，研究网络空间中的多人犯罪何以评价为"共同"。网络空间共同犯罪的基本构造，是以犯罪构成要件为研究模型，在明确共同犯罪成立范围的前提下，在主观方面和客观方面的类型化研究。比起传统的共同犯罪，网络空间的共同犯罪，特殊的是共犯人之间的犯意联动以及共犯人之间的行为协作。

第一节　网络空间共同犯罪的构成要件与成立机制

网络空间中共同犯罪构成要件，亦称网络空间共同犯罪的成立条件或者构成条件，是指成立网络空间共同犯罪的主观方面和客观方面，以及相关要件的有机整合。陈兴良教授在研究共同犯罪时采用的概念是"共同犯罪的构成"，[1]他指出犯罪的成立要件是建立在单个犯罪的基础上的，而为了区别单独犯罪之

---

〔1〕 陈兴良：《共同犯罪论》（第2版），中国人民大学出版社2006年版，第58页。

"犯罪构成",更多学者将共同犯罪的犯罪构成称为"共同犯罪的成立要件",称谓不同,但是内涵相通。无论是支持犯罪构成四要件学说,还是主张犯罪成立三阶层学说,"耦合式"和"递进式"的逻辑选择,避免不了对犯罪构成要件或者犯罪构成该当性的研究。犯罪构成要件是研究犯罪成立范围的基本模型,也是剖析共同犯罪成立条件的根本框架。

共同犯罪的成立机制是研究共同犯罪成立的内核,旨在研究为什么提出共同犯罪的概念,而不是以个人犯罪的成立机制解决问题。因为共犯人之间无论是在主观故意方面还是在客观行为方面,都存在某种联动机制。研究网络空间共同犯罪的成立机制,是研究网络空间共同犯罪中"共同故意"以及"共同行为"的基础。

一、网络空间共同犯罪的成立要件

高铭暄教授认为,共同犯罪的成立要件建立在单独犯罪的犯罪构成基础之上,脱胎于单独犯罪的犯罪构成,经过提炼和发展,衍生出共同犯罪的犯罪构成。[1] 高铭暄教授提出了单个犯罪构成和共犯犯罪构成之间理论的衔接。值得反思的是,在共同犯罪的研究中,是先有共同犯罪的成立,还是先有单独犯罪的成立?

在网络空间中研究共同犯罪的成立要件,应以"主客观相统一"原则为主线展开,重点对行为人故意的共同和行为的共同进行阐述。在行为人不成立共同犯罪的情形下,行为人可能各自为自己的行为承担单独的刑事责任。但是,犯罪成立三阶层的论证逻辑是,从整体上评价行为人成立共同犯罪,并不必然肯定行为人各自成立单独犯罪。问题的关键在于,如果行为人之间一部分构成犯罪,一部分不构成犯罪,甚至所有行为人均不具有刑事责任能力,则应如何划定成立共同犯罪的范围?要解决这个问题,还得从犯罪构成的国内外学说中开始梳理。

(一)国内外构成要件学说梳理

通观国内外关于犯罪构成的学说,主要分为二要件、三要件、四要件和五要件学说。其中,二要件学说又分为两种观点。一种观点认为犯罪构成要件可以

---

〔1〕 高铭暄主编:《刑法学》,法律出版社1982年版,第188页。

分为主观和客观两个方面,[1]另一种观点把构成要件分为行为和主体两个要件。[2] 三要件学说分为三种观点,第一种观点认为构成要件应当分为主体、行为和客体"三位一体"的构成要件体系,其中"行为"包括罪过、行为的形式、行为的结果以及因果关系四个方面。[3] 第二种观点认为构成要件分为犯罪主体、犯罪主观方面和犯罪客观方面三个方面,把传统四要件中的犯罪客体排除在外。[4] 第三种观点认为构成要件分为犯罪客观方面、犯罪主观方面和犯罪客体方面三个要件,将传统四要件中的主体方面排除在外。[5] "五要件"学说分为行为、客体、结果及因果关系、主体与行为人的主观罪过[6]。

在众多构成要件的学说中,占主导地位的仍然是犯罪构成四要件学说,即犯罪构成要件分为犯罪客体、犯罪客观方面、犯罪主体和犯罪主观方面四个方面。但是这四个方面的排序在学界还存在激烈的争论,[7]也有不少学者指出犯罪客体与其他几个犯罪构成要件不在同一个位阶,犯罪客体是从价值层面对犯罪构成作出评价,而犯罪主体、犯罪主观方面和客观方面则是从事实层面对犯罪构成作出评价。[8] 无论如何排序,传统的四要件学说与其他各路学说相类似的是,各类以构成要件为核心的学说都是以犯罪构成要件或者组成要素的形式,将犯罪的成立条件耦合式地联系在一起。在这些要件中,都是围绕主观方面和客观方面两条主线来铺开,以主体要件和客体要件作为辅助的。不同的构成学说在展开时对主观方面以及客观方面进行了扩充和描述,如在主观方面列举出罪过、目的和动机,将客观方面分为行为、结果、因果关系等方面。因此,无论是哪种构成要件学说都是犯罪构成的必要要件,"一损俱损"则是犯罪构成要件学说的主

---

〔1〕 赵秉志主编:《刑法争议问题研究》,河南人民出版社 1996 年版,第 185 页。

〔2〕 何秉松:《建立具有中国特色的犯罪构成理论新体系》,载《法学研究》1986 年第 1 期。

〔3〕 顾永忠:《犯罪构成理论新探》,载《政法论坛》1985 年第 3 期。

〔4〕 张明楷:《论我国刑法中的犯罪构成》,载赵秉志等编写:《全国刑法硕士论文荟萃》,中国人民公安大学出版社 1989 年版,第 118 ~ 119 页。

〔5〕 傅家绪:《犯罪主体不应是犯罪构成的一个要件》,载《法学评论》1984 年第 2 期。

〔6〕 周密:《论证犯罪学》,群众出版社 1991 年版,第 52 页。

〔7〕 主要的观点有:犯罪客体、犯罪客观方面、犯罪主体和犯罪主观方面;犯罪主体、犯罪主观方面、犯罪客观方面和犯罪客体;犯罪主体、犯罪客体、犯罪主观方面和犯罪客观方面。赵秉志、吴振兴主编:《刑法学通论》,高等教育出版社 1993 年版,第 84 ~ 85 页;何秉松:《犯罪构成系统论》,中国法制出版社 1995 年版,第 117 ~ 119 页;高铭暄主编:《中国刑法学》,中国人民大学出版社 1989 年版,第 80 页。

〔8〕 朱建华:《论犯罪客体不是犯罪构成要件》,载《广东社会科学》2005 年第 3 期;彭文华:《犯罪客体:曲解、质疑与理性解读——兼论正当事由的体系性定位》,载《法律科学(西北政法大学学报)》2014 年第 1 期。

要特色,一旦欠缺其中一个要件,犯罪就不成立。

（二）四要件学说和三阶层学说的学术比较与理论适用

在犯罪构成理论上,与犯罪构成四要件各自撑起半边天的,是犯罪成立三阶层学说。犯罪构成体系理论被称为“犯罪构成理论”,而与之对应的三阶层学说被称为“犯罪成立阶层学说”。从学者们赋予学说的称谓就不难发现,构成体系理论是从犯罪必备的要素上进行描述的,三大成立要件则是从犯罪成立的层次性上进行阐释的。有学者认为,犯罪成立要件是总则要件或者一般的构成要件,每个阶层中的要素则是分则要件,或者具体的构成要件。[1]

1. 三阶层的具体内容和评价方式

犯罪成立三阶层体系以构成要件该当性、违法性和有责性对行为人是否承担刑事责任进行评价。其中,构成要件的该当性内在地包含了犯罪主体、犯罪客体、犯罪行为和结果、因果关系、行为状况、主观构成要素等若干个要件。[2] 与犯罪构成四要件学说在一定程度上类似,包含主体方面、主观方面和客观方面等属于事实评价的若干方面。违法性是对行为人超法规的违法阻却事由,以及违法的实质性来进行的评价,有责性是从刑事责任能力、责任形式以及责任阻却事由三个维度对危害行为进行的出罪评价。[3] 因此,犯罪成立三阶层体系是在第一个阶层中对行为人进行入罪评价,而在后面两个阶层中对行为人逐层进行出罪评价。

2. 犯罪成立三阶层与犯罪构成四要件的学说比较

通过以上对比可以看出,四要件学说对犯罪构成的研究是从局部出发研究共同犯罪的构成要件,而三阶层学说则是从整体上把握共同犯罪的成立条件。

无论研究的是单独犯罪还是共同犯罪,不同学说都有不同的思路。在犯罪成立三阶层学说中,是对行为人的构成要件事先进行评价,在预设行为人入罪的逻辑前提下,对行为人进行出罪判断,而四要件的犯罪构成学说则是从客体、客观、主体、主观四个方面分别进行展开,只要有一个方面不符合犯罪构成,犯罪就无法成立。

对共犯从属性理论的研究,学者们就是按照犯罪成立三阶层的学说展开论

---

〔1〕 李永升:《中外犯罪构成理论体系之比较》,载《西南政法大学学报》1999 年第 3 期。

〔2〕 这里的客体指的是行为客体,与犯罪构成四要件中所指的“客体”内涵不一样。犯罪构成要件中的“客体”是侵害客体,属于犯罪构成中的必备要素,而行为客体并非犯罪构成中的必备要素。

〔3〕 李永升:《中外犯罪构成理论体系之比较》,载《西南政法大学学报》1999 年第 3 期。

述的。在讨论共犯对正犯从属性的学说中，目前“限制从属性”学说占主流观点，根据共犯对正犯的从属性，以共犯成立的三个方面来依次评价。该学说认为，共犯在构成要件该当性、违法性层面都依附于正犯，只是在有责性层面单独评价，该学说契合了张明楷教授“共同犯罪是一种违法形态”的主张，认为在共同犯罪中，若其中有部分共犯人未达到刑事责任年龄或者不具备刑事责任能力，不影响共同犯罪的成立，只是在有责性层面对该行为人进行出罪的评价。相同的案例，按照四要件犯罪构成学说就能得出不同的结论，按照四要件构成学说，若共犯人有未达到刑事责任年龄或者不具备相应刑事责任的，该行为人不构成犯罪，共同犯罪整体也无法成立。有人认为，传统的四要件学说从本质上讲就是极端从属性学说，即共犯的该当性、违法性和有责性都一律依附于正犯。〔1〕

在共同犯罪的评价中，三阶层的成立条件和四要件的犯罪构成得出的结论大相径庭，而评价的次数也有所差别。在犯罪成立三阶层的评价体系下，共犯的成立基本上会经过三次评价，在第一个层面衡量共同犯罪的基本构成，在第二个层面肯定共同犯罪的成立，在第三个层面对行为人的刑事责任的有无以及大小作出评价。四要件构成学说，看似对行为人只作出了一次评价，实际上是两次：第一次评价是刑事责任的有无，部分行为人因刑事责任能力的欠缺被排除在共同犯罪的成立范围之外；第二次评价是刑事责任的大小，即对具体的共犯人定罪和量刑适用的评价。

三阶层学说和四要件学说各有优劣，有学者曾经总结，两个学说的区别点主要有四点：要件体系包含的内容不同、构成要件的划分归属不同、内部各要件的关联性不同以及对犯罪成立评价的次数不同。〔2〕 当然，体系包含的内容不同直接决定了其他方面的不同。比如，刑事责任能力的要素，四要件中是放在主体方面来研究的，而三阶层是放在最后一个评价阶段。犯罪阻却事由，包括违法阻却事由和责任阻却事由，三阶层是放在第二个阶层和第三个阶层中来逐层评价的，而四要件学说则没有完全对应的内容，以独立于四要件的犯罪排除性事由，辅之以犯罪客体和犯罪主体的部分内容来评价。需要明确的是，两种学说在解决问题的思路上也迥然不同：三阶层学说是从整体评价到局部评价，而四要件学说则

〔1〕 陈洪兵：《最小从属性说与极端从属性说批判——兼质疑王昭武先生倡导的最小从属性说》，载《南京农业大学学报（社会科学版）》2008 年第 2 期。

〔2〕 李永升：《中外犯罪构成理论体系之比较》，载《西南政法大学学报》1999 年第 3 期。

是以局部评价联动到整体评价。

三阶层的犯罪成立学说和四要件的犯罪构成学说没有绝对的优劣。从对犯罪评价的次数来看，四要件学说的运用则是“一损俱损”，行为人犯罪构成要件要素的欠缺直接否定共同犯罪的成立，对行为人不超过两次的评价，而三要件层层剖析的思路显得更为烦琐，因此，从解决问题的方法论上来讲，四要件学说有一定的优势。但是，从解决问题的结论上看，三阶层学说肯定整体上共犯的成立，而在个体上对行为人进行量刑适用，从整体和个体都作出了充分评价，四要件学说从个体的量刑作出了评价，但忽略了整体社会危害性的评价，这也是四要件学说的不足之处。笔者认为，研究共同犯罪包括网络空间共同犯罪，应当以四要件学说的评价作为基础，化繁为简，同时，也应当注意共同犯罪本身成立的条件以及共犯的量刑机制，以四要件的构成理论及共犯成立的机制研究网络空间中的共同犯罪。

（三）构成体系理论在网络空间共同犯罪中的适用

主客观相统一原则被誉为刑法理论的“阿基米德原理”。[1] 在网络空间中研究共同犯罪，把四要件的构成体系理论运用其中，严格遵循主客观相统一原则，在主观方面严格把握共同犯罪共同认识的内容、射程和犯意联络，在客观方面构建行为人之间的联动机制，以犯罪客体和犯罪主体作为辅助，剖析网络空间共同犯罪的成立要件。

1. 网络空间共同犯罪中的客体

随着共同犯罪从现实空间到虚拟空间的转化，网络空间共同犯罪也从单一客体逐渐发展为复杂客体。传统的网络犯罪或者计算机犯罪被安排在妨害社会管理秩序罪扰乱公共秩序一节中研究，认为网络犯罪侵犯的客体是社会管理秩序或者公共管理秩序的安稳，而随着网络对网民生活方方面面的渗入，网络共同犯罪所侵犯的客体也逐渐过渡到金融领域、财产领域、司法领域，[2] 因此，网络犯罪从单一客体也逐渐发展为复杂客体：一是对网络环境或者网络秩序本身的

---

〔1〕 陈山：《刑法学中主客观相统一原则的承继或废弃》，载《中国刑事法杂志》2009年第2期；郑军男：《论定罪中的“主客观相统一原则”——解读刑法理论中的主观主义与客观主义》，载《法制与社会发展》2005年第4期；聂立泽、苑民丽：《主客观相统一原则与刑事证明标准的层次性研究》，载《法学评论》2011年第2期。

〔2〕 比如，按照法院生效的判决，行为人应当消除网络安全隐患而行为人拒绝执行的，可能构成《刑法》第313条的拒不执行判决、裁定罪。

侵害;二是以网络平台为载体的具体法益,如财产权益、社会公共秩序等权益的破坏。一般而言,在网络空间的共同犯罪中,正犯所实施的是最重要的内容,其行为直接指向法益侵犯的核心,倾向于侵犯网络平台为载体的具体法益。相较之,为正犯实施犯罪提供平台或者技术支持的共犯,更倾向于侵犯的是网络秩序或者网络环境本身的法益。

2. 网络空间共同犯罪的客观方面

作为犯罪时间、地点、手段等选择性要件,网络空间中的犯罪以及共同犯罪与传统的犯罪并没有太多规范刑法学意义上的区别,只是网络空间中的共同犯罪,犯罪实施的平台限定在了网络空间,而网络空间所实施的共同犯罪,在部分共犯人的犯罪手段上强调网络技术性。在规范刑法学层面,网络空间共同犯罪中共犯人的行为、网络空间中的犯罪结果以及行为与结果之间的因果关系,则是网络空间共同犯罪客观方面值得思考的问题。在后文的论述中,笔者拟将网络空间共同犯罪共犯人之间的"共同行为"以及行为之间的联动机制作为研究起点,研究共犯人之间的行为模式,进一步研究网络空间共同犯罪行为所造成的危害结果,以及行为与结果之间的因果关系,以注意义务以及结果回避义务作为客观方面研究的主线,展开逻辑框架。

3. 网络空间共同犯罪的主体

网络空间共同犯罪的主体都是一般主体,因为虚拟的网络世界一般不会涉及极端暴力犯罪活动,网络空间中暴力犯罪也难以有存续的空间。网络空间中涉及的犯罪一般为传播类或者涉财类的犯罪,由年满 16 周岁的行为人来实施。但是,通过网络组织毒品交易、教唆贩卖毒品等犯罪行为,可以由年满 14 周岁的行为人承担刑事责任。笔者在后面的篇章对网络空间共同犯罪的主体进行讨论,更多通过融入于共犯人的共同故意以及共同行为来论述,把从事网络活动或者网络工作的人分为"网络执业人员"和"网络业务人员"两类,讨论不同的两类人员对网络犯罪结果发生的回避义务。在网络空间共同犯罪中,共犯人的主体要件或者行为人的主体身份,缺乏独立的研究意义,因为和传统共犯理论中的主体要件相差无几。在后文的论证中,笔者不作单独展开,而是分解在主观方面,结合其意志因素、客观方面结合行为之间的联动机制来阐述。

4.网络空间共同犯罪的主观方面

共同犯罪的主观方面是行为人双方的共同故意,而笔者在后文把网络空间中,共犯人之间的共同故意作为论述的一个重点,“共同故意”之“共同”则是研究网络空间共同犯罪的一个重要症结点,以共犯人主观方面的联络机制延伸到共犯人客观行为方面的联动机制。笔者对主观方面的着重描述并不意味着笔者对主观主义刑法立场的主张,而是与传统的共同犯罪相比,网络空间共同犯罪最大的不同体现在行为人主观方面犯意联动的特殊性。从主观方面的幅度因素、射程因素对共犯人主观方面的联络因素进行认定,以主客观相统一原则为契机,构建网络空间共同犯罪的构成理论。

二、网络空间共同犯罪的成立机制及其运用

回应本章开篇的问题,网络空间中成立的共同犯罪,为何应当作为共同犯罪而不是单独犯罪来处理?隐藏在成立要件后面的本质原因,既是网络空间共同犯罪的成立机制,也是研究共同犯罪过程中的重要驱动——共犯处罚的根据和实质是什么?

刑法机制是刑法运行的机理和结构,[1]是揭示构成要件和运作机理的内在关系。[2] 有学者提出,共同犯罪的本质在于行为人之间通过意思沟通而形成了实施犯罪的“心理合力”,这种“心理合力”决定了犯罪人更显著的主观恶性。[3] 在笔者看来,“共同犯罪”不仅是一个刑法理论和犯罪理论中的现象,更是一种处罚机制。刑法之所以规定了共同犯罪,从现象上分析,是因为有谋划、有分工、有“效果叠加”的多人犯罪,具有更强的社会危害性。各国刑法为什么对共同犯罪作出了区别于单独犯罪的规定?从社会危害性上看,共同犯罪比单独犯罪更大,这是共犯处罚的表象原因,而更深层次就是共同犯罪的成立机制上的原因。

(一)共同犯罪的成立机制

所谓机制,指的是有机体的构造、功能和各要素之间的相互关系。[4] 共同

〔1〕焦艳鹏:《生态文明保障的刑法机制》,载《中国社会科学》2017年第11期。

〔2〕周少华:《刑法机能的发生机制——一个技术性描述》,载《法商研究》2005年第2期。

〔3〕陈伟强:《共同犯罪刑事责任研究》,清华大学出版社2013年版,第92页。

〔4〕周光权:《行为评价机制与犯罪成立——对犯罪构成理论的扩展性思考》,载《法学研究》2000年第3期。

犯罪的成立机制，是指行为人实施共同犯罪，行为人内部各构成要件要素的互动和影响。需要解决的问题是，与行为人实施的单独犯罪相比，共同犯罪的社会危害性何以表现得更大？共同犯罪的成立机制，旨在研究各要素之间的联动以及如何联动，主观方面和客观方面之间有什么关系，哪一个要素来统筹其他要素？如果对于单独犯罪，我们把行为人各自社会危害性的“指标”评价为“1”，那么如果所有行为人在协作的基础上一并实施犯罪，其社会危害性可能达到“1+1>2”的效果，其深层次的原因在于行为人的谋划以及分工和协作。共同犯罪的成立机制可以被理解为行为人之间的犯罪的“凝聚机制”和“配合机制”。就具体而言，共犯机制可以在主观方面和客观方面分别表现如下：

1. 行为人在主观方面的策划性与共谋性。“同恶相助，同好相留”，有共同犯罪意图的人更容易一起策划和实施犯罪。一个人的精力和能力是有限的，无法对专业领域或者是自己短板的方面做过多的打算和预计。共犯人结合在一起，能够对犯罪进行互补性的谋划，对犯罪的进程、分工以及部署等方面开展周密筹划，这种犯罪的互动性和联络性是单独犯罪所不具备的，也是共同犯罪成立机制的主观因素。

2. 行为人在客观方面的协调性和分工性。共犯人角色的分配以及任务的分工，是共犯人主观共谋在客观方面的必然表现。在单独犯罪中，行为人实施犯罪只能亲力亲为，无法和他人进行调和协作，而在共同犯罪中，行为人在犯罪实施过程中可以将自己不擅长的犯罪分配他人，对自己擅长的犯罪进行补强，对其他人的犯罪行为加以利用，不断地丰富整个共同犯罪。

当然，“1+1>2”的效果是应然状态，非实然状态。在共同犯罪中，共犯人之间可能是“事半功倍”，也有可能适得其反。三个和尚可能抬水喝，也有可能没水喝。共同犯罪的成立机制，在于共犯人协作和联动的应然性，虽然这种应然性，只有在相应条件和具体环境中才能外化，但是，共犯人之间的分工和联动赋予了共犯人之间相互支配、利用和协助的可能，将一元的犯罪模式赋予了多元的发展趋势，比起单纯的个人犯罪，具有更大的社会危害性。

因此，无论行为人是否达到刑事责任年龄，或者当负相应的刑事责任能力，共犯人之间主观方面的联动性和行为之间的协调性是共同犯罪成立的核心机制。尤其是在虚拟和隐匿的网络空间中，未成年人的网络犯罪尤为普遍，如果要求其他行为人明确或可能知道其合作的对象未达到刑事责任年龄这一事实，则会大大缩小网络空间中共同犯罪成立范围。另外也由于,与未成年人伙同在一起实施犯罪的,其社会危害性未必比与成年人伙同在一起实施犯罪的社会危害性小。共同犯罪理论的构建,并不是在概念上的构建,更多的应当是对处罚机制和责任机制的构建。

值得明确的是,"主客观相统一原则",到底是由主观统筹客观,还是由客观统筹主观？诚然,主客观相统一原则与国外刑法理论中的主观主义和客观主义并不必然对立,[1]主观主义并不等于主观归罪,客观主义也并不等于客观归罪。也有学者一针见血地指出,主观主义与客观主义的区分是讨论犯罪的本质,主客观相统一原则讨论的是犯罪的成立。[2] 反对主观归罪的先哲们曾表示:思想应该和某种行为连接起来。[3] 也有学者主张,主观要素和客观要素的统一,应当以具体条件为转移,实现动态的统一。[4] 主客观相统一原则,要求主观方面和客观方面的内容,具备共存性、关联性和一致性。[5] 同样,网络空间共同犯罪需要思考的是,行为人的主观方面和客观方面的相关要素,应当由哪个要素来统筹哪个要素。

犯罪共同说从构成要件出发,行为共同说从"行为"要件出发。从表面上看,犯罪共同说更注重主观方面和客观方面的统筹,倘若行为人成立共同犯罪,在主观方面必然存在协调和商议,在客观行为上面也存在分工和配合,在构成要件上,主观统筹客观。行为共同说的落脚点在于"行为",看似是用客观方面统筹主观方面,实际上仍然是主观统筹客观。

在讨论"主观"和"客观"时,学者们杂糅了两个范畴:一个是构成要件的主客观方面,另一个是事实评价的标准。如果以行为人实施行为当时为标准,是主观标准,如果以一般人为标准,为客观标准。实际上主观主义刑法支持学者们,在探讨犯罪本质时,立场是"主观"的,但是在探讨犯罪成立时,却持有客观标准的立场。即便承认客观主义,在刑法学上有关行为的诸多学说中,有体性、有意

---

〔1〕 齐文远、周详:《对刑法中"主客观相统一"原则的反思——兼评主观主义与客观主义》,载《法学研究》2002 年第 3 期。

〔2〕 王志远:《变动中的刑法"主客观相统一原则"——以奸淫幼女犯罪的主观要件设定为线索》,载《法制与社会发展》2006 年第 4 期。

〔3〕 [法]孟德斯鸠:《论法的精神》,张雁深译,商务印书馆 1997 年版,第 197 页。

〔4〕 苗生明:《论主客观相统一的定罪原则》,载《政法论坛》1998 年第 2 期。

〔5〕 徐海波、童伟华:《主客观相统一原则局限之检视——"客主观相统一"之提倡》,载《河北法学》2014 年第 10 期。

性和有害性的“三性”主张，都是学者们对刑法上行为特征的共识。[1] 在网络空间的共同犯罪中，探讨行为人的犯罪构成的成立机制应当展开的思路是，从主观方面出发，统筹行为人的客观方面。

(二)网络空间共犯中共犯的成立机制及运用

在网络空间中，行为人的犯意联络松散，能否将传统共犯中共犯的成立机制运用到网络共同犯罪中，是解决网络空间的共同犯罪成立要件问题的敲门砖。片面共犯的理论适用和行为共同说的选择是解决该问题的必然趋势，但是，片面共犯的理论仍然面对三大难题的梳理。

其一，在缺乏双向联络的片面共犯中，一方行为人对另一方行为人的犯意加功，是否具有传统犯罪中“1 +1 >2”的犯罪效果？抛开片面共犯的本质和处罚来谈片面共犯，空有对概念的构建而缺乏对内涵的阐释。

其二，在片面共犯中，行为人在客观方面缺乏双向的分工和协调机制，取而代之的是单方性对对方行为的支配、驾驭和利用，这种支配、驾驭和利用是否具有比单独犯罪更大的社会危害性？如果是，这种社会危害性如何评估，是否适用普通共同犯罪的处罚标准？

其三，网络空间中的片面共犯比起现实空间中的片面共犯，是否具有其他特殊性？构建理论学说时如何立足当下的网络时代？

在理论构建中，把握“共同故意”和“共同行为”两条主线，从主观方面和客观方面两个角度来框定网络空间中共同犯罪的成立条件。什么叫作共同故意？两个行为人在实施犯罪的过程中，其主观方面应当有什么程度上的契合，才能被评价为共同的故意。行为人之间的同向危害行为如果缺乏共谋和分工，是否就难以被评价为“共同行为”？带着这些疑问和上述需要梳理的三个问题，可以得出如下结论：

1. 网络空间的共同犯罪，行为人的主观方面只能是故意。

如前所述，共同犯罪的主观方面应当是“共同故意”，因为在“共同故意”的基础上，行为人之间才能“优势互补”，形成较稳定的分工协调机制，无论是各国的立法实践还是我国刑法本身的规定，共同过失不能成立共同犯罪。

---

[1] 刘华：《论刑法上的行为》，载《政治与法律》1992 年第 4 期；王者香、徐珏：《刑法上的行为新论》，载《政法论坛》1994 年第 5 期。

首先，从域外的刑法上看，只有意大利《刑法典》明文规定了过失共同犯罪的处罚机制，[1]有学者认为，关于该法条的理解，即便承认过失的共同犯罪，也必须建立在行为人“有意识共同实施”的基础之上[2]。德国和日本的刑法虽然没有在刑法典中明文规定过失共同犯罪，但是有学者和法官从法理角度，对过失共同犯罪进行了诠释。[3] 其次，从我国的刑事立法和司法解释来看，有学者认为，《刑法》第25条第2款的规定就是承认了过失共同犯罪的成立，只不过共同过失犯罪的处罚机制和传统的共同犯罪有所不同。[4] 也有学者认为，即便法律没有明文规定“过失共同犯罪”，但也没有明文规定过失的犯罪不成立共同犯罪，从学理上讲，除过失的教唆犯和帮助犯，其他类型的共犯种类，过失共同犯罪都有成立的空间[5]；甚至有学者指出，不仅实行犯或者正犯，任何类型的非实行犯或者共犯都有成立过失共同犯罪的空间[6]。

为了学术的多元化，刻意发展甚至是杜撰一个新概念，并无实际的意义。学术的深入和探究不是自娱自乐，必须用于解决实际问题。最高人民法院在《关于审理交通肇事刑事案件具体应用法律若干问题的解释》中明确“交通肇事后，以单位主管人员为代表的几类人群指使肇事人逃逸，致使被害人得不到救助而死亡的，应当以交通肇事罪来定罪处罚”。该规定被认为是共同过失犯罪的雏形。然而，交通肇事罪虽然是过失犯罪，但指使肇事人逃逸的行为人构成交通肇事罪的机理，仍然是因为行为人主观方面的故意，有学者还提出了“行为加重犯”的概念，[7]认为肇事者的逃逸行为本身可以作为犯罪的加重情节，而指使者构成共同犯罪的机制不在于因其过失成立了交通肇事的结果，而是因其指使逃逸的故意中断了肇事人的救助义务，造成了被害人伤亡的结果。

网络空间中的共同犯罪，其本质作为共同犯罪，行为人主观方面必须是“故

---

〔1〕 意大利《刑法典》第113条规定：在过失犯罪中，当危害结果是由数人的合作造成时，对每人均处以该犯罪的刑罚。

〔2〕 周德金：《论过失共同犯罪》，载《浙江工商大学学报》2008年第5期。

〔3〕 [日]大塚仁：《刑法概说(总论)》(第3版)，冯军译，中国人民大学出版社2003年版，第349～351页。

〔4〕 侯国云：《过失犯罪论》，人民出版社1993年版，第196页。

〔5〕 林亚刚：《犯罪过失研究》，武汉大学出版社2000年版，第252页。

〔6〕 侯国云、苗杰：《论共同过失犯罪》，载胡驰等主编：《刑法问题与争鸣》总第3辑，中国方正出版社1999年版，第310～318页。

〔7〕 楼伯坤、林国蛟：《行为加重犯研究》，载《法学家》2005年第2期。

意”，且行为人之间必须存在“犯意沟通”。在共同过失犯罪的理论构建中，也有学者提出过失共同犯罪的成立依据是“有限的犯意沟通”。这种有限的犯意沟通是行为人违反各种规章制度和善良风俗的共同意思联络的心理状态，在故意违反某种约定或者法定规则的基础上所形成的“共同懈怠”，在故意违反某种制度的主观范畴下，行为人之间存在潜在的意思联络。这种意思联络是同时犯不具备的，因而在司法实践中，没有任何理由主张同时犯构成共同犯罪，无论是基于故意的同时犯，还是基于过失的同时犯。[1]

2. 网络空间的片面共犯具备共同犯罪的处罚机制。

在网络空间中，因为行为人之间缺乏犯意沟通，片面共犯、同时犯和间接正犯占了绝大多数。在网络空间的片面共犯中，行为人同样也存在意思联络，这种意思联络是单向的意思联络。虽然并非共谋型共同犯罪中双向的意思联络，片面共犯单向意思联络的社会危害性，也必然不比同时犯的社会危害性小。

在同时犯中，行为人之间没有任何意思联络，因而只能被评价为单独犯罪，只是时间的适值和空间的凑巧，数人实施了对象相同的犯罪活动，行为人之间且不论协调和分工，就连最起码的信息传递和信息共享也不具备。因此，同时犯中各行为人所实施的犯罪行为最终只能实现“1 + 1 = 2”的效果，这样的行为不具有共同犯罪中的“犯罪发酵机制”，不应当参照共同犯罪的处罚机制。

在片面共犯中，一方行为人以为是自己独立实施犯罪，另一方行为人在明知其他行为人实施犯罪的过程和手段，在其他行为人不知情的情况下为自己所控制和利用，以弥补自己的不足，强化己方的优势。这样“一方策划和利用，另一方不知情”的行为模式仍然能够带来“1 + 1 > 2”的犯罪机理，虽然从协作效果上看，这种单方面的心理作用并非一定是强化犯意，有可能是“削弱”，利用方对被利用方的条件优势可能如虎添翼，也有可能依赖于对方的条件优势而对犯罪有所懈怠，但是，从实施的客观条件上看，被利用方为利用方制造了优势的可能，拓宽了犯罪的途径和渠道。

这种单向利用的行为模式，与间接正犯类似。在间接正犯中，行为人利用未达到刑事责任的对象实施犯罪，虽然整体上评价，不构成共同犯罪，但是，从社会

[1] 有学者提出了“过失同时犯”的概念，同时主张“过失同时犯”同样也不能被评价为“过失共同犯罪”。周德金：《论过失共同犯罪》，载《浙江工商大学学报》2008 年第 5 期。

危害性的角度来看,并不比行为人实施单独犯罪的社会危害性小。被利用的对象不构成犯罪,只因为其年龄未达到刑事责任年龄可作为出罪的抗辩事由,并不能推断出其没有“犯罪的能力”,也不能推断出其社会危害性比达到刑事责任年龄的行为人小。在这种情况下,利用未成年人实施犯罪的行为人,往往会受到比其单独犯罪更重的处罚,所以《刑法》第 29 条第 1 款规定“教唆不满十八周岁的人犯罪的,应当从重处罚”。与间接正犯相区别的是,间接正犯是一方行为人不构成犯罪,另一方行为人构成单独犯罪或者各自构成单独犯罪;而在片面共犯中双方都构成犯罪,并在量刑机制上,其中一方比照共同犯罪的量刑机制,另一方参照单独犯罪的量刑机制,关于这一点笔者将在后文论述。

3. 与一般的片面共犯不同,网络空间中的片面共同犯罪,共犯参加人的身份可能不特定、不明确。

在网络空间中,行为人之间所成立的片面共犯,比起传统刑法理论中的片面共犯,更具有主观认识上的模糊性。网络空间具有虚拟性,也具备开放性,在虚拟的社交空间中,网络平台提供者为网民提供互联网接入、服务器托管、网络存储或者广告推广等业务,有网民实施犯罪而平台提供者不知道网民的具体身份,很难明确知道网民所实施的具体犯罪活动。即便如此,网络平台提供者仍然继续为网民提供服务,并不对网络服务的安全性和合规性进行审查、披露、中止或者中断。

网络平台提供者是否具有犯罪的片面合意?笔者认为是可能的。这种片面合意不是一定要针对特定的对象,也可以是不特定的对象。在传统理论的片面共犯中,正犯的身份往往是固定的。例如,知道行为人要入室行窃,在围墙外放好垫脚石,以便行为人能够顺利翻墙入内;再如,知道行为人要对被害人施以毒手,故意在行为人面前说被害人的“恶行”,以激怒行为人实施犯罪。在这种情形下,帮助者和教唆者对于正犯的身份和情况是知晓的。

在网络空间的片面共同犯罪中,共犯参加人的身份可能是不特定的。比如,网络平台提供者知道有其他网民在利用其网络平台进行洗钱、传播淫秽物品、赌博等犯罪活动,但是不知道行为人的具体身份。笔者认为,可以认定网络平台提供者以不作为的方式与实施犯罪活动的网民构成片面共犯。因此,网络空间中片面共犯的成立并不以认识到正犯的身份和行为性质为必要,网络平台提供者对网络安全和网络环境的审查义务,是另一个维度的问题探讨,并不影响行为人主观方面的认定。

片面共犯的核心在于,一方行为人在没有"共同犯罪意识"的前提下,另一方行为人对该方行为人的加功、操控和利用。在纷繁复杂的网络空间中,共犯人之间的分工是一个见仁见智的论题。在传统的共同犯罪理论中,"加功方"与"被加功方"往往都是特定的。与传统的片面共犯不同,网络空间中的片面共犯,由于主观认识的模糊性,"加功方"与"被加功方"并没有一个明显界定标准。在不明确对方身份的前提下,行为人之间仍然可能存在相互利用和相互加功犯意的情形,在网络空间的共同犯罪中,"加功方"和"被加功方"也存在相互转化的问题。当然,"加功方"和"被加功方"能否适用共同犯罪的量刑机制,还应当结合行为人之间共同故意的联动模式和共同行为的实行模式,以此评断网络空间中是否成立共同犯罪。

第二节 网络空间共同犯罪的共同犯意及其内核

根据我国《刑法》的明文规定,共同犯罪要求"二人以上共同故意犯罪"方可成立。犯罪故意,是指行为人在实施犯罪的过程中明知危害结果可能或者必然发生,并且希望或者放任危害结果发生的主观心态。共同犯罪的故意,是指二人以上基于对共同实施的犯罪行为具有的同一认识,对其所造成的危害社会的结果所持的希望或者放任的主观心态。[1] 网络空间共同犯罪,共犯人之间的共同故意以及犯意联络是共同行为研究的前提。

网络空间的虚拟性,决定了共犯人之间犯意联络的孱弱性,以及对其他共犯人行为是否存在社会危害性在认识上具有不确定性。共犯人的认识可能性以及共犯人身份,决定了其不作为结果回避义务的有无及大小,这些都与传统的共同犯罪存在差异。

一、网络空间中共同犯意之要素组成

"要素"是构成一个事物且维持事物存在的基本单位,还是系统内在联动和发展的基本单元。[2] 共同犯意的要素,是指共犯人一并实施犯罪过程中,共犯

---

〔1〕 陈兴良:《共同犯罪论》(第2版),中国人民大学出版社2006年版,第92页。

〔2〕 杨兴培、董翠、王强之:《论犯罪构成的结构要件及其基本要素》,载《华东政法学院学报》2002年第2期。

人主观故意上包含的必备因素。其中,包括对自己情况的认知,也包括对其他共犯人情况的认知,还包括在基于事实明知的情形下,对共犯结果所持有的态度。

(一)共同犯罪故意要素组成的学说梳理

关于共同犯罪中故意的要素组成,主要有以下几种学说:

1. 一特征说。该说认为,各行为人之间应当对故意犯罪有共同的或者统一的认识。[1] 犯罪故意是认识因素和意志因素的双重评价,所以该说存在以偏概全的缺陷,基本上没有被学界所采纳。

2. 二特征说。该说也分为不同的流派:有学者认为,各行为人能够认识到自己故意实施犯罪行为,并能够认识到自己是和其他人共同实施犯罪。[2] 也有学者认为,共同犯罪的故意应当包括行为人能够认识到自己不是孤立地实施犯罪行为,并且对犯罪结果的发生也持故意的态度。[3] 笔者认为,第一种观点虽然把认识的内容一分为二,但是仍然只对共同故意中的认识因素作出了评价,并没有对意志因素作出评断,因此不宜采纳。第二种观点虽然把认识的内容分为对行为的认识和对结果的认识,对接了犯罪故意中的认识因素和意志因素,但是对意志因素的描述过于笼统,也有失偏颇。

3. 三特征说。该说认为,行为人能够认识到故意犯罪是与其他行为人一起共同实施,行为人能够预见犯罪结果的发生,虽然这种认识可能只是概括性的认识;行为人一般是共同希望犯罪结果的发生,当然,也有一小部分行为人是放任结果的发生。[4] 这种观点将认识因素和意志因素作出了巧妙的结合,把认识因素一分为二,衍生出区别于一般故意犯罪的内容——共犯人与其他共犯人之间犯罪互动的认识,具有一定的科学性。

(二)网络空间共同犯罪的故意要素

网络空间共同犯罪的行为人之间在认识因素上具有概括性和模糊性,在联络因素上具有单一性和片面性。分析网络空间共同犯罪中的故意要素,应当握

[1] 《中国大百科·法学》,中国大百科全书出版社 1984 年版,第 171 页;《法学词典》(增订版),上海辞书出版社 1984 年版,第 231 页。

[2] 高格等编著:《刑法教程》,吉林大学出版社 1987 年版,第 194 ~ 195 页。

[3] 杨春洗等:《刑法总论》,北京大学出版社 1981 年版,第 200 ~ 203 页。

[4] 马克昌、罗平:《论共同犯罪的概念和要件》,载《政法论坛》1985 年第 4 期。

好一条主线、两个方面。

一条主线，是指从行为人的认识能力出发，分析在网络空间中，行为人可以预见的范围和射程，即与行为人的身份、年龄、地位、智力情况相匹配的，行为人对结果的发生能够有何种程度的认识。正如，同一条在心理层面的射线，从一个原点能够辐射到何种距离。

两个方面，是指认识因素和意志因素两个方面。认识因素包括网络空间的共犯人对犯罪行为社会危害性的认识，以及对其他共犯人之间犯罪“共同性”的认识；意志因素是行为人对犯罪结果的希望或者放任的心态。

无论是哪种学说，行为人的主观方面或者共同犯意，都是认识因素和意志因素的有机整合。研究共犯人的主观方面，可以通过以下几个方面剖析。

一是从宽度上，行为人在主观上能够认识到的内容；二是从维度上，共犯行为人在主观上的射程；三是从幅度上，行为人在认识到诸多因素之后所表现出的意志状态，是积极追求还是消极放任。其中，前两个方面就是共犯人主观方面的认识因素，第三个方面是共犯人主观方面的意志因素。除区别于单人犯罪的这三个方面，网络空间中共同犯罪的主观方面还应该把握好第四方面，即从强度上，行为人之间犯意联络的单双向性和联络强度的大小。

日本有学者直接指出，共同犯罪主观心态的本质就是意思联络。[1] 关于意思联络和共同的认识因素，我国也有学者提出，意思联络是外在形式，而共同认识因素是实质内容，[2]笔者对这个观点持保留态度。在笔者看来，意思联络和共同的认识因素并非表里关系，而是并列关系，两个方面相互依托、相互影响、相互联系。共犯人之间的意思联络与认识因素结合在一起，与意志因素之间是递进关系。

因此，网络空间的共同犯罪，可以从行为人的认识因素、意志因素以及行为人之间的犯意联络来研究成立网络空间共同犯罪的主观方面。其中，行为人联络意思的有无、联络意思的强度，以及联络意思方向性的标准，决定网络空间中共同犯罪与单独犯罪的界限。

---

〔1〕 牧野英一『刑法の研究』(有斐閣,1928 年)24 頁参照。

〔2〕 邵维国:《论共同犯罪人的意思联络》,载《大连海事大学学报(社会科学版)》2003 年第 3 期。

二、网络空间共同犯罪中共犯人的联络因素

共同犯罪中共犯人的联络因素是区别于单独犯罪的独特要素，也是网络空间共同犯罪区别于传统的共同犯罪的主要特色。“主张主观联络不要说的，必然会把刑事责任建立在几个人不同的行为客观基础上，客观归罪的结果是必然导致的。”〔1〕在苏联刑法学家特拉伊宁看来，共犯人之间的犯意联络不仅是共犯成立的主观方面要素，更是共犯成立的前提。网络空间中行为人犯意的单向联络是显著的特征，随着网络空间中共犯人之间犯意联络的弱化，网络空间中的共同犯罪，必然以片面共犯为重要支撑理论。只有厘清网络空间共犯人之间犯意联络的特性，才能将网络空间中的同时犯以及间接正犯等情形排除在共同犯罪的范畴之外。

（一）犯意联络的基本观点梳理及其评述

关于犯意联络，学界大概有几种观点。马克昌教授将犯意联络理解为“共同实施某种犯罪”，按照马教授的观点，犯意联络的实质是共犯人之间的故意结合为一体，转化为共同的犯罪故意。〔2〕高铭暄教授把犯意联络理解为犯罪人之间的互相沟通和彼此协调，犯意联络的本质是共犯人在主观上的分工、协作和协调的意思。〔3〕赵秉志教授将犯意联络理解为犯罪人的“思想沟通”，认为犯意联络的本质是共犯人在主观方面的思想交流。〔4〕张明楷教授把犯意联络理解为行为人和其他犯罪人在主观上的相互沟通和联络，并且都认识到了自己和他人一起实施犯罪，犯意联络的本质在于认识到自己并非孤立地实施犯罪。〔5〕通过对比和归纳上述观点发现，这些主张可以分为两类：一类把意思联络当作共同故意形成的前提，如马克昌教授和高铭暄教授；另一类把意思联络当作共同故意的内容，如赵秉志教授和张明楷教授。

在很多学者看来，若要肯定犯意联络的有效性，“双向性”是其必备的特征，

---

〔1〕［苏联］A. H. 特拉伊宁：《共同犯罪学说的几个问题》，载《政法译丛》1957 年第 4 期。转引自周铭川：《共同犯罪本质新论——共同故意实施犯罪说之提倡》，载《上海交通大学学报（哲学社会科学版）》2011 年第 5 期。

〔2〕马克昌主编：《犯罪通论》（第 3 版），武汉大学出版社 1999 年版，第 510～511 页。

〔3〕高铭暄主编：《刑法学》，北京大学出版社 1989 年版，第 226 页。

〔4〕赵秉志、吴振兴主编：《刑法学通论》，高等教育出版社 1993 年版，第 220 页。

〔5〕张明楷：《刑法学》（上册）（第 5 版），法律出版社 2016 年版，第 374～381 页。

也就是共犯人双方要达到犯意交换或者犯意交流的效果。单向的、片面的犯意不能形成共犯人之间的意思联络，且犯意联络必须在犯罪活动实行中或者犯罪预备阶段，如果共犯人之间的犯意联络发生在犯罪结果发生之后，或者行为终了之时，则行为人之间不能产生犯意联络。[1] 这类主张以犯罪沟通说为基础，强调法益侵害的相同性或者构成要件的重合性，也强调行为人之间双向犯意的犯罪合力，限缩了共同犯罪的成立范围，不利于在网络空间中对多人犯罪的打击。在网络空间共犯人的犯意联络弱化的情形下，与其探讨行为人犯意的共同性和联络性，不如探讨行为人犯意的同向性和加功性。

(二)片面共犯理论在网络空间共同犯罪中的运用

在传统刑法中，解决共犯人犯意联络片面化、单向化适用的是片面共犯理论，片面共犯理论所讨论的是成立共犯的前提，是否要求行为人之间相互认识。论证网络空间的共同犯罪时，如果过分追求犯意联络的双向性，或者要求成立共犯必须满足行为人之间相互认识的条件，则必定使网络空间中成立共同犯罪的范围大幅度限缩。然而，在网络空间中主张片面共犯成立的，也应当厘清主张该学说的学派分歧和理论依据。

1. 片面共犯理论的域外借鉴和历史流变

我国共犯理论多借鉴日本刑法理论。日本刑法学界亦对片面共犯理论有消极说和积极说的对立。消极说认为，在实施共同犯罪以前，行为人之间的犯意联络必须已经形成，如果没有形成，就不可能成立共同犯罪，久礼田益喜主要持这种观点。[2] 积极说以行为共同说为基础，认为行为人之间即便没有相互联系的犯意，同样可以成立共同犯罪，是以牧野英一为学派的主要主张。[3] 另外，在美国刑法中，没有“片面共犯”，取而代之的是“潜在同谋犯”，“潜在同谋犯”的共同犯罪意图被理解为相同性质，这也为我国片面共犯的主张提供了宝贵的借鉴。[4]

---

[1] 邵维国：《论共同犯罪人的意思联络》，载《大连海事大学学报(社会科学版)》2003 年第 3 期。

[2] 久礼田益喜『日本刑法総論』(いかめしい，1925 年)328 頁参照。转引自陈兴良：《共同犯罪论》(第 2 版)，中国人民大学出版社 2006 年版，第 101 页。

[3] [日]牧野英一：《日本刑法通义》，陈承泽译，中国政法大学出版社 2003 年版，第 295 页。

[4] 储槐植：《美国刑法》，北京大学出版社 2005 年版，第 111 ~ 112 页。

在我国古代法律中,《唐律》最早规定了片面共犯的相关概念,[1]但是并没有将片面共犯当作共犯来处罚。其后,《宋刑律》、《明律》以及《清律》承袭《唐律》,在片面共犯的理论上也没有新的发展。直至清朝末年《大清新刑律》的起草,才开始从日本刑法理论中引入现代意义形态的片面共犯,成为我国共同犯罪刑法研究史上的里程碑。[2]

受日本刑法和美国刑法的影响,我国刑法理论也存在否定说和肯定说的对立。否定说为高格教授所支持,认为如果主张单向或者片面的犯意联络,必然与"犯意联络"的本质要求是对立的,"犯意联络"必然是相互和周全的。[3] 肯定说主要为陈兴良教授所主张,陈教授对肯定说的主张大多结合了司法实践的客观要求。[4]

笔者认为,一个学派的构建必须立足于司法实务的客观情况,否则,即便是高屋建瓴的学说构建,也难以解决纷繁复杂的实务问题。承认片面共犯的理论,不仅能够有效地解决网络空间中共同犯罪成立条件的问题,还能为缺乏双向犯意联络的多人犯罪,找到一条合理的解决之道。

2. 片面共犯的"片面"之理解

诸多学者在讨论片面共犯时,并没有给出片面共犯学理上的定义,只是围绕对"片面"的理解,认为一方行为人对其他犯罪人实施犯罪的情形不知情,或者对他人犯意联络和"犯意要约"不对接。"缺乏共同犯罪的意思""一方对另外一方犯罪行为的不知晓""没有任何协议""缺乏双向加功"是论者们对此概念的主要描述。[5] 笔者认为,理解片面共犯的内涵,必须深究片面共犯的法理实质,从根本原因和处罚机制上把握片面共犯,以合理处理和应对网络空间中的片面共犯。

---

〔1〕《唐律·贼盗》规定:"若本不同谋,相遇共盗,以临时专进止者为首,余为从作。"唐律将行为人之间的主观联络分为共谋与同谋,认为共谋而不同谋的人,是片面共犯,不具有共同犯罪的主观基础。

〔2〕 田鹏辉:《片面共犯的理论与实践》,科学出版社 2013 年版,第 12 ~ 13 页。

〔3〕 高格:《关于共同犯罪的几个理论问题的探讨》,载《吉林大学社会科学学报》1982 年第 1 期。

〔4〕 陈兴良:《论我国刑法中的片面共犯》,载《法学研究》1985 年第 1 期;陈兴良:《共同犯罪论》(第 2 版),中国人民大学出版社 2006 年版,第 101 页。

〔5〕 赵秉志主编:《海峡两岸刑法总论比较研究》(下卷),中国人民大学出版社 1999 年版,第 123 页;杨春洗:《刑事法学大辞书》,南京大学出版社 1990 年版,第 364 页;林文肯、茅彭年:《共同犯罪理论与司法实践》,中国政法大学出版社 1987 年版,第 47 页;[日]木村龟二主编:《刑法学词典》,顾肖荣、郑树周等译校,上海翻译出版公司 1991 年版,第 361 页。

遗憾的是,很多刑法学者都将片面共犯空冠以“共同犯罪”之名,并未赋予其共同犯罪之实。不少对片面共犯持承认态度的学者,仍然认为它是单独犯罪的变种形式。比如,杨志壮教授认为,片面共犯的本质就是单独犯罪,追究刑事责任时按照单独犯罪的处理机制足矣。[1] 陈兴良教授承认片面共犯的概念,但是认为援用分则条文的规定足以解决所谓的片面共犯的问题。[2] 田鹏辉教授也认为片面共犯的内涵并非“片面”和“共犯”的简单相加,其实质内涵,只能理解为单独犯罪。[3] 也有学者认为片面共犯的本质就是间接正犯,片面共犯与间接正犯的行为方式并无异处,都是假借他人之手来实施己方意欲的犯罪行为[4]。

两派观点的缺陷分别在于,主张“单独犯罪说”的,将片面共犯与单独犯罪画等号,无疑是忽略了共犯人单向的犯意联络。在片面共犯的双方行为人中,一方知情,另一方不知情;单独犯罪是双方都不知情,不存在任何的犯意联络。主张“间接正犯说”的,虽然看清了片面共犯犯意联络的单向性,但是误解了联络的方向性。在间接正犯中,正犯是对犯罪知情的,而为正犯所支配的行为人是不知情的。而在片面共犯中,正犯对其他人的犯罪事实不知情,而为正犯所服务或者“加功”的共犯,对正犯犯罪的事实以及自己行为的违法性是明知的。

3. 片面共犯理论在网络空间共同犯罪中的运用

在网络空间中,承认片面共犯的成立,明确片面共犯人追责规则十分必要。承认网络空间中片面共犯的成立,一方面,可以在网络空间共同犯罪中明确片面共犯的地位,使之区别于单独犯罪;另一方面,可以明确网络空间片面共犯与共谋共犯的区别,确立其处罚原则。

首先,从犯罪构成的角度上讲,片面共犯和其他共犯都是主观故意支配下行为人所实施的犯罪活动,虽然单向的犯意联络的社会危害性未必能与双向的犯意联络相比拟,但是有犯意联络的共同犯罪的社会危害性,必然比内容相同的无犯意联络的多人犯罪更大。

其次,从证据收集的角度上讲,网络空间中的片面共犯,由于被帮助方或者

---

〔1〕 杨志壮:《试析片面共犯》,载《政法论丛》1997 年 S1 期。

〔2〕 陈兴良:《共同犯罪论》(第 2 版),中国人民大学出版社 2006 年版,第 117 页。

〔3〕 田鹏辉:《片面共犯的理论与实践》,科学出版社 2013 年版,第 32 页。

〔4〕 赵秉志主编:《刑法新探索》,群众出版社 1993 年版,第 332 页;赵秉志主编:《犯罪停止形态适用中的疑难问题研究》,吉林人民出版社 2001 年版,第 284 ~286 页。

正犯本身不知情，所以很难在同案犯中获取口供、寻求证据，加之网络空间本身就具有隐蔽性和不稳定性，行为人通过网络空间来利用其他犯罪人，伪装自己，进而毁灭犯罪痕迹，给司法工作带来了不小的难题。这也从侧面体现了行为人的主观恶性并不比单独犯罪的行为人小。〔1〕

把握片面共犯的性质，还应当从刑法处理片面共犯的机制上入手。处罚机制的出发点，应当从行为人个体入手，分析对其他行为人的加功程度以及其自身主观恶性的大小。多人犯罪的犯罪形态，能否适用于共同犯罪的处罚机制，最重要的是要看行为人之间是否存在犯意联络。不管这种犯意联络是显在的还是潜在的，也不管这种犯意联络是单向的还是双向的。双向联络的适用双向的处罚机制，单向联络的适用单向的处罚机制。

在网络空间的片面共同犯罪中，一方行为人具有“与他人共同犯罪”的意思，应当适用共犯的处罚机制；另一方行为人因缺乏对外的犯意交流只有单独犯罪的主观意图，应当按照单独犯罪来处理。具体而言，对于“加功方”或者片面共犯者，应当比照共同犯罪来处罚；对于正犯或者“被加功方”，与他人欠缺意思联络，若有证据可以证明正犯没有义务，也没有可能预见其他共犯利用其行为，在其实施犯罪时，应当按照单独犯罪来处罚。〔2〕

网络空间中的片面共犯与传统刑法中的片面共犯不同，行为人对其他共犯人的身份或者其他共犯人实施的行为并不了解，行为人对其他共犯人进行支配和利用成了犯意联络或者犯意利用的主要形式。

据此，意思联络和共犯人之间认识因素的内容，是相辅相成的关系。共犯人的认识因素既包括对自己行为的认识，也包括对其他共犯人的认识。共犯人之间的犯意联络和主观方面的认识因素，并不是像部分学者主张的表里关系，而是融合关系，不是一个原因、一个结果、一方对另一方起决定作用，而是相互依存，相互渗透。共犯人主观认识的内容影响共犯人之间犯意联络的有无、强弱以及方式，而共犯人之间的犯意联络也反作用于共犯人个人主观认识的计划、内容和射程。

---

〔1〕 李敏：《论片面合意的共同犯罪》，载《政法论丛》1986 年第 3 期。

〔2〕 有学者也将片面共犯叫作不完全的共同犯罪，即共同行为人与构成共同犯罪的人数是不相符的。“只有具有共同犯罪故意的一方构成共同犯罪；相应的对方因无共同犯罪的认识，不构成共同犯罪，仅负作为单独犯罪的刑事责任。”李敏：《论片面合意的共同犯罪》，载《政法论丛》1986 年第 3 期。

在网络空间的共同犯罪中，共犯人的犯意联络方式，决定了共同犯罪活动中共犯人的量刑基调。共犯人主观方面的具体内容，则与共犯人所实施的行为联系在一起，依据主客观相统一原则，影响共同犯罪中共犯人量刑轻重。

三、网络空间共同犯罪中共犯人的认识因素

如前所述，网络空间中共同犯罪人之间的认识因素和犯意联络是一个相互补充、相互融合的关系。从纵向来看，共犯人的认识因素包括其对自身行为的认识、对行为的性质以及违法可能性的认识，也包括对结果的认识，即这种行为可能造成什么样的危害后果。这种认识可能性的有无和大小，以及法律所要求行为人应当认识到的结果危害和相关注意义务，取决于行为人的职务、业务和身份。

共犯人的认识因素，应当包括行为人对其他共犯人所实施行为的认识，这一点必须结合共犯人之间的意思联络来评定。笔者把网络空间共同犯罪中认识因素的横向内容称为幅度因素，认识因素的纵向内容称为射程因素。幅度因素反映了共犯人与其他共犯人联络和协作的情况，直接体现了共犯人的主观恶性；射程因素表现为共犯人对行为社会危害性的认识，作为意志因素的基础，间接体现了共犯人的主观恶性。

（一）网络空间共同犯罪中认识因素之幅度因素

网络空间共同犯罪人的认识因素中的幅度因素，是结合犯意联络的能力，共犯人对自己实施犯罪环境的认知情况。认识因素中的幅度因素，包括行为人对所处网络环境布局上的认识，这是从静态角度上的考察，也包括共犯人对犯罪环境利用可能性的认识，这是从动态角度上的考察。

1. 网络空间共犯人认识幅度因素的情形梳理

在片面共犯的情形下，共犯人在知晓其他共犯人实施犯罪的情况下，调整犯意，使自己的犯意与其他共犯人的犯意相协调。在片面共犯中，有利用他人故意的这一方是“加功方”，可以比照共同犯罪机制来进行，没有利用他人故意的一方是“被加功方”，如果完全按照自己的意愿实施犯罪，可以比照单独犯罪的处罚机制来量刑。因此，在网络空间中，行为人在明知他人正在犯罪或者可能犯罪的情形下，如何调整和修正自己的犯意幅度，是研究幅度因素的意义。

在复杂的网络空间中，很少存在纯粹的“加功方”或者“被加功方”。在不清

楚对方身份的前提下，对其他人实施的犯罪行为或者违法行为加以利用，是网络空间共同犯罪的显著特点。共犯人在虚拟的网络空间中实施犯罪，或多或少对共犯人所实施的犯罪行为有预计和认知。根据双方对彼此的知晓程度，结合共犯人之间可能存在的犯意联络以及犯意调整的方式，可以将认识因素的幅度分为以下五种情形。

第一种情形，本人不知道其他共犯人的存在，其他共犯人亦不知道本人的存在。

第二种情形，本人不知道其他共犯人的存在，其他共犯人知道本人的存在并意图对本人的犯罪行为加以利用。

第三种情形，本人知道其他共犯人的存在，并且知道其他共犯人的犯罪行为正在或者即将为本人所利用，其他共犯人知道本人的存在，并意图配合本人实施犯罪。

第四种情形，本人知道其他共犯人的存在，并且知道其他共犯人的犯罪行为正在或者即将被本人所利用，其他共犯人知道本人的存在，并同样意图利用本人的行为实施犯罪。

第五种情形，本人知道其他共犯人的存在，并且知道其他共犯人的犯罪行为正在或者即将被本人所利用，其他共犯人不知道本人的存在，也不知道行为被本人利用的事实。

根据这五种情形的不同，我们可以将网络空间共同犯罪中共犯人认识因素中的幅度因素分为两个层次：一个是认知层次，另一个是协调层次。准确地说，第一个层次是共犯人是否明知其他共犯人的存在，以及是否明知其他共犯人的犯罪活动，这个层次既包括共犯人确切地明知，也包括共犯人只是概括地明知。第二个层次是共犯人在知晓其他共犯人活动之后的协调态度，[1]可以是各行其是，对其他共犯人的犯意不予理会；也可以是有意识地单方利用他人的犯罪行为，以其他共犯人的犯意来补充自己的犯意，或是在知晓其他共犯人犯罪活动后努力地调整自己的犯意，并与其他共犯人的犯意进行磨合，最终形成统一的犯罪。

---

〔1〕 笔者在这里所用的是“协调态度”，与意志层面中的“希望”或者“放任”的态度是有所不同的。“协调”的态度是行为人对其他行为人实施犯罪，或者本人加入共同犯罪的态度，而“希望”或者“放任”是行为人对结果的态度，亦是学理上区分直接故意和间接故意的标准。

据此，根据共犯人认识因素中的幅度因素，结合犯意联络，网络空间共同犯罪中的故意，可以分为三种类型，即单独的故意、协作的故意和利用的故意。

(1)单独的故意。单独的故意，顾名思义指的是行为人单独实施犯罪的情形。这分为两种情形：一种情形是网络空间中的行为人，因为信息的不对等，完全不知道其他共犯人的存在，因而按照自己的意愿和计划实施犯罪；另一种情形是行为人在知道其他共犯人的存在，或者其他共犯人的犯意诱惑下，仍然不为所动，不相为谋，按照之前的意图和蓄意实施犯罪。没有犯意联络，就没有成立共同犯罪的理论空间，对于单独的故意，其行为人都应当按照单独犯罪的处罚机制受处罚。

(2)协作的故意。协作的故意是行为人通过网络空间与其他人达成共谋协作，与其他人一并实施犯罪的情形。具体分为两种情况：第一种情形是，行为人有明确的犯罪意图，通过网络各式的聊天工具和社交平台，结识有同样犯罪意图的行为人，经过协商和安排，在策划者统一部署下实行犯罪，最典型的是行为人为了实施犯罪，专门设立网络群组空间或者联络平台；第二种情形是，行为人没有明确的犯罪意图，通过网络平台，结识了其他犯罪人，被其他犯罪人感染和同化，在其他共犯人的教唆或者利诱下也实施了犯罪行为，最典型的是行为人以观看淫秽音像为目的加入网络群组，其后看到其他人贩卖淫秽物品有利可图后，也加入贩卖淫秽物品的行列中，在网络群主的部署和安排下共同实施犯罪。在协作故意的情况下，行为人之间存在犯罪的分工，甚至存在明确的等级划分、行会制度，应当比照共谋型的共同犯罪来处罚，对于组织者，应当依据《刑法》第 26 条第 3 款的规定，按照集团所犯的全部罪行处罚。

(3)利用的故意。所谓利用的故意，就是单向的故意，行为人在知道其他人正在实施违法行为或者正在实施犯罪行为时，对其行为进行利用，以实现自己犯罪的动机。从广义上来讲，利用他人实施犯罪，是共犯人参与共同犯罪的本质。无论是工具还是人，行为人对其“利用”的全过程，就是达到扫清犯罪障碍、实现犯罪目的的重要手段。[1] 但是，笔者主张的“利用”与广义共犯人之间的相互利用并不完全等同，而是指在一方行为人有利用故意而无统筹或者被统筹的故意，另一方行为人可能缺乏被利用的认识或者认识到被利用之后不做计较和反抗的

---

〔1〕 陈世伟：《论共犯的二重性》，中国检察出版社 2008 年版，第 105 ~ 106 页。

利用。换言之,就是缺乏统筹和安排的单向利用。行为人之间可能存在相互利用的情形,但是,行为人在实施犯罪的过程中仍然是按照自己的思路和设计,不受其他共犯人的干扰和同化。

2. 网络空间共犯人认识幅度因素的一般结论

在利用的故意中,行为人之间的统筹和规划是孱弱和懒散的,整体上缺乏规划和部署,但是从个体上看,利用或者依附他人实施犯罪是行为的主要模式,类似于意大利刑法和日本刑法中的加功理论。[1] 在缺乏犯意交流的单向故意中,“被利用者”在实施犯罪的同时可能也在利用其他犯罪参与人,也即行为人在一个犯罪构成要件要素中是“被加功方”,在另一个构成要件要素中是“加功方”,一个行为人可能同时具备两种身份。

笔者认为,只要行为人在实施过程中表现出或者衍生出利用他人的故意,进而实施了利用他人的行为来补强自己、辅助自己实施犯罪时,就可以被评价为“利用者”,类似于加功理论中的“加功方”,参照共同犯罪的处罚机制来处罚。对于在犯罪过程中,自始至终都没有利用其他行为人,或者对其他行为人的犯罪行为进行“加功”的行为人,类似于没有其他作用的“被加功方”,可以按照单独犯罪来处理。

在网络空间的共同犯罪中,“相互利用”的故意是最常见的故意联络机制,其次是单独的故意,相对较少的是共谋的故意。“相互利用”的故意之所以能成为最常见的联动机制,有如下原因:

第一,网络空间犯罪的组织性相对较弱。网络空间是一个开放的空间,在平台中活动的人很多,然而,行为人之间的调遣、安排和组织难以展开。网络平台给网民提供了抒发意见的途径和交流犯意的渠道,但是不同于现实空间的行业和组织,有严格的行规和章程遵守,网络空间难以形成一个协调和磨合的机制,进而形成统一、协作的机制。

第二,网络空间的虚拟性决定了犯罪人身份的隐匿性,进而限制了行为人之间的交流和协作。与共谋的故意不同,现实空间的犯罪团伙成员长时间聚集在一起,方便商议和策划犯罪的计划、流程和善后工作的开展,网络空间的虚拟性决定了行为人之间身份的不明确和关系的疏远。行为人之间并不相识,但是如

---

[1] 陈忠林:《意大利刑法纲要》,中国人民大学出版社 1999 年版,第 45 ~ 51 页。

果在交流的过程中发现犯罪目的相仿，则有可能保留联络，继续为己利用；若发现话不投机，则马上终止联络，以防自己的犯罪身份过多暴露，行为人之间几乎再无商榷和磨合犯意的机会。

第三，网络空间的开放性，决定了共犯人对网络环境以及其他共犯人利用的必然性。马克思曾说过，人的意识就是在认识世界和环境的前提下，不断利用和改造当前的环境[1]。在能够以环境作为依托的情况下，行为人通常不会单打独斗，而是以其他人的违法犯罪行为，作为自己犯罪行为的加功和补强，使自己在实施犯罪的过程中能够实现轻易化和简洁化。当然，有证据证明行为人不知其他共犯人的存在，或者有证据证明行为人没有利用其他共犯人的行为作为自己行为的补强，应当认定其构成单独犯罪。

因此，在网络空间中，根据行为人认识因素的幅度以及行为人之间的犯意联络，结合片面共同犯罪的相关理论，决定行为人犯罪形态的是，行为人之间是否存在“相互利用”的主观意图和行为状态。行为人之间“相互利用”的主观意图，可以通过行为人所处的环境以及行为人的特定身份两个方面进行综合判断。

例如，行为人身处一个组员人数多、聊天流量大的社交平台，行为人应当明知，或者可以推断出行为人对网络空间中其他犯罪活动的一定知晓程度，肯定行为人对其他共犯人利用的可能性。再如，行为人是网络平台的资深管理者或者网络技术的提供者，负责对网络平台的管理、使用和收益，对其服务对象的涉猎群体的范围，或者服务行为可能牵涉的利用对象的有无，以及该受众群体支配利用可能性，可以推定行为人主观方面的明知。

（二）网络空间共同犯罪中认识因素之射程因素

如果说在网络空间共同犯罪中，认识因素中的幅度因素是行为人与其他行为人进行联络和沟通的前提，那么认识因素中的射程因素就是行为人犯意表示和主观恶性的意志基础。

从射程的确切性程度上看，射程因素分为明确性认识和概括性认识。在对网络环境利用的可能性有一定认识的基础上，行为人对其他共犯人进行利用，对其他共犯人身份的知晓程度，或者行为人对其行为可能在共同犯罪中造成某种

---

〔1〕 韦建桦主编，中共中央马克思恩格斯列宁斯大林著作编译局编译：《马克思恩格斯选集》（第1卷），人民出版社2012年版，第50～57页。

危害结果的认识,进行确切性或者模糊性的评估。明确性认识是对犯罪环境、犯罪对象和犯罪结果有确切的认知,概括性认识是指以上要素只有概括的认知。

从射程的内容上看,射程因素包括行为人对行为的违法性认识,对行为社会危害性的认识以及对行为可能带来的危害后果的认识。这里的“行为”既包括行为人自己的行为,也包括被利用的其他共犯人的行为。利用其他行为人的行为实施犯罪使他人的行为成为自己行为的一部分,因此,行为人也应当对其他共犯人的行为和结果有一定的预见性。

“对于故意犯罪而言,认识因素是基础,意志因素是关键。”[1]之所以说认识因素是基础,是因为认识因素的幅度和射程,能够作为行为人对危害结果发生态度评价的本原。认识因素的幅度因素,是从行为人对犯罪环境的认知情况来评述的;而认识因素的射程因素,是从行为人实施网络犯罪带来的社会危害性的认识可能性,对行为人的主观方面进行了较全面的评判。在这个要素中,值得讨论的是行为人对其他共犯人的年龄、身份以及犯罪结果发生的知晓情况,结合射程的确切性,讨论如下。

1. 网络空间共同犯罪中的明确性认识、可能性认识与概括性认识

共同犯罪中的明确性认识,是指行为人对其他共犯人的年龄、身份以及双方行为的危害结果有明确的认识。共同犯罪中的可能性认识,是指结合行为人职业的特殊性或者环境的特殊性,行为人对其他共犯人的年龄、身份或者双方行为的危害结果有认识的可能性。共同犯罪中的概括性认识,是指行为人根据自己的职业认知,凭借所处的犯罪环境对其他共犯人的年龄、身份以及双方行为的危害结果有一定的认识,但是这种认识并不是精确的,而是模糊的、抽象的。在网络空间隐匿性、数字化的大背景下,概括性认识是常见的主观方面的表现形式。

1997 年《刑法》第 219 条第 2 款,首次将侵犯商业秘密罪中“应知”作为与“明知”并列的要件[2]。刑法理论把“明知”分为应当知道和可能知道,结合司法实践中所遇到的实际问题,司法解释中又加入了“不知道”一类,把二分法细分为三分法。

---

〔1〕 桂亚胜:《故意犯罪的主观构造及其展开》,上海人民出版社 2014 年版,第 78 页。

〔2〕 1997 年《刑法》第 219 条第 2 款规定:明知或者应知前款所列行为,获取、使用或者披露他人的商业秘密的,以侵犯商业秘密论。

(1)“应当知道”的性质诠释及类别分解

诸多学者主张加入“可能知道”这一类别，因为“应当知道”还存在学理上的争议，导致司法实践对部分罪名主观方面存在故意与过失的争议。[1] 主张“应当知道”的主观方面是“过失”的，将“应当知道”理解为刑法对特定行为人注意义务或者结果回避义务的赋予；[2]把“应当知道”的主观方面理解成“故意”的，是将“应当知道”理解为证据适用规则，是对行为人认知程度上的推定。[3] 可见，“应当知道”在学理上存在两方面的含义：一方面，其是实体法上的义务赋予；另一方面，其是程序法上的证据推定。

在网络空间的共同犯罪中，“应当知道”同样存在两层含义。在网络空间中，行为人对其他共犯人的危害行为是否应当有所认知：一是可以根据行为人的身份来判断，二是可以根据网络空间的特定环境来判断。对此，笔者倾向的是，“应当知道”应当作为一种事实推定，而不能认为是一种义务赋予。之所以反对将“应当知道”作为义务，主要有两方面的原因。

其一，从绝大部分学者的主张来看，刑法理论上对“严格责任”持否定态度[4]，将“应当知道”理解成行为人的义务，严格责任或者无过错责任的适用有扩张之势，亦有违反主客观相统一原则之嫌。

其二，对主观方面中认识因素的判断，应该是一种事实判断而非价值判断，把“应当知道”理解为刑法上对特定行为人义务的赋予，混淆了两种判断的不同性质。因此，作为证据推定的“应当知道”，可以被“可能知道”以及“概括知道”进行分解。

(2)行为人主观方面的射程分析

在网络空间共同犯罪中，行为人对其他共犯人犯罪行为和整体犯罪结果的“可能知道”，是从行为人对其他共犯人行为以及整体犯罪结果有无认识的推定，行为人对其他共犯人犯罪行为以及整体犯罪结果的“概括认识”，是指行为人对其他共犯人行为及犯罪结果有认识，但是这种认识是抽象的、模糊的。这种认识可能的有无及大小，要结合其他共犯人的年龄、身份等情况来进行辅助性

[1] 陈兴良：《“应当知道”的刑法界说》，载《法学》2005 年第 7 期。

[2] 高铭暄主编：《新型经济犯罪研究》，中国方正出版社 2000 年版，第 821～841 页。

[3] 陈兴良主编：《刑法学》，复旦大学出版社 2003 年版，第 592 页。

[4] 陈伟：《“严格责任”抑或“推定责任”——性侵未满 12 周岁幼女的责任类型辨识》，载《法学家》2014 年第 2 期；侯艳芳：《我国环境刑法中的严格责任适用新论》，载《法学论坛》2015 年第 5 期。

判断。

从射程的远近上看，结合对行为人是否“明知”的推定，在网络空间的共同犯罪中，行为人对其他共犯人以及共同犯罪结果的认识主要可能有以下几种情况。

第一，行为人可能明知其他共犯人的犯罪行为，以及共同犯罪会造成某种具体的危害结果；第二，行为人可能明知其他共犯人的犯罪行为，以及共同犯罪会造成不具体的或者概括的危害结果；第三，行为人必然明知其他共犯人的犯罪行为，以及共同犯罪会造成某种具体的危害结果；第四，行为人必然知道其他共犯人的犯罪行为，以及共同犯罪会造成某种不具体的或者概括的危害结果。

关于共犯人具体认识因素的射程，不同种类的共犯人大有不同，需要通过不同的共犯人种类和共犯人的身份来分类界定，以确定不同类型共犯人认识因素射程的远近，以及共犯人对结果回避义务的大小。

2. 网络空间共同犯罪中对其他共犯人年龄和身份的认识

网络空间共同犯罪的幅度因素是对行为人是否知道有其他共犯人的认定，是行为人与其他共犯人取得犯意联络的前提；网络空间共同犯罪的射程因素，是行为人对其他共犯人身份，以及行为可能造成结果的特定评价，是决定行为人意志因素的基础。

以“主客观相统一”的阿基米德原理为主线，共同犯罪的成立不仅要求行为人实施了相应的行为，还要求行为人对其他共犯人的行为，以及其他共犯人的身份、年龄有概括或者明确的认知。如果行为人主观上对其他共犯人的身份、年龄等认识因素出现了偏差，则有可能影响行为人个体的量刑，甚至有可能影响网络空间中共同犯罪本身的成立。关于射程因素所涵摄的内容，笔者阐述如下。

（1）网络空间共同犯罪中行为人对其他共犯人年龄的认识

在网络空间中，由于行为人身份的隐匿和关系的生疏，行为人可能缺乏对其他共犯人年龄的认识。尤其是在当前时代信息化与数字化的背景下，年轻人成了从事 IT 技术和网络技术的主力军。中国互联网信息中心 2016 年发布的《2015 年中国青少年上网行为调查报告》显示，中国青少年网民规模占整体网民的 46.7%。有数据显示，目前全球范围内大部分“黑客”都属于青少年，平均年龄仅16周岁左右，多为在校中学生或者大学生，甚至还有小学生。[1]

行为人对其他共犯人的认识因素是行为人犯意联络的前提，也是行为人表征对结果意志因素的基础。从犯意联络的角度上看，行为人对其他共犯人年龄的认识几乎不影响他们之间犯意的传递，不构成共犯人犯意联络的障碍。行为人无论是否知道协助方、利用方或者组织方的真实年龄，其利用相对方来实施犯罪，补强自己实施犯罪的弱项的效果都是一样的。有学者主张，如果被利用者没有达到刑事责任年龄，可以认定行为人是间接正犯；[2]也有学者主张，构成间接正犯必须要求行为人明知其利用的是未成年人，概括性的认识不能认为是间接正犯。[3]

笔者主张，行为人若对其共犯人缺乏年龄的认识，不影响行为人之间的犯意联络，但是被利用者的真实年龄直接影响共同犯罪成立与否。倘若被利用者未达到刑事责任年龄，即便其技术高超以致行为人有充分的理由认为被利用者是成年人，根据主客观相统一原则，不能认定共同犯罪的成立。[4] 间接正犯的成立，并不当然要求行为人对其他人的刑事责任能力有所认知，因为如果将"对其他共犯人有无刑事责任能力的认识"作为区分共同犯罪和间接正犯的标准，在主观构成要件方面要求共犯人的预见性，则有可能出现理论适用的真空——当无法准确地知晓其他共犯人的刑事责任年龄时，无论是评价为共同犯罪还是间接正犯都将陷入窘境。无论在性质上如何界定，可以明确的是，行为人在明知被利用的人没有相应的刑事责任能力时，还对其进行利用，在量刑上可以从重处罚。比如，教唆和引诱未满18周岁的人为自己实施犯罪提供网络技术支持，可以适用《刑法》第29条的规定来量刑。

共同犯罪的成立要件，在主观方面最重要的是犯意联络，在主体方面最重要的是刑事责任能力。因此，在网络空间中，无论行为人能否认识到其利用或者合作的其他共犯人具备相应的刑事责任能力，只要其他共犯人具备相应的刑事责

---

〔1〕 于冲：《三网融合背景下青少年网络犯罪的现状和发展趋势探究》，载《青少年犯罪研究》2014年第1期。

〔2〕 张佼霞：《网络共同犯罪若干疑难问题探讨》，载《河北法学》2007年第11期。

〔3〕 刘芳、俞毅刚：《聚众式裸聊的刑法规制》，载《河北法学》2009年第5期。

〔4〕 根据限制从属性学说，共同犯罪的成立，不要求所有行为人都具有刑事责任年龄，所以无论行为人对其他共犯人的年龄是否认识准确，都不影响共同犯罪的成立。笔者从四要件构成学说来研究共同犯罪，所以对限制从属性学说的这个观点不予采纳。

任能力，因为双方已经形成犯意联络，就应当肯定共同犯罪的成立。倘若其中部分共犯人不具备刑事责任能力，则否定共同犯罪的成立。

(2)网络空间共同犯罪中行为人对其他共犯人身份的认识

共犯与身份的交叉问题一直是刑法学界最棘手也最繁杂的难题，尤其是放在网络空间中，该问题更错综复杂。我国1979年《刑法》没有规定身份犯的问题，直到1997年《刑法》第382条贪污罪的第3款规定了“与前两款所列人员勾结，伙同贪污的，以共犯论处”。此规定是注意性规定而非法律拟制。张明楷教授认为，这样的规定既没有解决定罪的问题，也没有解决量刑的问题。[1] 网络空间中的共同犯罪，行为人往往缺乏对其他共犯人身份认识的可能性。

身份是法律明文规定的对定罪量刑具有一定影响的个人要素。[2] 共犯与身份所要解决的核心问题，是有特定身份和没有特定身份的行为人在一起，如何定罪和量刑的问题。如果有特定身份的行为人是实行犯，而没有特定身份的人只是为其实施犯罪提供一定技术支持时，行为人存在犯意上的联络，可以肯定共同犯罪的成立。比如，行为人系国家公职人员，利用职务上的便利，通过网络系统对单位内部的资金进行窃取，恰巧在网络空间结识了一位黑客，在黑客进行密码破解、系统入侵的帮助下获取了单位内部的资金，可以肯定行为人与黑客之间成立共同犯罪。

承认共同犯罪的成立，并不等于承认共犯之间所适用的罪名也相同。如果有身份者与无身份者共同实施犯罪，一般以有身份者所犯罪名来定罪量刑。对于双方都有身份的情形，绝大多数学者主张的是“主犯决定论”，即以主犯或者正犯的身份来决定或确定罪名的适用。[3] 网络空间共同犯罪的通常情况是，实行犯有特殊身份，帮助犯不具有特殊身份。前述的案例，行为人利用职务上的便利，对单位财物进行侵吞，行为人因具备公职人员的身份，应当认定为贪污罪。如果帮助者已经认识到帮助对象的身份而为其提供技术支持，应当和有身份的帮助对象一起，以贪污罪来定罪量刑，这也符合《刑法》第287条的注意性规定。如果帮助者没有认识到帮助对象的具体身份，只是认识到其通过网络漏洞窃取

---

〔1〕 张明楷：《刑法分则的解释原理》，中国人民大学出版社2004年版，第277页。

〔2〕 陈兴良：《共同犯罪论》（第2版），中国人民大学出版社2006年版，第312页。

〔3〕 陈兴良：《身份犯之共犯：以比较法为视角的考察》，载《法律科学（西北政法大学学报）》2013年第4期；陈洪兵：《共犯与身份的中国问题》，载《法律科学（西北政法大学学报）》2014年第6期。

国有单位内部资金,有身份者构成贪污罪,帮助者构成盗窃罪正犯与贪污罪帮助犯的想象竞合。根据主客观相统一原则,共犯人的罪名选择,必须以其认识因素的内容为限。

综上所述,在网络空间中,对其他共犯人年龄的认识错误不影响共犯人之间的犯意联络,可以肯定共犯人之间的量刑机制,[1]刑事责任能力的欠缺可以排除该行为人成立犯罪,排除在共同犯罪的成立范围之外。对其他行为人身份的认识错误不影响行为人之间成立共同犯罪,只是影响罪名的选择,共犯人之间可能适用不同的罪名。

四、网络空间共同犯罪中共犯人的意志因素

犯罪故意的意志因素包括希望和放任两种情况:“希望”是指在知道危害结果可能发生或者必然发生的前提下,以积极的心理状态追求结果发生;“放任”是指在知道危害结果可能发生的前提下,对结果的发生保持放纵的态度。行为人或者共犯人意志因素的讨论必须建立在其认识因素的基础上,行为人的认识因素和意志因素是有机结合的统一体。从性质上讲,这个基础或者前提应该在认识因素的范畴中讨论,但笔者在论述时把它作为意志因素证成的前提来进行阐释,以增强论证的逻辑性。

(一)网络空间共同犯罪中共犯人意志因素的认识前提

有学者将主体对自己行为是否导致危害结果发生的可考性判断称为“认识程度”,[2]与笔者这里所称的“意志因素的认识前提”的提法是殊途同归的。因为笔者将共同犯罪人中行为人对其他共犯人犯罪活动的认识称为认识程度,为了概念上的区别及与共犯人意志因素的对接,笔者称之为共犯人意志因素的认识前提。网络空间共同犯罪中行为人认识因素的内容和射程,是横向平铺式地展开对网络空间共同犯罪中主观方面的讨论;而意志因素的认识前提以及意志因素的法律本质,则是以递进式的模式展开对主观方面的论述。

网络空间共同犯罪中共犯人意志因素的认识前提,是指共犯人对结果所持

---

[1] 根据三阶层的观点,是不影响共同犯罪的成立,但是笔者主张共同犯罪适用四要件学说,即部分学者所谓的“极端从属性说”,共同犯罪的成立要求每个行为人都具备刑事责任能力,但是行为人之间的处罚机制是由他们之间的犯意联络以及行为联动方式决定的。

[2] 李永升:《间接故意犯罪的主客观机制研究》,载《刑法论丛》2010 年第 3 期。

的希望或者放任的态度，是基于对结果发生的认识概况，即行为人的意志因素到底是基于认识内容的可能性还是认识内容的必然性。这是认识因素和意志因素衔接的桥梁。

1. 传统刑法学意志因素的认识前提之争辩

传统的刑法理论认为间接故意中的“放任”所对应的认识因素，只能是认识到危害结果可能发生，如果认识到危害结果必然发生，对危害结果的意志因素只能是“希望”，而不能是“放任”，[1]这种观点主要沿袭了苏联刑法学的观点，苏联刑法学家特拉伊宁主张：“如果不希望发生，对必然发生的危害结果的认识不可能是‘放任’，只能认为行为人的主观心态是直接故意。”[2]

不少学者根据我国刑事立法与司法实践相结合，提出了间接故意的认识前提可以是“认识到犯罪结果发生的必然性”。主要的主张可以总结如下：

第一，从《刑法》第14条来看，我国现行《刑法》只规定了故意犯罪的认识因素是“明知自己的行为会发生危害社会的结果”，直接故意和间接故意只是学理上对犯罪故意的划分，从未有过“直接故意对应可能知道或者必然知道，间接故意只能对应可能知道”这一结论。

第二，认识因素和意志因素的内涵不同，“各自为政”。评价效果决定了两者评价标准的殊途，若用意志因素的内涵强行代入意志因素的证成，这样的思路必定有失偏颇。有学者将行为人的情感因素分为“知、情、意”三个因素，认为行为人对危害结果的意志倾向并不是由行为人的认识程度所决定的，而是由行为人对危害结果的情感状态决定的，这种情感状态就是行为人对犯罪结果的好恶倾向。[3] 也有学者指出，把意志因素作为犯罪成立以及区分直接故意与间接故意的关键，才是贯彻主客观相一致原则的必然要求。[4]

2. 网络空间共犯人意志因素认识前提之明确

立足于网络空间的时代背景，在信息不完全对称，共犯人意思联络片面、认

---

〔1〕 张明楷：《刑法学》（上册）（第5版），法律出版社2016年版，第377页；高铭暄：《刑法学》（第7版），北京大学出版社2016年版，第149页。这一类学者主张若行为人虽不希望危害结果的发生，但明知结果必然发生，则仍是直接故意。

〔2〕 [苏联]A. H. 特拉伊宁：《犯罪构成的一般学说》，薛秉忠等译，中国人民大学出版社1958年版，第169页。

〔3〕 李永升：《间接故意犯罪的主客观机制研究》，载《刑法论丛》2010年第3期。

〔4〕 桂亚胜：《故意犯罪的主观构造及其展开》，上海人民出版社2014年版，第122页。

识内容不确定的大前提下,用行为人的认识因素去铺垫和论证行为人的意志因素,是站不住脚的。尤其是在论证时,不能因为共犯人认识到自己犯罪行为可能为其他共犯人所利用,就认为行为人的主观方面对结果是“放任”,更不能认为共犯人已经认识到自己的犯罪行为被其他共犯人所利用,行为人对结果的态度就是“希望”。

认识因素确定了行为人在共同犯罪中对犯罪环境的认知程度,包括对幅度的认知和对射程的认知,而意志因素则是行为人对结果所持的特定态度。行为人意志因素和认识因素是两个相辅相成的过程,认识因素是行为人作出态度选择的前提,意志因素是作出态度选择的决定性因素。从心理学的角度上讲,行为人的意志因素才是其主观恶性的决定性因素。直接故意对结果所持的态度是积极追求,而间接故意对结果所持的态度是放任,持直接故意的行为人的主观恶性大于持间接故意的行为人。从另一个角度讲,从回避结果发生的意志可能性方面来说,直接故意较小,而间接故意有一定的回旋余地,因为行为人对结果发生所持的态度既不是希望,也不是不希望。因此,在这个问题上,不能将问题反推,认为对结果回避具有意志可能性,就一定具有回避结果发生的现实可能性。在传统的刑法理论中,关注行为人对结果回避的意志,进而否定行为人意志选择的现实前提,这样的论证有失偏颇。

因此,笔者认为,认识因素和意志因素是两个不同维度的因素。在网络空间的共同犯罪中,共犯人之间以片面共犯形式展开的共同犯罪中的间接故意,行为人既有可能是认识到共同行为可能发生危害结果而放任,也有可能是认识到共犯行为必然发生危害结果而放任。由于网络空间信息的隐蔽性和虚拟性,行为人可能存在四种主观方面的表现:“明知结果可能发生+希望结果发生”;“明知结果必然发生+希望结果发生”;“明知结果可能发生+放任结果发生”;“明知结果必然发生+放任结果发生”。

在网络空间中,行为人的主观方面首先表现为“明知结果必然发生+放任结果发生”,其次表现为“明知结果可能发生+放任结果发生”。例如,一个资深的互联网工程师,意图开发一个社交App。凭借其工作阅历和实践经验,能够判断进出自由的网络空间中,必然存在部分以视频直播、图片分享为业的网民,有的网民可能会分享涉黄信息。行为人的主观方面多半为间接故意,其是否认识到危害结果发生的可能性或者必然性在所不论,但是,行为人对结果发生所持有的态度是不排斥的，虽也不是希望的。

（二）网络空间共同犯罪中共犯人意志因素中的态度分析

希望和放任，是行为人对结果所持的特定态度，因而刑法学理论上出现了直接故意和间接故意的划分。“希望”，顾名思义是对犯罪结果所持的追求、意欲达到的心理状态。网络空间的犯罪以及共同犯罪，持直接故意的心理状态与传统刑法中的直接故意并无明显区别。这一部分需要讨论的是，网络空间中间接故意行为人对结果所持的“放任”，到底是何种态度。

1. 意志因素中的“放任”态度内涵的学说梳理

有学者指出，间接故意中的“放任”，不是仅包含意志因素，而应当认为是认识因素与意志因素的有机结合，两者相互作用，此消彼长。[1] 也有学者指出，“放任”不仅是对认识因素和意志因素的评价，也包含情感因素，这是心理现象的范畴，具有计划性、顽强性、积极性等心理特征。[2]

关于间接故意的意志因素，除了放任说之外，还有同意说、容忍说、不违背本意说、明知说和冒险说。[3] 境外的刑法理论对间接故意类似的表达有可能故意犯罪、不确定故意犯罪以及准故意犯罪。[4] 这些概念与间接故意的内涵有很大程度的相似性，结合国内外的理论学说，有学者指出应当用“纵容”代替“放任”，认为间接故意应当理解为行为人明知危害结果可能或者必然发生，而表现为“有意放纵而不加制止”的态度。[5] 笔者认为，用“纵容”来代替“放任”，从定义的倾向上看，更明确了对行为人态度的否定评价，也突出了行为人对犯罪结果应当具备的避免义务，但问题的关键是，行为人对结果是否具有回避义务，以及应该具备多大程度的回避义务。

2. 网络空间共犯人意志因素中“放任”态度的实质内涵

网络空间中的间接故意，大多以不作为的形式展开。比如，行为人以完全中立的态度设立纯社交性网站，后来其他犯罪者利用该网站实施赌博或者贩卖淫

---

〔1〕 李兰英：《对“放任”的考究》，载《中国刑事法杂志》2001 年第 2 期。

〔2〕 刘为波、牛克乾：《放任的心理定性》，载《政治与法律》2002 年第 4 期；李永升：《间接故意犯罪的主客观机制研究》，载《刑法论丛》2010 年第 3 期。

〔3〕 樊凤林主编：《犯罪构成论》，法律出版社 1987 年版，第 110 页。

〔4〕 [苏联]A. H. 特拉伊宁：《犯罪构成的一般学说》，薛秉忠等译，中国人民大学出版社 1958 年版，第 167 页；[日]福田平、大塚仁编：《日本刑法总论讲义》，李乔等译，辽宁大学出版社 1986 年版，第 68 ~ 69 页；褚剑鸿：《刑法总则论》，台北，三民书局 1995 年版，第 192 ~ 193 页。

〔5〕 李永升：《间接故意犯罪的概念新探》，载《河南大学学报（社会科学版）》2014 年第 3 期。

秽物品等犯罪活动。行为人是否应当对自己设立网站或者管理网站的“渎职”行为承担责任？对于在自己设立的网站或者网络平台上开展的网络犯罪活动，很多平台管理者不完全是为了追求网络流量所带来的直接经济利益而对网络犯罪的结果持“希望”的态度，而是由于点击量、浏览量等其他间接营销效果对犯罪危害面和辐射面的扩大持“纵容”或者“放纵”的态度。

为了确立网络平台监管责任和网络犯罪技术支持责任，《刑法修正案(九)》第28条和第29条新增“拒不履行信息网络安全管理义务罪”和“帮助信息网络犯罪活动罪”，作为《刑法》第286条之一和第287条之二。笔者认为，在网络空间中是否对自己看似“中立”的技术支持，或者平台提供的行为承担刑事责任，还应当根据行为人所从事的职业，或者行为人所从事的业务综合判断。

网络空间中行为人的间接故意，其“纵容”或者“放任”的实质内涵到底是什么？毋庸置疑，其潜在地包含了行为人对结果的回避态度，或者对结果的回避义务。但是行为人没有对结果的发生作任何回避性的努力，或者没有对网络空间中其他人的行为作出阻止或者劝诫，是否就意味着对结果发生的纵容？这还不能“一刀切”，还应当看行为人对结果发生的态度，用物理空间的共同犯罪类比化地举两个例子。

例1：犯罪团伙在实施完抢劫后，一个行为人提出奸淫银行的女工作人员，其他共犯人没有阻止，没有允诺，亦没有和其一起实施奸淫行为，其他行为人是否应当为奸淫行为承担刑事责任？

从一般的刑法理论和罪责自负的原则出发，其他共犯人只用承担实施抢劫行为的刑事责任。首先，强奸罪和抢劫罪分属不同的犯罪构成，二者之间没有任何重合和包容关系；其次，奸淫行为不在犯罪集团所指挥和策划范围内。因此，奸淫行为明显不属于犯罪团伙共谋实施的行为，由行为人自行承担刑事责任。

例2：犯罪团伙在实施完抢劫后，一个行为人提出纵火烧毁银行，其他共犯人没有阻止，没有允诺，亦没有与其一同实施纵火行为，其他行为人是否应当为放火行为承担刑事责任？

对这个问题难以得出一元的结论，虽然抢劫罪的犯罪构成并不能包含放火罪的犯罪构成，但是从匪徒实施犯罪手段以及实施抢劫行为的善后手段来看，抢劫行为和纵火行为可以有牵连关系。我国古代《唐律》和日本《刑法典》都有“强盗罪”的规定，根据类似罪名的规定，放火和抢劫的行为可能属于同一个犯罪构成,在犯罪法益相似的情形下,即便两个罪名在犯罪构成上没有绝对的重合,其他共犯人如果对其中几位共犯人超过犯罪集团组织范围外的行为不加以制止,是否就意味着对其行为的放任?

在网络空间中,网络平台提供者在明知其他行为人在实施网络行为,而不加以制止,是不是对犯罪结果所持的态度就是“放任”?这不能直接下结论,在梳理行为人主观心态时,应当以以下逻辑展开:行为人是否对危害结果发生的可能性明知,或者必然性明知——行为人是否对结果的发生有回避或者防止义务;行为人是否与其他共犯人有足够的犯意联络——行为人是否应为其他共犯人的危害行为承担刑事责任。

研究行为人对结果发生是否有义务阻止,以及是否具备明知危害结果将发生时仍放任该结果发生的排除犯罪事由,必须结合犯罪构成的主体要件来综合评判,即行为人的特殊身份是否赋予了行为人或者管理平台对特定犯罪发生的注意、举报、中断或者阻止的义务。以主体要件作为参考,来研究网络空间共同犯罪中行为人的意志因素。

(三)网络空间中共犯人的意志态度与“回避义务”

刑法理论上的“义务”,主要涉及两处:一处是过失犯对结果的预见和回避义务,另一处是不作为犯回避犯罪结果的作为义务。有关过失的理论又分为旧过失论、新过失论和新新过失论。[1] 旧过失论以结果预见义务为中心,把因不注意而没有预见结果作为过失的本质,是一种典型的结果无价值学说。新过失论在修正的旧过失论上进行改良,基于信赖原则与被允许的危险理论,把结果预见义务修改为结果避免义务,认为履行了结果避免义务就不成立犯罪。新新过失论又称危惧感说和不安感说,认为在职务行为或者业务行为的范畴内,只要足以引起行为人的某种危惧感,行为人就应当在必要的社会行为准则下,被赋予特定的结果回避义务。[2] 不作为犯的作为义务,是建立在不作为犯有作为能力的基础上,法律法规赋予从业或者业务人员在职务上或者业务上的义务。

比较两种性质不同的“义务”,过失犯罪的处罚轻,因此,行为人被赋予的义务覆盖面相对更广,要求更高;故意犯罪的处罚重,因此,行为人被赋予的义务覆

〔1〕 马克昌主编:《外国刑法学总论》,中国人民大学出版社 2009 年版,第 137 页。
〔2〕 [日]桥爪隆:《过失犯的构造》,王昭武译,载《苏州大学学报(法学版)》2016 年第 1 期。

盖面相对更窄，要求更低。

网络空间共同犯罪立足的是故意犯罪的范畴，故意犯罪的意志因素要么是“希望”，要么是“放任”。从意志因素上对行为人放任态度的否定，就是从义务上对行为人结果回避义务的苛责。研究网络空间共同犯罪，要梳理好两个方面的维度。一个维度是行为人自身的认识因素，以便分析行为人对自身认识到的危害行为的结果发生是否具有回避态度；另一个维度是行为人与其他共犯人的联络因素，以便分析行为人对其他共犯人的行为可能造成的危害后果所持的态度，从联络的程度来把握行为人对其他共犯人的行为应不应当负责，以及应当负多大的刑事责任。

笔者建议，如果主张行为人对结果所持的“放任”态度，应当从三个方面来进行衡量：第一，行为人身份；第二，行为人行为与其他共犯人行为的关联性；第三，其他共犯人对行为人的依赖性。

1. 行为人的身份对意志态度和回避义务的影响

对于特定职务或者业务上的人没有履行特定义务，而应当受到刑罚处罚的根据，理论上存在“特定注意义务说”“一般预防说”“违法性说”“预见能力说”“行为性质、法益侵害危险性说”等学说。〔1〕如果行为人有从事某种业务或者职务，该职务或者业务赋予了行为人某种监管的职责，那么行为人应当对结果的发生采取回避的态度。这里讨论的监管职责或者回避态度，并不等于不作为义务来源中的“职务或者业务要求的义务”，而是结合行为人管理或者监管的职责，行为人对自己行为、其他共犯人行为可能造成的某种危害结果避免的义务苛责。笔者认为，从主观方面的认识因素上，不应当苛责行为人过多的认识义务，或者在没有充分证据的情况下推定行为人已经认识到危害结果的事实。但是，在意志因素上，理应苛责行为人采取某种措施，而不是对结果的发生放任不管，导致损失扩大，危害愈演愈烈。

譬如，从事网络技术支持、网络支付结算、网络广告推广等业务的网络服务提供者并无权力对其服务对象进行全面审查，当然，更不可能要求网络服务提供者知晓服务对象的犯罪可能性。但是，如果网络服务提供者明知服务对象正在犯罪或者预备犯罪而不加以阻止或者采取其他措施，网络服务者应当评价为相

〔1〕 蒋兰香：《论职务过失犯罪的注意义务》，载《河南省政法管理干部学院学报》2003年第5期。

关网络犯罪的帮助犯。比如,全国人民代表大会常务委员会《关于维护互联网安全的决定》第7条规定了网络服务提供者在发现网络犯罪时的停止服务以及报告的义务。[1] 关于行为人的身份,笔者分为"职务"和"业务"两种,倘若行为人从事某种职务活动,则行为人的结果避免义务更大,倘若行为人从事某种业务活动,则行为人的结果避免义务相对较小。

2. 行为人与其他共犯人的关联性对意志态度和回避义务的影响

网络空间共同犯罪与传统共同犯罪的不同,在于行为人之间犯意联络的弱化,一方面体现为行为人之间犯意联络的单向性,另一方面体现为行为人之间犯意的弱关联性。在传统的犯罪团伙中,如果其中一个成员提出犯罪,其他成员没有提出反对,在一定程度上就意味着对犯罪结果的默认,即便没有动手实施犯罪,也极有可能因为其不作为而对提议成员的犯罪行为承担责任。这是因为在传统的共同犯罪中,由于犯罪团伙或者集团犯罪的有组织性,行为人之间往往形成了较严密的管理秩序,共犯人之间也形成了关联性强、配合度高的分工,因此,在传统的共同犯罪中,没有自动放弃犯罪且有效防止自己或者他人犯罪结果发生的,都不能认为是共同犯罪的中止。

在网络空间的共同犯罪中,行为人之间没有充分沟通和协调,倘若网络群组中一人提出实施犯罪,其他人并未反对的,不能当然地认为是对共同犯罪的默认。行为人是否对其他共犯人的犯罪有回避和组织的义务,也取决于行为人犯意联络与其他共犯人之间的关联性。在网络群组中,共犯人通过信息验证进入群组,但是共犯人各自的犯罪目的不尽一致。比如,在网络聚众赌博案件中,一部分共犯人在加入群组之后,踊跃配合"群主"的安排,实施组织赌博或者参与网络赌博,另一部分人只是隔岸围观,学习网络赌博的操作模式,了解"行内"的盈利分成和运作方式。在此情况下,赌博活动的积极参加者,可能为网络群组内的赌博犯罪活动承担刑事责任,仅在群组里观摩学习的,一般对群组内的赌博类活动没有阻止和回避的义务,原则上不承担刑事责任。

3. 其他共犯人对行为人的依赖程度对意志态度和回避义务的影响

根据客观归责原理,罗克辛表述为"行为人制造出法律所不允许的危险—

---

[1] 全国人民代表大会常务委员会《关于维护互联网安全的决定》第7条:从事互联网业务的单位要依法开展活动,发现互联网上出现违法犯罪行为和有害信息时,要采取措施,停止传输有害信息,并及时向有关机关报告。

行为人实现法律所不允许的危险—行为人制造的危险在构成要件保护范围之内”。[1] 虽然客观归责原理用来解释的是行为与结果的客观方面的问题,但是,其中“行为人实现法律所不允许的危险”这一方面,也有助于在共同犯罪中研究行为人对共同犯罪的参与程度,进而考虑行为人对结果回避义务的大小。其他共犯人对行为人的依赖程度,在德日刑法中也用替代性原因来解释。[2]

在行为人充分了解自己的行为已经为其他共犯人实施犯罪起到十分有力或者难以替代的作用时,行为人有义务停止网络技术支持,或者中断为网络平台提供服务活动。客观归责原理更多是从行为对结果的风险制造方面进行评述,在德国还有替代原因说、职业规范违反的危险现实化说、限制注意义务为规则的溯及禁止论学说、危险增加说以及危险创出说等类似的学说,[3] 这些说法有些是从行为人所实施行为的危险性上说的,有些是从行为人行为的替代可能性上说的。

这些观点从不同角度诠释了行为人是否对其他共犯人的危害行为有义务阻止,是否对共犯危害结果有回避义务,行为人及其帮助行为是否具备不可替代的实质影响。其他共犯人对行为人的依赖程度大,并不意味着行为人本身的社会危害性大,但是在义务层面赋予了行为人更多的责任。好比木桶原理,木桶盛水量的决定性因素并非最长的一块木板,而是最短的一块木板,所以在网络空间中,只要某项技术支持对特定的犯罪的作用是关键性的,行为人绝不能对危害结果的发生持“放任”的态度。至于该项技术是“日常行为”还是“专业行为”,亦不能成为抗辩事由,因为该技术对犯罪结果的促成,在于其“关键性”而非“专业性”。

第三节 网络空间共同犯罪中的共同行为及其展开

共同犯罪行为,是行为人共同实施的犯罪行为。赵秉志教授指出,共同犯罪行为中的“行为”都指向了同一犯罪事实,行为人彼此联系和配合,各自的行为都必然与犯罪结果存在因果关系。[4] 陈兴良教授把共同犯罪中的共同犯罪行为理解为在共同犯意的支配下行为人共同实施的具有内在联系的犯罪行为,主

---

〔1〕 [德]克劳斯·罗克辛:《德国刑法学总论》(第1卷),王世洲译,法律出版社2005年版,第257页。

〔2〕 陈洪兵:《中立行为的帮助》,法律出版社2010年版,第17~18页。

〔3〕 陈洪兵:《中立行为的帮助》,法律出版社2010年版,第101~113页。

〔4〕 赵秉志、张新平:《试论网络共同犯罪》,载《政法论坛(中国政法大学学报)》2002年第5期。

要表现为组织行为与实行行为的制约关系、教唆行为与实行行为的诱发关系以及帮助行为与实行行为的协同关系。[1]

且不论在网络空间的共同犯罪中如何区分正犯与共犯，组织行为与实行行为之间制约关系的弱化，教唆行为与实行行为诱发关系的偶发化，以及帮助行为对实行行为的强化已成为发展趋势。网络空间中共同犯罪的难点仍然是如何理解共犯人行为的联动。

一、网络空间共同犯罪中共犯人行为的同向性研究

在刑法理论中，行为人的行为是兼具有害性、有体性和有意性的统一体。有害性强调了犯罪行为的社会危害性；有体性决定了共犯人所实施的共同犯罪行为可以以作为的形式实施，也可以以不作为的形式实施；而有意性必须结合共犯人各自的认识因素、共犯人之间的犯意联络以及共犯人各自的意志因素来综合判断。陈兴良教授指出，共同犯罪行为应当具有客观联结。所谓共同行为的客观联结，并不是指一切共犯行为之间都存在联系，而是特定的共犯行为之间存在联系。[2]

网络空间共同犯罪中，共犯人联动的内核在于共同犯意的联络性，以及共犯行为的同向性。“行为是刑法理论的根基。”[3]可难题是，网络空间中的“行为”多以语言文字作为表现，倘若行为人在网上发表恶意言论中伤他人，或者看到诋毁、侮辱他人的帖子而过失地转发，这是单纯的犯意表示，还是刑法意义上的行为？如果认为这是刑法上的行为，那么是实行行为，还是违法传播行为的帮助行为？再者，如何评价共犯人之间的行为的同向性，网络空间共同犯罪的共同行为又如何展开？所有问题的研究点，应当以行为概念为抓手。

（一）网络空间中行为范畴的刑法浅析

我国台湾地区学者陈友峰教授曾经感言刑法意义上“行为”概念的尖锐又暧昧的矛盾。[4] 从因果行为论、目的行为论、社会行为论、人格行为论直到发展

---

〔1〕 陈兴良：《共同犯罪论》（第2版），中国人民大学出版社2006年版，第69~77页。

〔2〕 陈兴良：《共同犯罪论》（第2版），中国人民大学出版社2006年版，第75页。

〔3〕 曹波：《中立帮助行为刑事可罚性研究》，载《国家检察官学院学报》2016年第6期。

〔4〕 于刑法理论史上，类似行为概念般，其内容之如此不明确、使命之如此暧昧、争论之如此尖锐，却迄今未出现一令多数人共通接受间接之现象，恐前所未见。参见陈友峰：《刑法上行为概念与行为之探索》，台湾辅仁大学2002年博士学位论文，第42页。

至后来的行为否定论，学者们并没有给出一个满意的答案。再者，先哲们的观点未必也能很好地解决网络空间中行为概念的诠释。在现实空间中研究“行为”，更侧重的是对行为有意性的研究，而在虚拟的网络世界，应该更侧重的是对行为有体性的研究。

不可否认的是，刑法意义上的行为一定不能是“裸的行为”，[1]必然与构成要件息息相关，是在自己意志下实施的具有社会危害性的刑法意义上的行为。有学者将刑法上的行为分为“一般行为”与“危害行为”，将“危害行为”作为“一般行为”的下位概念。[2] “有意性”已经在网络共犯的主观方面上有评断，网上发帖、网上汇款，以及在线直播视频等形式如何体现刑法的有体性，还得从行为本身的社会危害性入手。

有学者指出，讨论网络空间中的“行为”是否应当纳入“危害行为”的范畴，应当从“行为是否是人类举止”“行为是否具有社会危害性”“行为是否具备可支配性”“行为是否具有刑事处罚可能性”四个方面来衡量。[3]

首先，随着人类社会的发展，人类活动的空间从日常空间到太空空间，又发展到网络媒体空间，尤其在网络3.0时代，行为人通过电脑或者手机输入文字讯息，以电子技术的形式语言交流、情感抒发，以至发展到后面的汇款消费、远程课堂，日常空间形形色色的活动，都逐渐开始向网络空间发展。不言而喻，网络空间中的所谓“行为”必然是人类行为活动的发展和延伸。

其次，网络社会空间中的行为，也当然地可能存在社会危害性。在现实空间中，可以通过拷贝、刻碟等形式贩卖淫秽物品。在网络空间中，贩卖淫秽物品甚至贩卖淫秽电子物品牟利的行为更是层出不穷。因此，在现实生活中可能具有社会危害的行为，在网络空间中也同样可能具备社会危害性，只是换了行为实施的场所和平台，对社会危害性本身的评价也不以平台的转换而有所改变。在浏览量大、接触网民数量多的网站上发布和宣扬违法犯罪信息的行为，应当视信息的传播范围，评价为刑法上的教唆或者煽动。同样，对于为隐藏淫秽物品信息而故意提供“深度链接”的行为，不能单纯地将其认定为中立的技术支持，有学者

---

〔1〕 日本有学者认为“行为”是独立于构成要件之外的要件。[日]小野清一郎：《犯罪构成要件理论》，王泰译，中国人民公安大学出版社2004年版，第80页。

〔2〕 邹佳铭编著：《刑法中的行为论纲》，中国人民公安大学出版社2011年版，第78~91页。

〔3〕 邹佳铭编著：《刑法中的行为论纲》，中国人民公安大学出版社2011年版，第78~91页。

认为,该行为直接以传播淫秽物品罪的正犯进行评价。[1]

最后,在网络空间中行为人以信息传播或者电子讯息技术提供等方式实施的行为,只要是在自己的自由意志下实施的,就有条件结合其本人的其他方面构成要件,对行为进行可罚性评价。在网络空间中,不能因为危害行为的无形,就放弃对网络空间行为的规制和对违法行为的处罚。在网络空间中,行为人对自己的行为以及其他共犯人的行为具备一定的支配性,对犯罪结果的发生有一定的预见性,即便行为人不具备违法性的认识,不排除对其行为社会危害性的评价,根据其主观方面的构成要件,评价为故意犯罪或者过失犯罪,没有任何过错的,作为意外事件处理。

总而言之,网络空间中的犯罪行为的评价,应当回归行为人的犯罪构成要件,分析其行为在网络空间的社会危害性。网络空间的共同犯罪,在通常情况下,一部分人负责行为的内容,如违法信息的发布和传播,另一部分人负责网络技术的支持或者平台提供,如为犯罪信息的传播提供网络接入或者技术支持。不同共犯人的行为,其社会危害性应当分别评价,共犯人的行为是否具备同向性的指向,应当放在共同犯罪中整体把握。

(二)网络空间中共犯人行为的同向性及外化表现

网络空间中共犯人行为的同向性,是指在网络空间中,行为人之间若成立共同犯罪,行为人在客观方面的行为要素应当有某种联动机制。也就是说,共犯人之间的行为应当具备"方向性"的重合。对同向性的论述,行为共同说和犯罪共同说在诠释的思路上略有不同,但是得出的结论在大多数情况下是一样的。

犯罪共同说倾向于从犯罪构成,或者从法益侵害的角度来研究共犯人行为的重合度,而行为共同说,尤其是客观的行为共同说,则是主张构成要件的"行为"或者"违法事实"的共同。[2] 诚然,"违法事实"的共同这一事实评价终究要上升到价值评价,从共同犯罪成立上看,两种学说得出的结论似乎是殊途同归的。无论是主张三阶层学说还是四要件学说,犯罪构成或者第一阶层中的构成要件符合性是否重合,都是研究共犯人行为同向性的一个重点。

---

〔1〕 张少东:《深度链接行为的刑事审视》,载《山西师大学报(社会科学版)》2014 年 S5 期;孙玉荣、王永斌:《深度链接行为的法律规制探析——兼评"腾讯公司与易联伟达信息网络传播权纠纷案"》,载《科技与法律》2017 年第 1 期。

〔2〕 钱叶六:《共犯论的基础及其展开》,中国政法大学出版社 2014 年版,第 83 页。

笔者认为,犯罪行为的同向性,是指共犯人在法益侵害的指向上方向一致。譬如,盗窃与抢劫存在非法占有财物的共同事实,因此,无论行为人在实施犯罪的过程中是否使用暴力,在非法占有他人财物的共同事实的范畴下,行为人之间构成共同犯罪。然而,盗窃行为与杀人行为之间难以存在犯罪的共同事实,或者犯罪构成之间不存在任何重合,两个罪名之间不可能构成共同犯罪。再如,强奸罪与抢劫罪存在胁迫行为的共同事实,因此,在胁迫他人的共同事实的范畴下,行为人之间构成共同犯罪,但是强奸罪与盗窃罪不可能成立共同犯罪。在网络空间中成立共同犯罪,如何认定行为人的共同犯罪事实,或者如何在犯罪共同违法事实的同向性上展开研究,则是该问题核心的判断。

诚然,共同违法事实只是事实层面的评价,要拔高到价值层面的评价,也只能通过法益侵害,或者犯罪构成要件等标准来判断。[1] 但是,行为共同说与犯罪共同说在解答共犯成立,或者诠释共犯人"行为共同"时所论证的核心是不一样的:犯罪共同说是静态的共同,是从罪名本身的犯罪构成上入手研究法益侵害的共同性;行为共同说则是动态的共同,是通过具体个案中共犯人所实施的行为研究行为的同向性,只是对行为的价值评价,最终应当以罪名的构成要件作为评价参考。如果说犯罪构成是撬动共犯理论的杠杆,那么共犯人行为的联动机制就是共犯理论的支点。

在网络空间共同犯罪中,行为人侵犯的法益通常是复杂客体,是双重甚至是多重的。共犯人在实施犯罪行为时,一方面是对网络环境的破坏,或者造成对网络安全的威胁;另一方面也对特定的法益造成了危害,比如,网络聚众赌博破坏和扰乱了公共管理秩序,电信诈骗侵犯了公私财产权益。只要是通过网络空间实施的犯罪,笼统地说,都可能对网络秩序的法益造成一定破坏。但是,不可能认为所有网络空间犯罪都有共同的违法事实,从而认定其是具有同向性的犯罪行为。在网络空间中,行为人相互利用、相互支配的联动机制取决于共同犯罪目标的锁定,共同动机或者共同犯罪利益的驱使,这种利益驱使也决定了共犯人危害行为的同向性,进而决定了共同违法行为性质的趋同。

[1] 笔者所称的共犯人之间的犯罪行为,张明楷教授称之为"共同违法事实",是因为不少学者在犯罪体系三阶层学说中,在第一个阶层和第二个阶层中来研究共同犯罪。参见张明楷:《共同犯罪是违法形态》,载《人民检察》2010 年第 13 期。

二、网络空间共同犯罪中共犯人的行为联动

在网络空间共同犯罪中,共犯人之间缺乏谋划、协调和统筹的机制,因此,行为之间的联动机制应当建立在共犯人行为目标、行为动机、行为义务以及犯罪利益的相同性或者相似性的基础上。如果说主观方面是共同犯罪联动的驱动力,那么共犯人联动的机制,就是共犯人客观方面联动的深层次机理。这种深层次机理表现为,共犯人实施犯罪行为是否具有“同向性”,以及行为如何体现“同向性”。

(一)网络空间共同犯罪共犯人行为联动的内核

笔者把共犯人共同的行为目标、共同的行为动机、共同的行为义务以及共同的犯罪利益在客观方面的联动,称为共犯人行为联动的内核。在联动内核的驱使下,共犯人的行为外化为相互支配、相互利用、相互控制等行为方式。共犯人行为联动的形式是表象,内核是本质。

在网络空间中,共犯人的行为联动方式主要表现如下:

1. 网络空间共同犯罪中共犯人行为目标的一致性

在网络空间共同犯罪中,共犯人大多情况下都无法明知其他共犯人的身份,更无法清楚地知道其他共犯人实施犯罪的目的,只能在既定的网络环境下,明确其他共犯人所实施犯罪的特定目标,在共同行为目标的锁定下一并实施犯罪行为。比如,2010 年 7 月,被告人杨某、陈某和罗某设计和研发以“静默插件”为名的手机预置软件,陈某和罗某负责设计、植入和捆绑安装软件,杨某负责软件的净化和升级。其中,陈某和罗某在整个过程中以控制智能手机的系统为目的,杨某以获取他人的个人信息为目的,双方的目的不尽一致,但是,从行为的外观上看,共犯人在同样目标的驱使下实施的行为具有“同向性”,只是一些人负责软件的版本更新,一些人负责软件的技术安装,而无论是控制系统还是获取系统内的个人信息,都必须锁定以手机系统为犯罪目标,因而可以肯定行为人之间的共同违法事实,肯定共同犯罪的成立。[1]

---

〔1〕 参考 2010 年杨某等人非法获取计算机信息系统数据、非法控制计算机信息系统案,有改编,一审:北京市朝阳区人民法院(2014)朝刑初字 1743 号(2015 年 1 月 29 日),二审:北京市第三中级人民法院(2015)三中刑中字第 00288 号(2015 年 6 月 19 日)。蒋惠岭主编:《网络司法典型案例(刑事卷)》,人民法院出版社 2016 年版,第 1 ~ 8 页。

2. 网络空间共同犯罪中共犯人行为动机的一致性

"动机"一词,严格地说是犯罪主观方面的要素,是刺激、促使犯罪人实施犯罪行为的内心起因或者思想活动。[1] 传统的刑法理论认为,只要是故意犯罪,无论是直接故意还是间接故意都有犯罪动机,过失犯罪没有犯罪动机。但是犯罪动机往往是抽象的,笔者在这里用"行为动机"的概念替代"犯罪动机",旨在不考虑特定行为人的行为尚未构成犯罪的情况下,探讨共犯人之间的行为如何进行联动。网络教唆或者网络空间的传授犯罪方法的案例可以说明行为人之间同向的行为动机。2009 年至 2010 年前后,犯罪人冯某通过网络注册"但他"用户名,并通过百度发布《恐怖分子手册》电子文档,其中包含炸药、燃烧剂、燃烧弹等危险物品的制作方法,其间,林某通过冯某注册的网站效仿和学习相应方法制作危险品,并且很快与冯某进行交流和反馈,一并实施《恐怖分子手册》的宣传。从犯罪的目的上来看,冯某和林某的犯罪未必具有相同性,一个是为特定的恐怖组织的壮大,进行的人员笼络,另一个是通过网络空间学习特定犯罪的技能。但是,双方在取得联络并进行交流之后,对《恐怖分子手册》的宣传动机是相同的,都是为了宣传一定的犯罪方法,虽然林某并不属于冯某所在恐怖活动组织的成员,但是林某和冯某可以认定为共同犯罪。[2]

3. 网络空间共同犯罪中共犯人行为注意义务的一致性

讨论行为人的义务,传统的刑法理论中都是放在不作为犯罪中来研究,把不作为的义务来源分为法律上的义务、职务上的义务、先前行为所引起的义务以及法律行为所引起的义务,张明楷教授提出"基于对危险源的支配产生的监督义务""基于与法益的无助(脆弱)状态的特殊关系产生的保护义务"以及"基于对法益的危险发生领域产生的阻止义务"。[3] 从传统的认知上看,只有"应当为之而不为",才有刑法意义上义务的赋予,但实际上,作为禁止性规范的刑事法律,绝大部分法条规定的作为犯,是以"不应当为之而为",因此从广义上讲,作为犯的行为人同样也存在刑法意义上的义务,即刑法禁止性的义务。在网络空间的共同犯罪中,共犯人通常表现为一方以作为的方式实施犯罪,另一方以不作为的

---

[1] 张明楷:《刑法学》(上册)(第 5 版),法律出版社 2016 年版,第 276 页。

[2] 参考冯某传授犯罪方法案,有改编,北京市朝阳区人民法院(2010)朝阳初字第 2656 号(2010 年 11 月 19 日),蒋惠岭主编:《网络司法典型案例(刑事卷)》,人民法院出版社 2016 年版,第 144 ~ 151 页。

[3] 张明楷:《不作为犯中的先前行为》,载《法学研究》2011 年第 6 期。

方式实施犯罪,网络平台与平台使用者共同的刑事责任就是最典型的案例。2013年,深圳快播公司通过网络平台为网民们提供了一个上传和分享视频的网络平台,截至年底,经鉴定被认定为淫秽视频的文件有21,251个。网民有文明上网、营造良好网络环境的义务,网络管理平台对其监管和提供的平台亦有监督和管理的义务。不同于一般的主体,网络平台的监管责任和监督义务,也是法律所直接赋予的,其义务属于张明楷教授所指的“基于对危险源的支配产生的监督义务”,或者“基于对法益的危险发生领域产生的阻止义务”,从义务的外延上看,与传播淫秽物品的网民构成共同义务的违反,是典型的片面共犯。

4.行为人的犯罪利益的一致性

利益是指人类用来满足自身欲望的一系列的物质上或者精神上的产品,利益的本质则是通过各种社会关系表现出不同层面的需要。[1] 犯罪利益,指的是行为人通过犯罪手段,各自实现的犯罪需求。在网络空间的共同犯罪中,共犯人实现的某种犯罪利益,是具有某种同向性的内核,行为人的手段不尽一致,但是通过各自手段实现的某种非法利益,可能存在方向性的重合。比如,2008年开始,犯罪人潘某通过网络购置了名为“玉河游戏吧”的网络棋牌游戏平台,该游戏平台以游戏币“银子”为游戏筹码,从游戏赢家博取的收入中扣除一部分作为“税费”,为发展经营,潘某聘请赵某、林某为技术服务人员,并发展陈某和程某作为平台的二级“银商”。[2] 网络赌博涉及的人员往往较多,“聚众赌博”要求以营利为目的,作为赌博罪的一种客观行为方式,而开设赌场罪不要求以营利为目的,与赌博罪规定在同一法条中。从开设赌场和管理赌场的手段上来看,以抽头渔利或者收取平台管理费用等名义营利的借口收取相关黑色费用的情形不占少数。从网络赌场的运营以及网络赌博的运营上来看,网络平台管理者与二级代理商,以及网络赌博的参与者都存在类似的犯罪利益,在追求非法财产利益时,虽然三类人员采取的手段有所区别,并且在虚拟的网络世界中各方并不相识,但是赌博行为本身,赌博平台管理以及赌博二级平台的发展都指向了赌博行为本身衍生出来的一系列黑色经济链条的犯罪利益,在相同犯罪利益的驱动下,

---

〔1〕 常怡、黄娟:《司法裁判供给中的利益衡量:一种诉的利益观》,载《中国法学》2003年第4期。

〔2〕 参考潘某等人开设赌场案,有改编,浙江省台州市玉环县人民法院(2012)台玉刑初字第1114号(2013年1月16日)。蒋惠岭主编:《网络司法典型案例(刑事卷)》,人民法院出版社2016年版,第152~159页。

可以认定共犯人行为的同向性，从而肯定共同犯罪的成立。

（二）网络空间共同犯罪中行为人联动的方式

共同的行为目标、共同的行为动机、共同的行为义务以及共同的犯罪利益是网络空间共同犯罪中共犯人行为联动的内核，在此内核机制的驱动下，共犯人实施了具有同向性的犯罪行为。而这种同向性行为的外化，可以是共犯人通过协作而为之，但更多的是行为人通过单向的利用和支配来实施，总结起来，网络共同犯罪中共犯人的行为可能存在以下几种形式的联动方式：

1. 分工与协作

“分工”是指从事不同但是能够互补的工作；“协作”是指在相互配合的情况下共同完成任务。网络空间的共同犯罪，共犯人能通过分工与协作来实施和部署犯罪，必定建立在共谋或者共同商议的基础之上。行为人通过网络，在组织者的安排和部署下分担相应的犯罪任务，来实现阶段性或者区域性的犯罪目标，在目的统筹一致的情况下，行为人一并实施犯罪。在分工与协作中，共犯人之间的安排者、策划者、实行者，与帮助者之间的界限较为明显。在此种情况下，共犯人所实施的共同犯罪与传统的共同犯罪区别不大。

2. 支配、管理、利用和控制

“支配”指的是调度、安排或者引导，刑法意义上的支配特指行为人对其他人在意志上的把控，可以从“支配”的程度对行为人的行为作出评价。[1]“管理”指的是负责某项任务的顺利开展，或者对人事关系的料理，以及对管制对象的约束，犯罪团伙或者共同犯罪中的“管理”，既包括对团伙整体的管理，也包括对团伙中特定成员的统筹和约束。“利用”指的是用手段使他人发挥效能，进而使他人为自己服务。“控制”的意思即操纵，使对方在自己的占有或者影响范围之内。

在网络空间的共同犯罪中，尤其在行为人不知晓双方具体身份的情况下，行为人对其他人进行支配、管理、利用和控制是行为人行为联动的主要模式。行为人不知晓，甚至不关心其他共犯人的身份以及实施相应犯罪的终极目的，只要在实施犯罪的过程中，能够为自己扫清障碍，或者能够阶段性地为自己实施犯罪创造条件、铺平道路，就可以对其他共犯人加以利用和控制。但是，在网络空间中，

---

〔1〕 张红艳：《论德日刑法的犯罪支配理论与共谋共同正犯》，载《河北法学》2011年第9期。

行为人对其他共犯人的支配力度,或者控制力度较为孱弱,不比现实空间中的聚众犯罪或者有组织犯罪。

3. 利诱、教唆和煽动

“利诱”是指用利益引诱;“教唆”指的是怂恿或者指使他人做坏事;“煽动”指的是煽惑或者鼓动他人实施犯罪。一般认为,“教唆”和“煽动”的区别在于,前者针对的对象往往是特定的,后者针对的对象往往是不特定的。与“利诱”相一致的是,“教唆”和“煽动”行为的实施,行为人都是通过某种物质上或者精神上的利益,或者目的作为引诱,致使其他共犯人实施犯罪。在网络空间中,悬赏教唆成了最普遍的形式,尤其在在线转账便捷、电子红包盛行的时代,行为人可以通过网络群组,以发出“红包要约”的形式,鼓动其他共犯人实施特定的犯罪,行为人投放红包针对特定的群组中不特定的对象,抢到红包的群组成员则有完成特定犯罪,或者辅助犯罪的“任务要求”。除了以金钱利益为引诱,行为人还可以以游戏装备、电子设备等服务性、消费性利益作为诱饵。

4. 组织、聚集和号召

“组织”是指通过安排和整顿使对象系统化;“聚集”是指集合在一起;“号召”是指召唤他人一并实施某种事情。在网络空间中,行为人统筹、安排其他其犯人虽然不具有强有力的组织力,但是通过网络平台或者网络群组,行为人可以将有相同犯罪目的,或者同向犯罪利益的人统筹和整合在一起。网络群组是一个组织力度相对较小的群组,同时也是相对稳定的群组。网络空间的聚合型犯罪,行为人就是通过网络群组框定一部分受众,定期或者不定期以精神利诱和物质利诱等方式对群组成员进行鞭策,激励和号召群组成员参与犯罪。比如,为了分享和传播淫秽音像视频,行为人发动数十位网友加入聊天群组,通过超链接等方式让网友们观看权限视频,其后以流量分成、收益分红等利益加以引诱,在网络群组中通过文字和电子红包进行引流。在组织松散的网络群组中,配合群主或者群组内首要分子实施犯罪的行为人,其行为才能视为与其他共犯人具有同向性,适用共同犯罪的处罚机制。

(三)网络空间共同犯罪与其他犯罪现象的联系与区别

网络空间中的共同犯罪,是多人犯罪的范畴。在网络空间中,涉及多人犯罪的情形还包括网络空间中的同时犯与网络空间中的间接正犯。网络空间中三类不同的犯罪现象,其区别在于行为人之间的行为联动方式不同。

1. 网络空间的共同犯罪与网络空间的同时犯

同时犯,是两人以上没有意思联络的主体,在同时或者接近于同时的前后关系上,对同一犯罪对象实施的侵害行为。[1] 网络空间的共同犯罪,是指网络空间中两人以上的主体,在主观上没有意思联络,同时或者接近于同时的一前一后,对同一网络犯罪对象进行的侵害行为。从主体上看,各行为人都具有刑事责任能力。但是主观上,行为人之间"相互独立没有意思联络",[2]客观上行为人之间独立实施犯罪行为,并且同时指向刑法所保护的法益。

从时间维度上看,网络空间的共同犯罪与网络空间的同时犯区别不大,两者区别在于行为人是否具有犯意联络。同时犯的行为人之间是没有任何犯意联络的,即"行为是同时的,结果是凑巧的",共同犯罪的行为人之间有犯意联络,这种犯意联络可能是双向的,也可能是单向的。如前所述,网络空间中双向的共同犯罪,体现为网络空间中行为人的共谋和协作;网络空间中单向的共同犯罪,是片面共犯,体现为网络空间中一方行为人对另外一方行为人的利用,或者是双方分别进行利用。网络空间的同时犯,行为人之间与其说是缺乏共谋或者联络的机制,还不如说欠缺的是"利用"的机制,行为人实施犯罪全靠自己实施,欠缺了对其他人的利用和协调。

网络空间共谋型的共同犯罪与同时犯的区别较明显,难以区别的是网络空间中的片面共犯与网络空间的同时犯。网络空间中的片面共犯,一方是单独实施犯罪,纯粹被其他共犯人所利用。因此,利用他人实施犯罪一方的,按照共同犯罪的处罚机制来处理;被利用一方的,按照单独犯罪来处理,这一方从处罚机制上看,和网络空间的同时犯并无二致。有学者认为,同时犯应当视情节而论,如果其引发的社会危害性较大,应当比照共同犯罪的量刑机制来进行。[3] 笔者对这种观点并不赞同。多人犯罪的量刑机制,应当根据行为人之间的犯意联络形式和行为联动方式进行选择,行为本身的社会危害性是量刑加减的另外一个指标,两者不在一个维度,不能放在同一标准下讨论。

---

〔1〕 杨金彪:《论同时犯》,载《云南法学》1999 年第 4 期。

〔2〕 [日]木村龟二主编:《刑法学词典》,顾肖荣、郑树周等译校,上海翻译出版公司 1991 年版,第 333 页。

〔3〕 王博:《论过失共同犯罪成立的现实依据》,载《政法学刊》2013 年第 4 期。

2. 网络空间的共同犯罪与网络空间的间接正犯

比起直接正犯亲手实施犯罪，间接正犯是将他人作为工具来实施犯罪。[1] 间接正犯概念的引进，使共犯理论变得更加错综复杂。有学者指出，在行为共同说和限制从属性说的视角下，“间接正犯”这个概念可以被取缔，在刑法学的概念上，“间接正犯”的概念一直处于“替补角色”的位置。[2] 工具理论学说、实行行为说、规范障碍说以及意志支配学说自成一派，用来说明间接正犯的本质。间接正犯概念和学说存废的问题，与共同犯罪理论休戚相关。[3] 网络空间中的间接正犯，从学界对间接正犯的表象定义来看，是指在网络空间中，行为人将其他参与犯罪的人当工具利用来实施犯罪的人。

从广义上讲，共同犯罪的本质也是将其他共犯人用作行为人自己实施犯罪的工具，[4] 尤其在网络空间中，共犯人之间的相互利用是共同犯罪主要的行为模式，这也是直观质朴的工具论一直遭到学界广泛诟病的原因所在。[5] 实行行为说由于有循环论证之嫌，并且无法信服地解释间接正犯的着手问题而显得弊多利少。[6] 规范障碍说因为判断思路剑走偏锋而为少数学者主张，以被利用者作为障碍而非把利用者行为的正犯性作为研究的起点。[7] 只有意思支配说，笔者认为有一定道理，但是有待改良。意思支配说来源于德国刑法学界罗克辛的观点，[8] 强调的是利用者对被利用者的行为支配，用“支配”一词取代“利用”或者“控制”，才能较为直观地厘清利用者与被利用者之间的关系。

在网络空间的共同犯罪中，行为人与其他行为人之间存在一定程度的组织与被组织，服从与被服从的关系。但是只要是服从支配和调度，被利用者就存在

---

〔1〕 大谷実『刑法講義総論』(第2版)(成文堂,2007年)156頁参照。

〔2〕 黎宏、姚培培:《间接正犯概念不必存在》,载《中国刑事法杂志》2014年第4期;刘明祥:《间接正犯概念之否定——单一正犯体系的视角》,载《法学研究》2015年第6期;韩其珍:《间接正犯的光与影——以比较刑法为视角的考察》,载《刑事法评论》2013年第1期。

〔3〕 蔡墩铭:《刑法基本理论研究》,台北,汉林出版社1980年版,第299~300页。

〔4〕 陈世伟:《论共犯的二重性》,中国检察出版社2008年版,第106页。

〔5〕 “另用间接正犯的概念,无非表示其特殊形态而已。”林维:《间接正犯研究》,中国政法大学出版社1998年版,第256页。

〔6〕 张明楷编著:《外国刑法纲要》,清华大学出版社2007年版,第103页;周光权:《刑法总论》(第2版),中国人民大学出版社2011年版,第188页;[日]大塚仁:《刑法概说(总论)》(第3版),冯军译,中国人民大学出版社2003年版,第178页。

〔7〕 黎宏、姚培培:《间接正犯概念不必存在》,载《中国刑事法杂志》2014年第4期。

〔8〕 张明楷:《刑法学》(上册)(第5版),法律出版社2016年版,第365页。

一定的选择意志。与共同犯罪不同,间接正犯中,被利用者由于利用者的威逼、恐吓或者欺骗,丧失了意志自由或者意志自由的选择可能性。在网络空间中,间接正犯的成立表现为,利用者主要通过欺骗的手段,让被利用者丧失意志自由实施相应的犯罪,或者正犯通过网络渠道诱导未成年人实施犯罪。

根据刑法学界的一般观点,间接正犯的类型一般包括:利用无责任能力者、利用非刑法上的行为者、利用合法者的行为、利用无故意的行为者以及利用有故意的工具五种。[1] 前三种要么在网络空间中难以成立,要么在网络空间中与共同犯罪完全泾渭分明,容易混淆的是网络空间中的共同犯罪与网络空间中利用有故意的行为者的间接正犯。张明楷教授主张,“利用有故意的工具”包括“利用无身份而有故意的工具”和“利用无目的而有故意的工具”。在有故意工具而欠缺某种特定身份或者特定犯罪目的的情况下,阻却行为人犯罪成立,进而否定共犯的成立。[2] 对身份的地位有不同理解的学者,自然会得出身份对共犯成立的不同结论,笔者在这里不着重讨论共犯与身份的问题,而是讨论双方都有故意的情形下,如何区分网络空间中的共同犯罪与网络空间中的间接正犯。

根据马克昌教授的主张,“利用无故意行为者”的情形主要包括三种:其一,利用完全不具有过失的行为者;其二,利用具有过失的行为者;其三,虽然对特定犯罪无故意,但对其他犯罪有故意的行为者。[3] 马克昌教授举出如下案例:甲想杀乙,欺骗丙说屋内无人,并教唆丙对乙的房屋实施放火,在没有危害公共安全的故意,且对公共安全造成危害的情况下,甲是故意杀人罪的间接正犯,丙构成故意毁坏财物罪和过失致人死亡罪的想象竞合。在网络空间中,行为人犯罪目标和犯罪利益的不一致,也会导致行为人的犯罪行为“形式同向,实质异向”的效果。比如,甲意图利用网络便利,在网络空间大肆宣扬和煽动民族仇恨和民族歧视,甲了解到乙和丙之间有矛盾,且乙不识字,就编辑好煽动民族仇恨和歧视的文字,欺骗乙其编辑的是乙辱骂丙的话语,诱导乙在网络空间中传播和散布,乙遂听从其唆使。在此过程中,乙因为转发了错误的辱骂信息而属于侮辱罪

---

〔1〕 张明楷:《刑法学》(上册)(第5版),法律出版社2016年版,第455页。

〔2〕 对于此种观点,也有学者认为成立共犯。参见阎二鹏:《共犯与身份》,中国检察出版社2007年版,第88～97页。

〔3〕 马克昌主编:《外国刑法学总论(大陆法系)》,中国人民大学出版社2009年版,第316～318页。

的手段不能犯，而甲利用乙传播煽动民族仇恨和文字的信息，构成煽动民族仇恨、民族歧视罪的间接正犯。整个案件，甲和乙都有散布信息的故意，甲对乙实施了利用，但是利用者和被利用者的犯罪目标是不一样的，甚至可以说是两个方向：一个针对的是特定人的名誉权或者人格权，另一个针对的是民族团结和社会安定，两者不具有重合性，因此甲构成煽动民族仇恨、民族歧视罪的间接正犯。

综上所述，网络空间中的共同犯罪，与网络空间中双方都有犯罪故意的间接正犯，其界限是泾渭分明的：如果双方的故意内容完全不一致，行为人之间缺乏共同的犯罪目标和犯罪利益，也就缺乏共同犯罪的成立条件。利用者一方以间接正犯作为单独犯罪进行处罚，根据被利用者的情况判断利用者的主观恶性，来进行量刑适用，被利用一方倘若也构成犯罪的，按照单独犯罪来处理。

本章小结

无论是传统的共同犯罪还是网络空间中的共同犯罪，共同犯罪的构成要件或者成立条件都是讨论共犯其他问题，尤其是共犯的分工以及共犯的量刑等问题的先设前提。笔者在讨论网络空间共同犯罪时，提出了“共同犯罪的成立机制”的概念，用于讨论网络空间共同犯罪的成立问题。有学者主张“共同犯罪是一种违法形态”，而笔者主张的是“共犯是一种量刑机制”，共同犯罪中共犯人之间的相互关系直接决定了共犯人之间的量刑参照。

网络空间的共同犯罪研究，主要以主观方面和客观方面两条主线进行展开，以行为的特殊主体身份、对结果的注意义务和回避义务等方面进行补充。在研究主观方面时，主要通过比对认识因素中的幅度因素和射程因素，以此作为行为人意志因素的前提。通过主观方面的认识因素和联络因素两个维度，借助片面共犯的相关理论，构建网络空间共同犯罪的主观方面要素的研究机制。在客观行为方面，以行为的“同向性”作为考察的核心，通过犯罪目标、犯罪利益和行为义务等方面来考察，以成立条件作为外在框架，框定网络空间共同犯罪的成立范围。

第四章　网络空间共同犯罪的正犯与共犯

现行《刑法》第26～29条把共同犯罪的参与人分为主犯、从犯、胁从犯和教唆犯四类，通说认为，这是“分工＋作用”的混合分类方法。[1] 共犯人种类的区分，不仅是要明确行为人之间参与程度的问题，还要进一步明确行为人在共同犯罪中的作用，以便量刑活动更好地开展。在网络空间中，明确共犯人的作用和分工，一方面能够对行为人在共同犯罪中扮演的角色进行评价，另一方面也能够评断共犯人在整个犯罪过程中所起的作用，对量刑活动有一定的指导意义。

与传统的共同犯罪一样，在网络空间共同犯罪中，共犯参与人参与机制的核心在于正犯。在区分网络空间正犯与共犯时，一方面是明确正犯与其他共犯参与人之间的关系，即网络空间中正犯与共犯界限的问题；另一方面是构建网络空间中正犯的概念和外延，以确定网络空间中实行犯的表现形式和存在范围。

第一节　网络空间共同犯罪中共犯与正犯的划分

区分网络空间中共犯与正犯的目的在于量刑机制的建立，即以正犯或者实行犯为核心参照进而展开研究。我国刑法采用“分工＋作用”的混合分类法对共同犯罪参与人的类型进行了划分，规定正犯与从犯的量刑原则。但是，从分工

---

〔1〕 杨金彪：《分工分类与作用分类的同一——重新划分共犯类型的尝试》，载《环球法律评论》2010年第4期。

的角度上看,刑法并没有规定组织犯、实行犯以及帮助犯的刑事责任。[1] 这是因为共犯混合分类方法在量刑意义上具有宏观的、抽象的指导性作用,但是在司法实务中缺乏可操作性,还有待细化。

一、共同犯罪共犯人分类概述

在网络空间共同犯罪中,各行为人在共同犯罪的实行过程中的分工并非十分明确。在缺乏联络和分工的网络平台,组织行为的作用弱化,帮助行为的作用强化。在网络空间的大背景下,区分制的采用看似没有特殊的意义。但是,无论是物理空间还是网络空间,只有明确了共犯人的分工和作用,才能开展量刑活动。因此,即便不以网络空间为立足点,大多数国家在立法例上以分工分类法为完善导向,在司法实践中以作用分类为重要指导。[2]

共犯的分类,也称为共同犯罪人的种类,是依据一定标准对共犯参与人进行分类,以明确共犯参与人的刑事责任。[3] 按照陈兴良教授的观点,共犯分类解决的最终问题是刑事责任的确定,或者量刑轻重裁量的问题。然而,共犯与正犯的区分一直是困扰学界的难题。面对这一难题,理论界主要有两种处理模式:第一,用加功理论来解决所用的共犯问题,包括共犯的成立、共犯的处罚以及共犯与其他多人犯罪形态区别的问题;[4]第二,用“单一制”代替“区分制”,不对共犯的分工加以描述,而是将其转化为在共同犯罪中的作用大小进行描述。

研究网络空间共同犯罪中的实行犯,是网络空间共同犯罪中的主旨和核心,网络空间共同犯罪中的组织犯、教唆犯和帮助犯的犯罪活动,围绕实行犯展开,在司法活动中,狭义共犯的量刑围绕正犯展开,只是网络空间环境纷繁复杂,加之网络共同犯罪参与体系混乱,导致大多时候难以区分具体案件的主从犯。

在传统的共犯理论下,“共犯分工”的问题往往缺乏梳理层次。在共犯成立的构成要件、共犯的分工以及共犯人的处罚原则上,研究顺序杂糅,逻辑颠倒。诚然,讨论共犯人的刑事责任,是在基本确定了共同犯罪整体的社会危害性大

---

[1] 很多学者认为,帮助犯作为从犯的一种类型,在《刑法》第 27 条中规定了其量刑原则,笔者认为,帮助犯不一定是从犯,尤其是在网络空间中所实施的共同犯罪,在特定的场合,帮助犯可以作为主犯来处理,该观点在第六章详细阐述。

[2] 贾凌、佴澎:《大陆法系共犯分类之比较》,载《云南大学学报(法学版)》2003 年第 3 期。

[3] 陈兴良:《共同犯罪论》(第 2 版),中国人民大学出版社 2006 年版,第 170 页。

[4] 陈可倩:《德、意、中共同犯罪人认定标准比较研究》,载《法商研究》2015 年第 1 期。

小,以及量刑轻重的基础上,对个体量刑分配进行调节。

对共犯人处罚的依据,笔者赞成的是以"违法责任连带说"为首的"借用说"。共犯人刑事责任的大小是由其行为和人身危险性决定的,这遵循了罪刑法定原则。共犯人量刑之轻重,相互之间借鉴和参照,这是由罪刑相适应原则所决定的。在量刑轻重再调节的过程中,正犯或者实行犯是量刑核心的参照,其他共犯人比照正犯或实行犯从重、从轻、减轻或者免除。网络空间共同犯罪中,孰为犯罪的核心参与人,以核心参与人为辐射中心的共同犯罪有多大的存在空间,其他共犯人应当如何参照之进行量刑,是共犯与正犯区分讨论的意义。

二、观点导入:单一制与区分制的对立与区别

单一制学说和区分制学说是共犯分类学说的两大阵营,两学说阵营所围绕的问题是,共犯参与人之间要不要划分,以及如何划分。倘若欠缺了共犯分类的前提,如何对共犯比照正犯进行量刑适用?

(一)单一制学说的提出与主张

为单一制的兴起奠定理论基础的是19世纪的"条件说",[1]该学说认为对共同犯罪的结果,每个行为人都具有原因力,因此,单一制立法例的基本主张是,参加共同犯罪的所有人都是共犯。实行这一立法例的,主要是奥地利、意大利、瑞典、挪威、丹麦、巴西、捷克等。[2] 在单一制学说内部,又出现了进一步分化,比如,形式的单一正犯体系和机能的单一正犯体系等。[3] 因为单一制学说并不对共犯进行分工上的处理,因此在量刑上,只能根据参与人的加功程度以及性质来量刑。

在量刑机制上,单一制学说的短板已经显得苍白无力。在解决量刑问题时,单一制学说不得不承认共犯参与人之间的实质区别,虽然在立法体制上并没有进行让步,但是在具体问题适用上,不得不另辟蹊径,以弥补单一制理论的缺陷。

关于单一制学说的不足,学界主要存在以下批评:

其一,单一制的主张可能动摇罪刑法定原则。因为以条件说为理论基础的

---

〔1〕 吴波、仇小东:《共同犯罪预备形态刍议》,载《政治与法律》2011年第10期。

〔2〕 比如,意大利《刑法典》第12条:自己实施应受到刑罚处罚的行为,或者通过他人实施应受刑罚处罚的行为,或者为应受到刑罚处罚的行为的实施给予帮助的均是正犯。

〔3〕 张开骏:《共犯从属性研究》,法律出版社2015年版,第25页。

单一制，认为只要对结果发生有原因力的参与者都符合构成要件，这是单一制理论学说根本的缺陷。

其二，单一制的主张可能扩大处罚的范围。把所有参与者不加层次和分类的处理，极有可能扩大刑罚的打击面，就连主张单一正犯本身的学者也坦言：统一的正犯原理转变为纳粹刑法理论，表明该原理容易与意思刑法相结合，包含导致欠缺法治国家保障的危险。[1]

其三，单一制量刑粗糙，对参与人的量刑，单一制不是依照共犯人的分工而是按照对结果的原因力或者因果性，排除了对教唆犯和帮助犯减轻处罚的可能性。[2]

其四，对共犯与正犯不加以区分，实质上只是在态度上的回避，当遇到量刑问题本身时，根据结果原因力对参与人量刑的分化，实际上就是单一制理论向区分制的投降与妥协。

支持单一制的部分学者主张，单一制解决的问题是刑事责任的确立，而刑事责任的划分是个别化理论的问题，两个学说不在一个层面，互不干扰，各自为政。[3] 在笔者看来，这样的说法只是对单一制学说适用范围的修正，以保全单一制学说的合理性，但欲盖弥彰地承认了纯粹的单一制学说不能解决共犯量刑的问题——共犯量刑的区别化，因此，区分制学说在学界仍占上风。

（二）区分制理论的特色与“瓶颈”

“分界乃概念精致化的必然结论，分界既有程序上的目的，更能够有效地发挥体系功能。”[4]研究共犯参与人的量刑原则，共犯参与体系的多元化和区分化评价是必然趋势。区分制，也称为正犯共犯分离体系或者二元参与体系，指刑法理论上不仅在概念上把参与人分为正犯和共犯，也给予不同参与人不同的刑法评价体系，在刑事立法中，采用区分制立法体系主要包括德国刑法、瑞士刑法、日本刑法、韩国刑法和我国新旧刑法。

区分制的主要特色在于以下几点。

第一，在总则和分则中以法条描述的形式区分正犯与共犯，尤其是单独规定

---

〔1〕 高橋則夫『共同体系と共同理論』(成文堂，1998 年)9 頁参照。

〔2〕 [德]汉斯·海因里希·耶塞克、托马斯·魏根特：《德国刑法教科书》，徐久生译，中国法制出版社 2001 年版，第 778 页。

〔3〕 陈伟强：《共同犯罪刑事责任研究》，清华大学出版社 2013 年版，第 52 页。

〔4〕 许玉秀：《当代刑法思潮》，中国民主法制出版社 2005 年版，第 565 页。

教唆犯和帮助犯，以明确其量刑规则。比如，我国《刑法》第25～29条规定了共同犯罪，其中第26～29条分别规定了主犯、从犯、胁从犯和教唆犯的量刑规则；德国《刑法典》第26条和第27条分别规定了教唆犯和帮助犯；瑞士《刑法典》第25条规定了帮助犯；日本《刑法典》第61条和第62条分别规定了教唆犯和从犯；韩国《刑法典》第31条和第32条分别规定了教唆犯和帮助犯。

第二，对正犯和共犯的参与程度进行层级划分，以共犯从属性原理作为层次划分的理论根基。根据我国通说的观点，共同犯罪采用的是二重性学说，虽然有学者主张我国的二重性学说本质上就是独立性学说，但是从量刑上，从犯、胁从犯以及教唆犯三类共犯，就是比照正犯或者实行犯的量刑来调整，并非脱离正犯的刑事责任大小来适用刑罚，纯粹根据行为人对案件的原因力或者对犯罪结果的加功程度适用量刑。尤其是在责任层面主张"责任个别"或者主张"限制从属性"的学者，在个体的量刑上仍然是以主犯的量刑作为基准进行减免。区分制的量刑立法，在日本刑法、韩国刑法中，亦有类似的规定。[1]

总结起来，单一制和区分制的主要区别，前者在量刑时主要以行为人对共犯的参与程度，或者对结果的原因力进行考察，后者是在参与人中确立其中一人或多人作为量刑基准或者尺度，其他参与人以此为标准进行量刑适用。区分制的主要主张在于"区分"，但是共犯参与人在功能上分界或者在作用上区分，并非一件易事，在学理上对区分标准的讨论仍然显得极端抽象，因此也被学者诟病，称之为"被磨光的法理概念水晶球"。[2] 当区分而无力区分，是区分制的最大窘境。尤其在网络空间中，如何评断出共同犯罪中的正犯，是网络空间共同犯罪中必然面对的理论"瓶颈"。

三、现象变异：网络空间共同犯罪中共犯正犯化的趋势

在共犯理论的对立学说中，任意一方学说都有进步之处，亦有硬伤之处，单一制学说和区分制学说的学派对立也不例外。学派争论的结果往往以两败俱伤告终，在抨击对方观点缺陷的同时，也暴露了己方观点的瑕疵。在共同犯罪参与体系以及共犯参与人量刑机制的构建中，应当把握好整体和局部。共同犯罪参

〔1〕 比如，日本《刑法典》第63条规定：从犯的刑罚，按照正犯的刑罚予以减轻。韩国《刑法典》第32条规定：帮助他人犯罪的，以从犯处罚；对从犯的处罚，比照正犯减轻。

〔2〕 许玉秀：《当代刑法思潮》，中国民主法制出版社2005年版，第564页。

与人的量刑,绝不能脱离共同犯罪的整体,忽略参与人本身的主观恶性以及对犯罪结果的原因力,也不能忽略在此过程中与其他共犯人之间的互动,以及各自量刑轻重的适应性。

在网络空间的共同犯罪中,共犯与正犯的划分,一直是个"剪不断,理还乱"的难题,因此,有学者一直主张将单独犯罪的处罚机制运用于网络空间犯罪中。[1] 尤其在片面共犯的范畴下,参与人对犯罪结果的原因力可以作出相对比较独立的评价。但是,在参与人之间的角色定位以及功能划分中,传统的共犯理论面临大幅度完善。按照在共同犯罪中的分工,实行犯为正犯,组织犯、帮助犯和教唆犯作为共犯,在实行犯的量刑基准上进行调整。

在网络空间的大环境下,"共犯正犯化"成了一个大趋势。所谓"共犯正犯化",是指犯罪行为的帮助行为在表面上是依存于该行为的,但实质上已经具有独立性,具备准实行行为的性质。在网络空间中,"共犯正犯化"主要的表现趋势如下。

(一)网络空间中帮助犯正犯化的趋势

根据《刑法》第 27 条的规定,在共同犯罪中起次要作用或者辅助作用的,是从犯。一般认为,帮助犯是从犯的一种类型。根据《刑法》第 27 条第 2 款的规定,对于帮助犯或者从犯的处罚,应当从轻、减轻或者免除处罚。在《刑法》分则中,把部分社会危害性较大的帮助行为,单独规定为犯罪,比如,第 107 条的资助危害国家安全犯罪活动罪,第 358 条的协助组织卖淫罪。网络空间的帮助行为,多体现为行为人为网络犯罪者提供技术支撑或者平台服务的情形。

《刑法修正案(九)》新增了网络中立行为的刑事责任以及网络服务平台责任,其原因是网络空间中帮助行为的社会危害性扩大化、网络帮助技术支持者的人身危险性独立化等司法现状和学理主张。

网络空间中的帮助行为,不再意味着"辅助"或者"襄理"的功能,从社会危害性上看,网络空间的帮助行为对于实现行为起到的往往是李代桃僵的效果,其社会危害性的辐射之广,对网络犯罪的作用之大,完全可以被评价为主犯,适用主犯的量刑机制。

(二)网络空间中教唆犯正犯化的趋势

教唆指的是怂恿或者指使其他人做坏事,《刑法》第 29 条规定了教唆犯及

---

〔1〕 皮勇:《论网络服务提供者的管理义务及刑事责任》,载《法商研究》2017 年第 5 期。

其刑事责任。一般认为,《刑法》第 29 条规定了共犯教唆和非共犯教唆两种情形。在共犯教唆中,教唆者处于非实行犯的地位。对于非共犯教唆,学界则出现了不同的声音:主张从属性学说的,认为在被教唆者没有实施犯罪的情况下,教唆者也不构成犯罪,[1]主张独立性学说的,认为结合《刑法》第 29 条第 2 款的规定,教唆行为本身就是独立的犯罪,被教唆者是否实施犯罪,对教唆犯罪的成立并不影响。[2]

在网络空间中,教唆行为实施的手段是多样化的,而教唆对象是不特定的、广泛的,在《刑法》分则中,涉及"教唆"或者有"教唆"含义的表述,有煽动分裂国家罪中的"煽动",引诱未成年人聚众淫乱罪中的"引诱"等。[3]《刑法》分则和总则虽然都规定了教唆行为或者类教唆行为,但是根据刑法原理,总则"教唆行为"的规定,不具有实行行为的性质,而分则中的行为具有实行行为的性质。为过滤网络舆论、净化上网环境,主张将网络教唆、悬赏教唆的行为入罪化、正犯化的呼声鼎沸,部分学者主张网络特殊教唆行为以罪名单列,或者以在分则中规定注意性条款的形式加以解决。[4]

四、网络空间共同犯罪共犯人分工的研究思路

传统的二元论共犯体系理论以构成要件对正犯和共犯作出区分,[5]虽然有限制的正犯概念和扩张的正犯概念之区分,但是其区分实质的核心在于,前者严格地从构成要件的角度出发,将间接正犯排除在正犯的范畴外,后者强调原因条件的等价性,又例外地将教唆犯和帮助犯规定为共犯。正犯和共犯的边界性问题是二元参与体系的基本症结,也是与单一正犯体系的本质区别。[6]

(一)正犯、实行犯以及主犯三个概念的区别与定位

从字面上说,"正"字可以理解为恰好、不偏斜的意思,与"歪""反面"等含

---

[1] 张明楷:《教唆犯不是共犯人中的独立种类》,载《法学研究》1986 年第 3 期。

[2] 魏东:《教唆犯研究》,中国人民大学出版社 2002 年版,第 79 页;李凤梅:《论教唆犯——以独立构成说为视角的建构》,中国社会科学出版社 2011 年版,第 61 页。

[3] 刑法中以"引诱"为手段的罪名,比如,引诱他人吸毒罪、引诱卖淫罪、引诱未成年人聚众淫乱罪等罪名,其引诱对象所实施的犯罪未必构成犯罪,与将教唆行为认定为共同犯罪的行为范畴的主流观点有偏差,但是笔者认为,从引诱行为的实施手段以及与行为人本身的社会危害性来看,"引诱"行为本质上就是一种广义的教唆行为。

[4] 张睿:《论独立教唆犯》,载《河南省政法管理干部学院学报》2000 年第 3 期。

[5] 张明楷编著:《外国刑法纲要》,清华大学出版社 2007 年版,第 301 页。

[6] 刘斯凡:《共犯界限论》,中国人民公安大学出版社 2011 年版,第 8 页。

义相对。正犯与共犯的含义相对,“正犯”一词,根据其字面的含义,可以理解为“真正犯罪的人”,[1]在中国古代的法律用语中指的是“触犯正条的犯罪人”。[2]而共犯也被学者称为“协力犯”。[3] 无论是从构成要件的角度,还是从行为的角度上来论述,共同犯罪中的正犯应当是在共同犯罪中起中心作用,或者扮演中心角色的参与者,其他参与者为“共犯”,犯罪活动围绕其而开展。“正犯与共犯的区分更多是定罪的问题,而不是量刑的问题。”

单独对“实行犯”的定义进行论述的学者并不多。一般认为,“实行犯”是指实行犯罪构成要件的共同犯罪参与者。从时间维度上看,与“实行犯”相对的是“预备犯”;从空间维度上看,与“实行犯”相对的概念是“非实行犯”,包括组织犯、帮助犯、教唆犯在内的,不直接参与犯罪的实行,而是为犯罪的实施起辅助、调遣等作用的共犯参与者。

因为极少有学者对正犯的含义展开论述,所以一般认为,实行犯就是正犯,“只是翻译时相关术语的表述不同,是一种事物的不同称谓而已”。[4] 叶良芳教授也同样认为,实行犯和正犯是两个可以相互替代的概念,实行犯本质特征的提出,解决的是犯罪行为的定型性。[5] 有日本学者指出,正犯与共犯的区分不是简单的量刑,而是事实,因此正犯与共犯的区分并非量刑原则,而是定罪原则。[6] 实行犯与非实行犯是以犯罪分工为切入点,对共同犯罪参与人的分工进行事实评价和量刑评价。

笔者认为,之所以会出现“正犯”与“实行犯”概念的混同,是因为在论述概念的过程中混淆了定罪与量刑的二元评价。“正犯”概念的提出原本是作为其他共犯的量刑参考,其他共犯可以比照之在量刑上进行加减。只是,对于正犯与共犯的区别一直没有定论,姑且以构成要件作为区分标准的通说。实行犯和非实行犯的区分是分工上的区分,在规范刑法学上,亦是以构成要件作为标准。因此,正犯与共犯、实行犯与非实行犯之间在划分标准上存在一些重合。

在学界的争论过程中,正犯和实行犯的概念逐渐向主犯发生了转向:有学者

---

〔1〕 许玉秀:《刑法的问题与对策》,台北,春风煦日编辑小组 1999 年版,第 4 页。
〔2〕 陈家林:《共同正犯研究》,武汉大学出版社 2004 年版,第 1 页。
〔3〕 王泰:《论共同犯罪的客观特征》,载《河北法学》1983 年第 2 期。
〔4〕 林维:《间接正犯研究》,中国政法大学出版社 1998 年版,第 37 页。
〔5〕 叶良芳:《实行犯研究》,浙江大学出版社 2008 年版,第 12 ~ 16 页。
〔6〕 平野竜一『刑法総論』(有斐閣,1975 年)400 頁参照。

认为，“共谋正犯”概念的提出，正是为了让共谋者受到比正犯更重的处罚才派生出来的。[1] 但是，仅参加犯罪的谋划而并未实施犯罪，将共谋共犯评价为“实行犯”也颇为牵强，因此，学界对“正犯”与“实行犯”的概念论述是“约等”而非“全等”关系。“约等”是因为两个概念要解决同样的问题，“不全等”是因为两个概念的外延辐射有所不同。

关于“主犯”，对应的概念应该是“从犯”，前者在共同犯罪中起主要作用或者支配作用，后者在共同犯罪中起辅助作用或者次要作用。从功能的确定上看，“主犯”和“实行犯”有一定的区别：前者的功能是确定刑事责任，后者的功能是确定共同犯罪的性质。[2]

因此，主犯与从犯、正犯与共犯两对概念，在问题解决的思路上也有一定的一致性：正犯或者实行犯，与主犯的概念以不同的标准切入共犯分类，交织在一个原点，这个原点，就是共犯参与人量刑幅度的参考。主犯和从犯，旨在以认定主犯和确定主犯的量刑为前提，从犯的量刑根据主犯进行从轻、减轻或免除。正犯与共犯，旨在确定好正犯以及正犯的量刑后，共犯的量刑比照正犯进行加减。共犯的量刑可能在特定的情况下与正犯相当，也有可能重于正犯。比如，在教唆犯中，教唆不满 18 周岁的未成年人犯罪的，亦可以从重处罚。

（二）网络空间共同犯罪正犯确立之基准

分工分类解决的是共犯参与人在共同犯罪中的“角色扮演”问题，解决的是“纯学术”上的问题，而作用分类解决的是共犯参与人对犯罪结果的原因力，或者在共同犯罪中所表现出来的效用。对量刑幅度的适用，正犯或者实行犯的确立，应当为其他共犯参与人的量刑提供一个参考的基准。

根据《刑法》第 26～29 条的描述，从犯、胁从犯的量刑原则分别为“应当从轻、减轻和免除处罚”以及“应当减轻、免除处罚”，教唆犯的量刑原则是“应当按照他在共同犯罪中所起的作用处罚”；问题是，共犯的量刑幅度应当参照共同犯罪中正犯的量刑基准，还是应当比照《刑法》分则中具体罪名的量刑基准？

显然，应当以正犯或者实行犯为参照。比如，在组织卖淫罪的共同犯罪案件中，一部分人组织卖淫，另一部分人负责协助，协助者是从犯，以协助组织卖淫罪

---

〔1〕 丁胜明：《共同犯罪中的区分制立法模式批判——以正犯、实行犯、主犯的关系为视角》，载《中国刑事法杂志》2013 年第 2 期。

〔2〕 叶良芳：《实行犯研究》，浙江大学出版社 2008 年版，第 21 页。

定罪处罚,其量刑幅度比照的是组织卖淫者。也就是说,其"应当从轻、减轻和免除处罚",是比照《刑法》第 385 条第 1 款中组织卖淫罪最高可判处无期徒刑的规定,而不是第 4 款中协助组织卖淫罪中最高 10 年有期徒刑的规定。从某种意义上讲,《刑法修正案(八)》新增协助组织卖淫罪,在该罪名的量刑设置上,就是对组织卖淫犯罪的主犯以及从犯不同的人身危险性抽象比较得出的普适性结论。

关于网络空间的共同犯罪,《刑法修正案(九)》新增的帮助信息网络犯罪活动罪成了刑法学界公认的"兜底"条款,[1]"三年以下"的量刑基准在网络犯罪中只是一个中等的量刑幅度。在用"行为共同说"论证网络空间共同犯罪的逻辑上,如果共同犯罪成立,那么共犯人之间可能适用不同的罪名。一般而言,网络空间中的正犯适用特定的罪名,共犯适用兜底性的帮助信息网络犯罪活动罪。共犯人的社会危害性不仅体现在罪名的适用上,更体现在量刑的轻重上。

在网络空间共同犯罪中,确定主犯、正犯或者实行犯,可以对网络空间中从犯或者非实行犯的量刑起到参照作用。"以罪量刑"或者"以刑定罪"一直是刑罚论中的争议,大多数理论界的学者倡导前者,笔者也予以认同。但是,罪名的适用可能会先入为主地框定共犯参与人的量刑幅度,引发对共犯参与人社会危害性的误判,从而引发网络空间共同犯罪中刑种选择和量刑幅度适用的混乱。

正犯与共犯的评价必须以犯罪的分工或者作用为前提,而并不是在确定正犯和共犯分工之后,进一步进行作用大小的评价。无论是混合分类法还是分工分类法,网络空间的共同犯罪都要回归到主犯或者从犯的作用分类法中。有学者把胁从犯认为是免责的事由,[2]而不能与主犯、从犯并列为一种共犯人的类型。按照法律本身规定,教唆犯的量刑是"按照其在共同犯罪中起的作用",因此,教唆犯的类别最终也应当分解在主犯与从犯的分类中。

因此,网络空间的共同犯罪,从分类的基调上,应当化繁为简,以作用分类为基调,对传统刑法理论中的帮助犯、教唆犯和组织犯的作用进行评估,先确立网络空间中构成犯罪的行为人,凭此框定成立共同犯罪的范围,在此基础上,确立

---

[1] 张明楷:《论帮助信息网络犯罪活动罪》,载《政治与法律》2016 年第 2 期;刘科:《帮助信息网络犯罪活动罪探析——以为网络知识产权犯罪活动提供帮助的犯罪行为为视角》,载《知识产权》2015 年第 12 期。

[2] 钱叶六:《共犯论的基础及其展开》,中国政法大学出版社 2014 年版,第 70 页。

共犯参与人的主从关系,从中选择量刑幅度。

(三)网络空间共同犯罪共犯人分工之思路

有学者指出,在区分制下存在的最大问题,就是对刑事责任的认定存在原因与后果并列、前提与结论并存的逻辑混淆。按照此种理论,行为人之间刑事责任的有无和刑事责任的大小是同时展开,合二为一地在进行评价。[1] 无论共犯理论是主张一元的共犯体系,还是二元的共犯体系,必须厘清的是共犯之间的作用分工问题,以及共犯之间对犯罪结果原因力的问题。

无论是根据我国刑法"分工+作用"的立法例,还是单纯根据分工分类或者作用分类的立法例,共同犯罪的参与人中正犯或者主犯的确立,能够对其他共犯人的量刑起到重要的参照和指导作用。在单一制共犯体系的前提下,共犯的刑罚适用,如果以相同或者类似的标准来加以调整,有二次评价之嫌。

研究共同犯罪分工的意义,不是立足于整体,而是立足于个体,不在于共同犯罪整体行为的定性,而在于影响共同犯罪内部行为人之间的量刑因素,或者共同犯罪参与人之间刑事责任的量刑情节,以及行为人之间量刑的参考。这一问题,终究归咎到共同犯罪共犯人之间的行为互动。

无论是单一制还是区分制所提倡的,共犯参与人传统意义上的区分,只是表面上的区分,只能解决表面问题,不能探究其区分的本质。简言之,是"为了区分而区分"。然而,刑法中的概念和术语,应当符合学术的需求,而不是为了学术的繁荣而刻意建构和创造。学术的过度膨胀未必造成学术成果的百花齐放,反而会造成各学派从论证起点上就南辕北辙,以致往后学术论证的自说自话。

在英国刑法理论中,正犯与主犯的概念类似,其中主犯又分为一级主犯和二级主犯,[2] 其中,与我国刑法意义中的"主犯"最为贴近的是一级主犯。如此层层细分,正是为了量刑参照的选择。在网络空间共同犯罪中,共同犯罪参与人的划分是为了确定量刑的适用。毋庸置疑,在各国刑法有关共同犯罪参与人的理论中,正犯的确立是共同犯罪中的核心和枢纽,无论共同犯罪的学说如何对立,也无论共同犯罪的形态如何变化。

因此,首先确定参与人量刑的参照核心,其次才能确立网络空间犯罪实行犯

---

[1] 陈伟强:《共同犯罪刑事责任研究》,清华大学出版社 2013 年版,第 43~47 页。

[2] [英]J. C. 史密斯、B. 霍根:《英国刑法》,马清升等译,法律出版社 2000 年版,第 143 页。

的刑期适用基准。网络空间下成立的共同犯罪，鉴于共犯人行为模式的异化，应当结合网络犯罪的实际情况对分工以及刑事责任进行讨论：陈兴良教授提出，应当从行为人在共同犯罪中的地位、参与犯罪的程度、具体罪行的大小以及对结果的支配程度来衡量行为人的社会危害性。[1]

综上所述，研究共同犯罪中犯罪人的分工，应该以下面的思路展开：共犯人在共同犯罪中的地位和作用—共犯人之间的责任划分—共犯人各自应当承担刑事责任的大小。在网络空间的共同犯罪中，正犯与共犯的区分不是为了分工上的研究，而是量刑上的参考。但是，实行犯与教唆犯、帮助犯以及组织犯的划分，是分工上的划分，两个标准、两个方向的轴线，交织在一个原点上。在共同犯罪参与体系中，起主要作用的参与人，在分工分类上是实行犯，在作用分类上是主犯。因此，网络空间共同犯罪中共犯人的分类，应当先确立主要作用的参与人，即共同犯罪中的实行犯，其他共犯人的刑事责任在其基础上进行加减。

第二节　网络空间中共同犯罪实行犯研究

在网络空间共同犯罪中，实行犯的确立对共犯人的分类以及共犯人的量刑都有至关重要的作用。何为“实行行为”？刑事立法最早提出“实行犯”概念的是1810年的法国《刑法典》，我国清末的《大清新刑律》又将“正犯”的概念引入国内。[2] 在笔者看来，“主犯”和“实行犯”在问题的最终归结上是一致的，分工分类和作用分类作为纵横两条不同的坐标，其交点是共犯参与人的核心。“实行犯”是从参与形式上把本人同其他共犯人进行区分，“主犯”是从作用大小上对本人同其他共犯人进行区分。“主犯”和“实行犯”是两种不同分类标准的交叉原点，旨在解决共犯参与或者共犯分类的起点问题。

一、实行犯的标准划定的学说梳理

“正犯”和“实行犯”在词源上存在部分争议，但是概念指向的是共同犯罪中实行犯的内涵和外延两个方面，立足于网络空间犯罪的背景，下文主要从实行犯的标准和分类两个方面来讨论。实行犯的标准划定不仅要从形式上来把握，更

---

〔1〕 陈兴良：《共同犯罪论》（第2版），中国人民大学出版社2006年版，第198页。

〔2〕 宁汉林、魏克家：《大陆法系刑法学说的形成与发展》，中国政法大学出版社2001年版，第128页。

应该从实质上来把握。下定义的逻辑前提应当周延，实行犯区别于非实行犯主要存在客观说、主观说、犯罪支配性说（也称目的行为支配说）三种不同的学说，具体如下。

（一）客观说的基本主张及在网络空间共同犯罪中的展开

客观说分为形式的客观说和实质的客观说。形式的客观说认为，实行犯是自己实行一部分或者全部构成要件的行为人，非实行犯是为共犯提供预备行为或者支持行为的参与人。“实行犯是直接实行刑法分则规定的基本构成要件行为的一种共同犯罪形态或者共同犯罪人。”[1]该说把共犯与正犯的区分归结于构成要件，以《刑法》分则中所规定的特定罪名的种类来区分实行犯和非实行犯，能够提供一定的标准，但是，这是一种纯客观、纯教条的单一标准。

在当前网络犯罪大多以独立罪名规制的大前提下，适用形式客观说可能得出的结论是，大部分网络犯罪实施者都被划分到实行犯的范畴。《刑法》第 287 条之一的非法利用信息网络罪和第 287 条之二的帮助信息网络犯罪活动罪都是将原本的网络犯罪预备行为、网络犯罪帮助行为以法条的形式规定为实行行为，当前网络空间犯罪中的罪名制定较少，以叙明罪状为主，而且大部分罪名都承担着“兜底”条款的功能，即在其他罪名不宜适用的情形下，选择这几条特定的罪名来加以规制。

法条的表述只是从形式上对实行犯或者正犯的范围加以限制，网络空间共同犯罪的实行犯，还必须借助网络犯罪行为的特点，结合行为对犯罪结果的原因力来进行判断，共犯人应当属于实行犯还是非实行犯的范畴。与形式客观说相对的实质客观说，以客观上行为人的社会危害性或者犯罪行为对危害结果的因果效力和参与程度来区分共犯与正犯。

实质客观说内部又有必要说、同时说、优势说和危险性说等区分，分别从行为对结果的原因力、实施犯罪行为的时间标准、对犯罪事实的关系以及对法益直接或间接的危害性等方面来进行评价，标准有所差别，但是殊途同归，不是单纯借助于法条对正犯和共犯的界限进行判断，而是对这条界限进行了实体性的判断。

在网络空间的共同犯罪中，由于共犯人相互的“加功”作用以及共犯人行为

---

〔1〕 叶良芳：《实行犯研究》，浙江大学出版社 2008 年版，第 23 页。

对共同犯罪结果的原因力都与传统的共同犯罪存在明显的差异,因此,网络空间中的组织行为、教唆行为甚至帮助行为都有可能在共同犯罪中起主要作用,能否被评价为实行行为,难以直接下结论,但是可以肯定,这些属于共犯范畴的都有被评价为主犯的可能。[1]

(二)主观说的基本主张及在网络空间共同犯罪中的展开

无论是形式的客观说还是实质的客观说,都以共犯人所实施的行为作为评价的核心指标,没有过多关注共犯参与人的主观方面。主观说以条件说为基础,认为参与人的全部行为对于犯罪结果的原因力都是等价的,强调共犯人的主观意思,以行为人的犯意作为区分正犯与共犯的主要标志。[2]

主观说内部又有故意说和目的说的区分,区别在于正犯与共犯的核心点,即行为人犯罪故意或者犯罪利益的不同。在网络空间中,参与人以相互利用、相互"加功"的方式实施网络犯罪,共犯人各自的犯罪目的有可能完全独立,也有可能有所交叉,行为人大多以追求自己利益或者以实现自己的犯罪故意为导向实施网络犯罪。因此,网络空间中共同犯罪的区分标准,过多借助于主观方面来划分,并不是十分科学,但是主观说给学者们以提示:正犯与共犯的区分,必须兼顾和统领主观和客观两个方面。在主观主义刑法和客观主义刑法的对立中,也并非强调一方要"优于"另一方,而是在两点论的基础上强调重点论,一方如何"统率"另一方。

(三)犯罪支配性说的基本主张及在网络空间共同犯罪中的展开

犯罪支配性说是将客观行为与主观方面结合在一起来判定正犯与共犯区别的学说。犯罪支配性说的落脚点在于"支配",有学者指出犯罪实施支配的三个支柱分别为行为支配、意思支配以及功能性支配。[3] 犯罪支配性说虽然统一了主观方面和客观方面,但是在该学说的适用下,网络空间中实行犯或者正犯的确定非常困难。

---

〔1〕 尤其是在德日刑法中,组织犯在构成要件所实现的价值上是对等的,因而把组织犯和实行犯都视为共同正犯。[日]西原春夫:《日本与德意志刑法和刑法学——现状与未来之展望》,林亚刚译,李国胜审校,载《法学评论》2001 年第 1 期;刘孝敏:《刑法学知识的引入与运用——以违法性认识的研究为例》,载《刑事法评论》2008 年第 2 期;王昭振、赵微:《组织犯:诠释基础、类型与处罚》,载《河北法学》2008 年第 10 期。

〔2〕 [日]木村龟二:《刑法学词典》,顾肖荣、郑树周等译校,上海翻译出版公司 1991 年版,第 323 页。

〔3〕 柯耀程:《变动中的刑法思想》,台北,柯耀程,元照出版有限公司 2001 年版,第 165 页。

在松散的犯意联络下,网络空间共同犯罪的共犯人都是各行其是,彼此的行为方式更多体现为"利用"而非"支配"。在网络空间共犯人人数众多并且身份隐蔽的情况下,网络空间同时犯以及网络空间间接正犯并存,很难找到一个对全部共犯人起核心"支配"作用的行为人作为网络空间共同犯罪的中心。再者,行为支配说、意思支配说以及功能性支配说都是以其他共犯人作为支配对象,而非将这个案件作为支配的对象。在各行其是的网络犯罪中,容易出现多个"支配者",网络空间共同犯罪的主犯或者正犯,是由共同犯罪整体来决定,而非"支配者"来决定,这样的论理逻辑,也存在循环论证之嫌。

二、网络空间共同犯罪中实行犯的标准划定的方法确立

传统的共同犯罪理论在区分正犯与共犯时已是捉襟见肘,解决网络犯罪更是显得左支右绌。主客观相统一原则是解决一切刑法问题所必须贯彻的准则。实行犯概念的界定不仅是一个立法上的技巧,同时也是学理上的难题。一个概念的明确应当以周延性为前提,但是定义的提出用以解决的是评价对象标准的框定以及类推适用可行性的问题。总而言之,两者都是原理统辖的方法论。如果能寻求一门解决正犯与共犯分类的解决之道,又何须执着于定义本身存续的价值。

从形式上讲,实行犯是指实施《刑法》分则罪状所规定的特定犯罪的参与人,这也是实行犯狭义标准的含义,单纯从分工上定义实行犯;从实质上讲,实行犯是指对共同犯罪的结果起核心作用的人,这一类人的行为性质,是共同犯罪整体定罪和量刑的格调,其他共犯人无论量刑轻重,都围绕该类型的参与者进行展开。

在网络空间犯罪的背景下,讨论正犯与共犯区分的标准,一是不能脱离法条的规定,二是不能被法条的思路所禁锢。以修正案形式增补的法条,多以叙明罪状的形式展开,这些罪名虽然在一定程度上弥补了立法的漏洞,补强了司法实践中的短板,却打破了原有的共犯论体系。在传统的共同犯罪中,"协助组织卖淫罪"相较于组织卖淫的共同犯罪,在原有的正犯和共犯的划分标准上作了一定调整。对卖淫行为的组织以及对该组织行为的"协助"都作为主犯或者正犯来处理,忽略了不同行为对法益侵害远近程度的评价。在网络空间的共同犯罪中,"帮助信息网络犯罪活动罪"的制定,同样对网络空间共同犯罪的体系有一定打

破和重塑,把特定的网络空间犯罪与网络犯罪的技术支持行为放在一个位阶,同样忽略了不同行为对法益侵害的远近程度的评价。

因为行为人的行为方式和参与程度具有明显的差异,共同犯罪往往会侵害多重法益。法益侵害的远近程度应当以共同犯罪整体来作出评价,而非各参与人个体来作出评价,罪名的适用并不影响共犯参与人分类的评价。在实质的客观说中,论者们关注促成结果的原因力,而忽略了强调这个结果应当是动态的结果——共同犯罪整体指向的结果,并非静态的结果——罪名指向的犯罪结果。另外,在论证的逻辑上,正犯及共犯的认定应当放在具体的罪名适用之前而非之后,以共犯参与人本身的社会危害性以及对结果的原因力选择罪名的适用。

因此,在方法论上,网络空间共同犯罪正犯的确定,核心的要旨在于明确共同犯罪的指向,而共同犯罪的指向,由共同犯罪整体的性质来决定,除却正犯,其他参与人为共犯,其量刑轻重,由其本身的社会危害性,以及其在共同犯罪中所起的作用来决定。具体而言,网络共同犯罪中正犯的确立,以及共犯人的定罪量刑可以比照以下思路。

首先,确定共同犯罪整体的性质,从而奠定各参与人的定罪和量刑基调。譬如,多个行为人在网络空间中实施犯罪,应当明确该犯罪所侵犯的具体法益以及共同犯罪的总体性质,是侵犯知识产权的案件、赌博类案件、扰乱社会管理的案件,还是其他侵财性案件。

其次,在确定共同犯罪整体性质的基础上,权衡各共犯人法益侵害的远近以及社会危害性的大小,从中来确定其在共同犯罪中的角色分工以及作用大小。起主要作用的是主犯,起次要作用的是从犯,为后面定罪和量刑奠定基础。比如,在通过网络空间复制发行侵犯著作权的录音录像的共同犯罪中,通过计算机网络复制发行、制作出售他人侵权作品的参与人是正犯或者实行犯,提供平台支持、为利益分成提供结算支持的参与人为共犯或者非实行犯,但是,如果提供技术的行为在共同犯罪案件中起决定性作用,或者在整个共同犯罪中有重大利益分成的,应当比照主犯来量刑。

最后,根据对参与人角色分工选择罪名的适用和量刑的幅度。比如,在网络空间侵犯知识产权的案件中,通过不同共犯人的性质选择不同的罪名:通过网络平台销售注册商标商品的,是正犯,亦是主犯,定销售假冒注册商标罪。为销售假冒注册商标提供网络技术平台支持,该技术支持恰为不可或缺的,是共犯,亦是主犯，以帮助信息网络犯罪活动罪定罪，比照其所在共同犯罪中的主犯来量刑处罚。倘若有其他起辅助作用或者次要作用的人参与其中的，是共犯，按照其所在共同犯罪中的从犯来定罪量刑。

由此可知，在网络空间的共同犯罪中，实行犯或者正犯作为两种不同分类方法的交织原点，以分工分类的其他类型的共犯人，在作用分工和分类分工上可能存在交叉和杂糅，起帮助、教唆和组织领导作用的非实行犯，只要在共同犯罪中起主要作用，都有可能被评价为主犯。

三、网络空间实行犯的类别

陈兴良教授把共同实行行为分为分担的共同实行行为、并进的共同实行行为、先行的共同实行行为以及承继的共同实行行为，[1]其分类标准按照实行行为的特征，以及行为人的犯罪行为对结果因果关系的原因力承担的大小。

分担的共同实行行为和并进的共同实行行为，强调的是行为对结果的原因力，是一个在标准下划分共犯的维度；先行的共同实行行为和承继的共同实行行为强调行为人之间参与和实施犯罪的接续性和互动性，是在另一个标准下划分共犯的维度。但是，在网络空间的共同犯罪中，不同种类的共同实行犯在成立的空间和范围内有所不同。

（一）网络空间中分担的共同实行行为和并进的共同实行行为

分担的共同实行行为，以行为人之间的犯罪故意为纽带，行为人相互利用和补充，共同促成犯罪行为的危害结果。在网络空间分担的共同实行行为中，行为人之间可能存在犯罪的分工和协商，或者对犯罪结果的归因上有一部分原因力。并进的共同实行行为，是指行为人基于共同的故意对同一侵害对象，或者不同的侵害对象实施犯罪，行为人各自的行为都可以实现犯罪构成的全部构成要件。

在网络空间的共同犯罪中，多个行为人在网络空间通过阻断局域网络连接、破坏网络服务平台和扰乱他人网络销售秩序等行为，破坏他人的网络生产经营，直至造成他人停产停业，可能构成犯罪。如果每个行为人的破坏行为足以造成他人停产停业的结果，则行为人之间属于并进的共同实行行为，如果每个行为人的破坏行为尚不足以造成他人停产停业的结果，而必须结合其他人的犯罪行为

---

〔1〕 陈兴良：《共同犯罪论》（第2版），中国人民大学出版社2006年版，第79～80页。

一并才能造成该后果,则行为人之间构成分担的共同实行行为。

分担的共同实行犯以及并进的共同实行犯成立范围的大小,应当根据行为人对网络犯罪结果的原因力大小来进行评定。随着犯意谋划的弱化,行为人对网络犯罪结果的原因力必须加大,才有可能促使网络犯罪的成立。如果行为人之间分工明确,相互之间依赖性较强,对网络犯罪的结果原因力较小,则行为人之间成立分担的共同实行犯。如果行为人对网络犯罪的结果原因力较大,各自之间的依赖性较弱,则行为人之间可能成立并进的共同实行犯。

在网络空间中实施的共同犯罪,行为人的行为对结果所起的作用是必要非充分条件,在很多情况下,行为人难以全部依靠自己的行为实现犯罪结果。比如,网络中立帮助行为虽然在外观上是"中立"的,但是其技术支持往往对网络犯罪起至关重要的作用。与一般的共同实行行为不同,犯罪人内部缺乏协调模式,通常单向地对他人的行为进行利用和补充。

(二)网络空间中先行的共同实行行为与承继的共同实行行为

先行的共同实行行为,也称原始的共同实行行为,指的是行为人对犯罪进行了预谋继而共同实施的犯罪行为,在网络空间共同犯罪的行为人之间,强调主观方面的共谋性。根据笔者前面的论证,在网络空间中,先行的共同实行行为存在的空间较小。承继的共同实行行为,也称相续的共同实行行为,指的是整体的犯罪构成完成一部分后,其他实行犯加入,并将犯罪行为进行到底的行为。在网络空间的共同犯罪中,强调其中一个行为人已经着手实施一定的犯罪,另外的行为人相继参与进来的情形。

在承认网络空间中的共同犯罪的参与人都是实行犯的前提下,承继的共同实行犯比共谋的共同实行犯成立的范围更广泛,因为网络空间能为网络犯罪的实施起"发酵"的作用。在网络空间中,行为人的犯意联络弱化,行为人通过网络进行犯罪谋划的概率比传统的共同犯罪概率大,但是行为人之间的控制力和执行力远不如现实空间中的行为人,所以行为人通过网络空间的犯意联络,更倾向为一种"犯意交流"而非"犯罪策划",对共同犯罪的分工和协调有影响,但大多数时候不能起决定性作用。

因此,网络空间的犯罪人,更多的是以后续参与或者加入共同犯罪的方式与先前的行为人构成共同犯罪。比如,在前述侵犯知识产权的网络空间共同犯罪中,一部分共同犯罪参与人已经搭建好复制、销售未经许可的录音录像的平台,其他参与人得知平台渠道后陆续在平台上从事复制录像作品、出版未经许可的电子图书或者制作假冒艺术名家的美术作品等,均属于承继的共同实行行为。

本章小结

网络空间共同犯罪的实行犯,解决的不仅是分工问题,更多要解决的是作用问题。“实行犯”或者“正犯”的概念,是分工分类和作用分类纵横两条坐标的交织原点。共同犯罪参与人的量刑基调由此奠定。在分工不明确、参与人的行为是否属于《刑法》分则的实行行为存在争议时,共犯参与人到底是正犯还是共犯,应当放在犯罪整体上来看,而不能完全局限于分则法条罪状中的符合性上来讨论。实行犯或者正犯是共同犯罪的主心骨,同时,也是其他共犯参与人量刑的核心参照。

由于《刑法》分则法条规定的机械性,网络空间中实施的组织行为、帮助行为以及教唆行为,虽在行为方式上与传统的实行行为有异,但仍然可能在共同犯罪中起主要作用或者重要作用,可以参照主犯的量刑方式来进行操作。正犯的确立能够确立共犯参与人量刑的格调,共犯随之进行比照;主犯和从犯的确定,能够确立共犯参与人个体上量刑的协调。共犯绝大多数情况是从犯,也有少部分情况可能是主犯,根据其在共同犯罪中所起的作用,与正犯在共同犯罪中的作用进行比较,酌情进行量刑。

第五章　网络空间有组织犯罪和聚合型犯罪研究

网络空间的有组织犯罪和聚合型犯罪,是网络空间多人犯罪的范畴。组织行为和聚众行为,都是行为人为实现犯罪目的,对其他共犯人所实施的纠集、召集,或者调遣、安排等行为。关于有组织犯罪和聚众犯罪,在学者的论述中,组织犯一般被认为是位于实行犯背后或者幕后的行为人,[1]聚众犯罪也称为"聚合型犯罪",[2]是以"聚众"为要件的聚集多人一同实施《刑法》分则要件的犯罪行为,[3]以聚众淫乱罪、聚众哄抢罪为代表。

在犯意沟通孱弱、共犯分工不明确的网络空间中,组织犯未必能起到对指挥对象的调动与控制作用,以网络平台为依托来进行调配和统筹,网络空间的组织行为与聚众行为有逐渐靠拢的趋势。

第一节　网络空间的有组织犯罪概述

1950 年,我国着手草拟刑法大纲草案时,将共同犯罪的分类以分工为标准,划分为正犯、组织犯、教唆犯和帮助犯,1954 年的《刑法指导原则草案》保留了该分类,其后 1957 年《刑法草案》中删除了总则有关组织犯的规定,以分则的罪名形式来加以规定,分类分工法逐渐与作用分类法相结合,衍生出现在的混合分类法。

---

〔1〕 路军:《组织犯概念诸学说介评——从组织犯刑事立法出发的思考》,载《当代法学》2005 年第 3 期。

〔2〕 刘芳、俞毅刚:《聚众式裸聊的刑法规制》,载《河北法学》2009 年第 5 期。

〔3〕 李宇先:《聚众犯罪研究》,湖南人民出版社 2004 年版,第 8 页。

1979 年《刑法》和 1997 年《刑法》都把组织犯一部分通过分则罪名来规制，一部分重新回归到总则的规定中，确立了刑法理论中组织犯的两种含义。有学者指出，组织犯不作为共犯种类立法中的明文规定，而是出现在主犯的“影子”里，这属于“组织犯的默示性规定”。[1]

组织行为，其核心在于组织者对被组织者的调遣和控制。立足于网络时代，网络空间中组织犯的成立，应当在主观上和客观上符合何种构成要件？网络空间共同犯罪中组织行为应当具备何种控制力，才能区别于网络空间的“聚众行为”？网络空间中组织行为的社会危害性应当如何评判？共同犯罪中的组织行为的本质如何界定？组织行为在网络空间中实施，又会出现怎样的异化趋势？

如果认为组织行为是实行行为的修正形态，那么组织行为应被全部纳入主犯的范畴。如果认为组织行为是实行犯罪的某种具体行为，那么在分则中的部分罪名中将组织行为规定为具体的实行方式、实行手段也未尝不可。现行《刑法》有关组织行为的规定繁多，在网络空间中讨论组织犯，应当结合《刑法》总则和分则，从组织行为应有的含义入手，结合网络时代背景的特点讨论。

一、网络空间共同犯罪中有组织犯罪的特点研究

刑法意义上的组织犯，是潜伏在实行犯背后的，负责安排、指挥和策划的幕后者。[2] 一般认为，组织犯是主犯的一种类型，相当于德日刑法中的共谋正犯。[3] 笔者所定义的组织犯，是从广义上来定义，包括《刑法》总则中规定的任意共犯，也包括《刑法》分则中具体罪名的必要共犯，还包括部分以“组织”为行为手段的单独罪名。根据世界上通行的刑事立法，共同犯罪中的组织犯一般认为是非实行行为。[4] 根据我国的刑事立法和司法实践，组织犯是主犯，按照主犯来定罪量刑，根据其组织、策划的全部犯罪处罚。鉴于网络空间的特殊性，网络空间的组织犯呈现从犯化的趋势，主要表现如下。

(一)网络空间共同犯罪中组织犯组织手段的弱化

与传统的组织犯不同，网络空间共同犯罪中的组织犯，由于对被组织者缺乏

---

[1] 王昭振、赵微：《组织犯诠释基础：类型与处罚》，载《河北法学》2008 年第 10 期。

[2] 向朝阳、邹佳铭：《论组织犯及其刑事责任》，载《中国刑事法杂志》2006 年第 4 期。

[3] 丁胜明：《共同犯罪中的区分制立法模式批判——以正犯、实行犯、主犯的关系为视角》，载《中国刑事法杂志》2013 年第 2 期。

[4] 德意志刑法部分认为组织犯是共同正犯，与实行犯并列。

角色的认知，也由于网络空间的虚拟性，对其他共犯人的控制、驾驭和调遣力度远不如现实空间的组织者。在物理空间中的有组织犯罪，命令和服从是组织者与“下属”之间的应有关系。帮内行规、命令指挥，在犯罪团伙或者犯罪集团内部，形成了“上级”与“下级”调遣与服从的管理关系。

犯罪团伙虽然在人数上有多有少，但是从犯罪团伙整体上看，整个团伙是比较稳定的，名册和帮规是组织者和策划者框定犯罪团体范围、进行组织和调遣的主要犯罪手段，整个团伙犯罪目标明确，利益分成明晰。倘若有被组织者违反上级的调遣和安排，他将接受严厉的内部制裁。

网络空间中的有组织犯罪，执行力和控制力大幅度欠缺。造成执行力和控制力减弱的主要原因有以下几点。

（1）从犯意联络上看，组织者未必知晓被组织者的身份、目的和犯罪对象。组织策划者和其他网络犯罪的参与者从实施犯罪的大体方向上看是相同的，但是双方更多注重利益上的统筹，缺乏主观上的调遣和对调遣的服从。

（2）从犯罪手段上看，组织者不能用物理空间中残害肉体、剥夺自由等方式对被组织者进行强制。通过网络群组发出利益要约以此来鞭策，或者通过利益给付来承诺是网络空间组织行为的主要形式。最严厉的惩罚，不外乎在社交群组里面禁言或者在利益分成上克扣，无法形成肉体或者精神上的强制。

（3）从网络空间群组本身看，网络平台空间是一个开放性的空间。虽然从进入和退出的机制上看，网络群组成员应当遵循网络社交公约或者条约的规定，但是由于身处天南地北，组织者很难在网络空间中对行为人进行实际控制和调配。

（二）网络空间中有组织犯罪组织目的实现度的弱化

有学者指出，共同犯罪中的“组织”行为，从本质上来说是一种心理强制，其他共犯人有意志自由和行动自由，但是在组织者的引领和号召下，其他共犯人只能朝着组织者指挥和统筹的大概方向，实施相应的犯罪活动。[1]

根据管理学理论，管理幅度与管理对象的复杂程度、管理事务的难易程度成反比。管理对象繁多、管理对象不特定、制裁方式的弱化造成管理幅度加大，在行为人有限的管理能力下，层层分离的互联网代理和管辖也导致管理层次增加，

---

〔1〕 向朝阳、邹佳铭：《论组织犯及其刑事责任》，载《中国刑事法杂志》2006 年第 4 期。

行为人能够涉及和统筹的层次有限。

在网络空间中,共犯人之间因为缺乏犯意的统筹和引领,从而会出现组织者与其他参与人犯罪目的的偏离,加之缺乏强制性的手段对其他参与人进行引导和匡正,所以从共同犯罪整体上看,共犯人之间难以形成一致对外的犯罪合意,组织犯对犯罪目的的实现趋同弱化。

从管理学的角度分析,领导职能、控制职能的弱化,必然会反作用于行政决策职能,造成行政决策职能的削减。组织犯犯罪目的与控制手段呈现相互影响、共生互补的关系,造成共同犯罪内部执行力和组织者犯罪目的模糊化的恶性循环,根据帕金森定律,决策者或者组织者不能很好地对组织架构作出反应,进而造成组织的复杂化和平台的冗员化。[1]

网络空间群组作为组织者统领和指挥的工具,在这个群组中,加入的成员不断增多,但真正加入共同犯罪的人并不多,网络群组出现恶性膨胀,组织者对成员的控制力度不断减弱,组织犯目的实现相继弱化,网络空间的组织犯罪与网络空间的聚众犯罪出现靠拢的趋势。

二、网络空间共同犯罪组织犯的认识错误研究

网络空间中的组织犯,对其他共犯人的实际情况、身份背景未必能有准确的认识,而是一种概括性的认识。刑法意义上的组织行为,并不要求组织者对组织对象的年龄、身份或者其他条件有明确的认识,组织者在犯罪主观方面具有一定的特殊性。

刑法意义的组织行为,也并不要求组织者对组织对象进行一对一的操控和调遣,可能是一对多的指挥,也可能是多对一的调控。张明楷教授把犯罪集团首要分子以及共同犯罪中的组织犯主观故意的特殊性概括为犯罪故意的概括性、总体性,把客观犯罪行为的特殊性概括为总体策划性、总体指挥性。[2]

在网络空间中,组织者的指挥、安排和策划往往是在总体背景、宏观视角下展开的。换言之,组织者在进行策划和指挥时,只需要知道有一个特定或者不特定的对象可驾驭或者可支配,对特定对象的身份不便知晓也不必知晓。根据

---

〔1〕 卜鹏爱:《浅议帕金森定律与企业管理》,载《长江大学学报(社会科学版)》2012 年第 7 期。

〔2〕 张明楷:《犯罪集团首要分子的刑事责任》,载《法学》2004 年第 3 期。

“主客观相统一”原则,对其他共犯人的认识的缺乏,笔者分年龄和身份两个方面来讨论。

(一)组织者对其他人的年龄认识错误

无论是对组织对象的年龄缺乏认识,还是对组织对象的身份缺乏认识,一旦欠缺了共同犯罪成立的要件,会直接阻断共同犯罪的成立。在网络空间的共同犯罪中,倘若对组织对象的年龄发生认识错误,学界有三种角度的解释处理:第一种观点认为应当按照对象错误来解释,不影响网络空间共同犯罪中组织犯身份的确立;〔1〕第二种观点认为是否认识到组织对象的年龄对犯罪事实的认定不会有很大的影响;〔2〕第三种观点认为共同犯罪不成立,只需单独进行法律评价。〔3〕

笔者认为,第二种观点和第三种观点有一定的科学性。首先,从认识的性质上看,对被组织者年龄认识的错误,是一定对象范围的认识错误,而非全盘的认识错误。网络空间的共同犯罪中,组织者对其他共犯人是概括性的认识,并非悉数错误的认识。年龄认识的缺乏对行为人个体的罪与非罪,定罪与量刑有一定影响,但是并不影响组织者身份的成立。其次,从网络空间本身的性质和特点上看,如果完全比照传统的共同犯罪来研究网络空间的共同犯罪,会极度缩小犯罪圈的划定,不利于犯罪的打击。最后,从组织行为的功能上看,组织犯实施的行为是对其他共犯人进行统筹和安排,对其他共犯人年龄不知情并不影响该行为的实施。

对此,在网络空间中,不论组织者对其他共犯人年龄是否知晓,都应当肯定其组织犯的身份,以认定组织者在网络空间的共同犯罪中所起的组织、策划作用定罪量刑。其他共犯人未达到刑事责任年龄的,不认为是犯罪,不放在共同犯罪中评价。倘若其他共犯人都尚未达到刑事责任年龄,组织者按照单独犯罪来处罚。

(二)组织者对其他共犯人的身份缺乏认知

在网络空间共同犯罪中,如果组织者对其他共犯人的身份缺乏认知,不影响组织犯身份的认定,影响的是组织犯和其他共犯人罪名的适用和量刑的选择。

---

〔1〕 赵秉志、张新平:《试论网络共同犯罪》,载《政法论坛(中国政法大学学报)》2002 年第 5 期。
〔2〕 刘守芬、丁鹏:《网络共同犯罪之我见》,载《法律科学(西北政法学院学报)》2005 年第 5 期。
〔3〕 张俊霞:《网络共同犯罪若干疑难问题探讨》,载《河北法学》2007 年第 11 期。

关于组织犯对共犯人身份认知的缺乏，学界存在争议的主要观点有：第一，单独评价说，即组织犯和实行犯应当单独进行评价，不作为共同犯罪来处理；[1]第二，借用说，即组织犯缺乏一定的身份不能构成特定的犯罪，但是在和他人构成共同犯罪时可以成为有身份的犯罪人；[2]第三，犯意区分说，即组织犯对共犯人的身份是明知或者可能知晓，其他共犯人构成组织犯的共同身份犯，组织犯完全不知晓其他共犯人的身份，不能构成共同身份犯。[3]

笔者认为，从网络空间共同犯罪的同向性上看，组织犯与其他共犯人基于共同的犯罪利益、犯罪目标实施了共同犯罪，行为人之间具有利用、支配或者控制的联动机制，可以肯定共同犯罪的成立。基于组织犯对其他共犯人身份的认识错误，组织犯和其他共犯人可以适用不同的罪名。比如，某国有银行的工作人员在网络上通过代号、暗语等形式，伙同几位"同事"利用系统漏洞窃取银行的内部资金，事发后得知，所谓"同事"不过是几位公职系统外的人通过远程控制而盗用同事的账号，以实施国有财产的欺诈或者窃取行为。根据《刑法》分则的相关条文规定，组织者构成贪污罪，其他参与人构成诈骗罪或者盗窃罪，组织犯和其他共犯人在非法获取国有财产的行为指向上成立共同犯罪。

综上所述，在网络空间共同犯罪中，组织犯对其他共犯人年龄或者身份的认识错误，并不影响其犯意互动和行为联动，组织行为的性质并不以认识错误而发生转变。对其他共犯人年龄认识错误的，其他共犯人尚未达到刑事责任年龄，根据其他共犯人的年龄进行出罪判定；对其他共犯人的身份认识错误的，不影响共同犯罪的成立，根据特定罪名对主体要件上身份有无特殊要求，选择适用罪名。

第二节　网络空间的聚合型犯罪概述

聚合型犯罪，也称为聚众犯罪，是在首要分子的作用下以聚众的行为方式实施的犯罪类型。[4] 聚合型犯罪具有法定性，和组织犯罪不同的是，我国《刑法》中的聚合型犯罪都规定在了分则中，总则仅在第 97 条首要分子的定义上对聚众犯罪有所提及。"聚众"或者"聚合"，是指把分散的人聚集在同一时间或者同一

---

[1] 赵秉志、张新平：《试论网络共同犯罪》，载《政法论坛（中国政法大学学报）》2002 年第 5 期。
[2] 刘守芬、丁鹏：《网络共同犯罪之我见》，载《法律科学（西北政法学院学报）》2005 年第 5 期。
[3] 张俊霞：《网络共同犯罪若干疑难问题探讨》，载《河北法学》2007 年第 11 期。
[4] 刘德法：《聚众犯罪理论与实务研究》，中国法制出版社 2011 年版，第 33 页。

地点。[1] 因此,“聚众犯罪”的特点在于聚众者召集、笼络其他参与者的过程。网络空间的聚合型犯罪,是指行为人通过网络群组提出犯罪的计划或者倡议,其他参与者当即自愿参加或者陆续加入网络群组,一并实施网络犯罪的行为模式。[2]

一、网络空间聚合型犯罪的实施过程

网络空间的聚合型犯罪,以网络群组为实施犯罪的主要平台。根据《互联网群组信息服务管理规定》第 2 条第 2 款的规定,网络群组,亦称互联网群组,是指互联网用户通过互联网站、移动互联网应用程序等建立的,用于群体在线交流信息的网络空间。

在聚集和统筹其他共犯人参与的过程中,网络空间聚合型犯罪可以分为两个阶段。第一个阶段可以称为“犯意磨合”阶段,第二个阶段可以称为“犯罪实施”阶段。[3] 物理空间下的聚众犯罪,对于聚众者同样也有两个阶段:一是“聚众”,二是在“聚众”的基础上实施犯罪。聚众是手段,实施其他犯罪是目的。比起组织犯罪,聚众犯罪具有更强的自发性和不稳定性,在网络空间中,群组成员身份的虚化性以及网络群组的开放性,也决定了网络空间的“犯意磨合”在网络聚合型犯罪中的关键作用。

(一)网络空间聚合型犯罪的“犯意磨合”阶段

在“犯意磨合”阶段,聚众者主要实施的是犯罪的“发起”工作,物理空间中的聚合犯罪,聚众者主要以点对点的方式来展开,而网络空间中的聚合型犯罪的“发起者”,主要以点对面的形式来开展。物理空间的聚众犯罪,由于持续时间短、自发性强,共同犯意的达成以及共同犯罪行为的实施是一触即发的,参与者具有较强的被动性,缺乏对聚众者提议的选择和改良,在聚众者的号召和倡议下实施犯罪,如同新闻传播理论中的“魔弹理论”,[4] 这点区别于传统的聚合型犯罪。

---

[1] 刘德法:《聚众犯罪理论与实务研究》,中国法制出版社 2011 年版,第 36 页。

[2] 张俊霞:《网络共同犯罪若干疑难问题探讨》,载《河北法学》2007 年第 11 期。

[3] 张楚:《网络空间聚合型犯罪研究》,载《法治论坛》2018 年第 2 期。

[4] “魔弹理论”主张对受众者的刺激如同魔弹打入大脑而后被迅速同化,直接受制于倡导者。金梦迪:《浅析网络时代“魔弹论”的处境》,载《新闻研究导刊》2015 年第 18 期。

在“犯意磨合”的过程中，网络空间群组起“发酵厂”的重要作用。聚众行为人通过群组邀请、身份验证等手段邀请大量陌生的人进入网络群组，加入群组的成员并非马上实施犯罪，而是经过一定的商议、协调甚至是利益让步，相互“磨合”各自的犯意。在整个过程中，聚众者的控制身份可能被强化，也可能被弱化，随着新意见主导者的出现，甚至存在被取代的可能。网络空间是开放的空间，同时也是一个较稳定的空间。不同于现实空间的聚众犯罪随着犯罪实施完毕一拍即散，在网络群组存续期间，即便有新成员的加入、老成员的退出，网络群组总体上趋于稳定，网络群组的实际控制人以及网络群组成员的犯罪目的可能发生变化和转向，朝着生成的新犯意实施犯罪活动。

（二）网络空间聚合型犯罪的“犯罪实施”阶段

在“犯罪实施”阶段，网络群组是网络犯罪实行的重要场所，主要承担在线转账、信息传播等职能。与其他网络空间犯罪的种类相类似，网络聚合类犯罪主要可以分为金融财产类的犯罪、信息传播类以及公共秩序破坏类的犯罪。在涉财犯罪案件中，尤其是在赌博案件中，网络群组成了聚众赌博的重要平台。网络空间群主通过QQ群组或者微信群组笼络、召集其他赌徒，通过赌球、赌马为赌注，采用微信红包、支付宝转账为投注等电子划账的方式实现资金转移。在该过程中，网络群组成了快速转账，分配收益的重要媒介。在违法信息传播类的案件中，网络空间群主通过各类社交平台邀请和张罗其他成员，通过该群组组织其他成员观看色情音像制品，或者通过该群组组织在线淫秽直播表演。在该阶段中，网络空间是联结各群组成员的纽带，也是网络空间群主和成员一并实施网络犯罪的重要场所。

二、网络空间聚合型犯罪的特点

网络空间的聚合型犯罪，是在聚合的基础上实施的网络犯罪，是在网络空间背景下开展的聚合型犯罪，具有网络犯罪和聚众犯罪的双重特点。网络空间群组中的所有成员并非全部构成犯罪，从整体把握，网络空间聚合型犯罪的特点如下。[1]

（一）犯意传递的强感染性

网络群组空间是开放和封闭的统一体。开放是指任何人都有机会通过身份

---

〔1〕 张楚：《网络空间聚合型犯罪研究》，载《法治论坛》2018年第2期。

认证加入群组,在群主的张罗和号召下参与犯罪。封闭是指这个虚拟的空间具有相对稳定性,除非人工解散或者因为违规被取缔,网络空间群组不会因为网络犯罪行为的耽搁而不得以存续。在这个网络群组中,成员们各抒己见,发表自己的犯意,同时也吸收和筛选他人的犯意,以整合自己的犯意。比起传统聚众犯罪的单线传播,网络空间的聚合型犯罪呈现辐射状的传播方式,比起物理空间中的聚众犯罪具有更强的社会危害性和交叉感染性。

(二)共同犯意形成的慢热性

传统的聚众行为具有极强的自发性,聚众犯罪参与者大多存在激情犯罪的情形。行为人对犯罪的参与热度来得快,退得也快。网络空间的聚合型犯罪,由于有网络空间作为依托,群组成员总体上倾向于稳定,群组中的成员无论是否受群主的控制和指挥,一般情况下不会轻易退出群组,他们在网络群组中等待时机,不断地调整和磨合自己的犯意,等到时机成熟,才开始着手实施犯罪。网络群组是犯意发酵最适宜的场所,一方面,可以吸收其他成员的建议和意见;另一方面,也可以找到和自己犯意相似的组员,与之协调和利用、相互同化,最终形成同向的犯意。

(三)共同犯意达成的偶然性

可以说,网络空间群组为行为人之间的相互观察、相互洞悉提供了良好的场所。行为人形成聚合型的犯罪并不是一触即发的,而是通过犯意的不断磨合和修正实现的。这里可以比照民法上要约与承诺的行为模型来研究共同犯意达成的过程。行为人在网络群组中发起某一犯意号令,如同一个合意达成的“要约邀请”,其他人要么在群组里直接回复,要么通过小窗口、私聊等方式来加以衔接。[1]

最终犯意的达成也并非一蹴即至,犯罪的目标、手段和利益分成不断在成员之间磨合,最终形成统一的犯意,正如同要约在要约人与受要约人之间不断来回传递,由于实质要件的更改而形成新的要约,待内容没有异议,方可形成承诺。网络群组中的成员成百上千,但形成统一犯意的却寥寥可见,行为人最终以同向的犯意为指引来实行网络空间中的犯罪。

---

〔1〕 叶警青:《网络聚合型共同犯罪的防控思考——以宁波市海曙区“2017. 4. 23”抢劫案为例》,载《公安学刊(浙江警察学院学报)》2017 年第 6 期。

(四)聚合型犯罪性质的易变性

与网络空间中的组织犯不同,网络空间聚合型犯罪的发起者,对整个网络群组更缺乏组织力和控制力。网络聚合型犯罪的发起者,或者说整个网络群组的设立者,在整个聚合型犯罪中所起的作用可能仅限于网络群组的申请和建立,在后续的犯罪实施中未必能够成为犯罪的焦点。在松散的网络空间背景下,新的意见主导者可能会出现,从而产生李代桃僵的效果。

从新闻学和传播学的角度上看,意见主导者也未必是大人物,可能均匀地分布在社会的任何阶层和群体中。[1] 在网络空间的背景下,网络群组的设立者只是在网络成立之初对群组功能的定位、人员进出的权限以及后勤事务的打理起一定的作用。网络群组成型后,新的控制者相对成熟,网络群组发展的走向以及网络群组性质的转变,可能会出现新变化。在网络群组相对总体稳定、网络群组成员局部调整的内驱下,网络空间聚合型犯罪的性质会随着实际控制人和意见主导者的变化而变化。

三、聚合型犯罪发起者与共同犯罪组织犯的区别

网络空间的聚合型犯罪和网络空间的有组织犯罪,都是经过一人或者数人发起或领导,其他行为人相继参加的多人犯罪的犯罪形态。在网络空间的环境下,网络空间聚合型犯罪的发起者,或者网络空间共同犯罪的策划者对其他共犯人的控制力都是较孱弱的,两者有逐渐靠拢的趋势。但是从组织架构和人员控制力度上看,两者仍然存在区别。与网络空间共同犯罪的组织犯相比,网络空间的聚合型犯罪存在以下区别:

(一)从控制力上看,网络空间的聚合型犯罪的发起者不同于网络空间共同犯罪的组织者

"定职能、定机构和定人员"是管理学的"三定原则"。[2] 职能优先,是一个团体组织在进行架构时应当首要考虑的原则,只有在目标明确、管理权限分明的情况下,组织职能才会有效地发挥。

对于网络空间共同犯罪的有组织犯罪,即便组织者对其他共犯人缺乏决断

---

〔1〕 王秀丽:《网络社区意见领袖影响机制研究——以社会化问答"知乎"为例》,载《国际新闻界》2014 年第 9 期。

〔2〕 周三多、陈传明、贾良定:《管理学——原理与方法》,复旦大学出版社 2014 年版,第 37 页。

的执行力,但是从倾向上看,组织者对其他共犯人有控制和指挥的意图。对于网络空间的聚合型犯罪,犯罪的发起者和网络聚合型犯罪的实际控制者往往是分离的,而长时间的领导者和策划者的角色缺位,会造成网络空间聚合型犯罪凝聚力下降,网络空间聚合型犯罪的犯罪目标不定,网络空间聚合型犯罪的参与者之间的任务分配难以开展等情况。

(二)从犯罪的实施过程上看,网络空间的聚合型犯罪的发起者不同于网络空间有组织犯罪的组织者

网络空间的组织犯,是已经有明确犯罪目标、犯罪计划和犯罪对策,对其他共犯人进行调控和支配的人。虽然关于控制对象看,组织者难以知晓对方的身份甚至是控制对象的数量,但是从事实过程上看,网络空间的共同犯罪通常是先有组织策划,其后进行安排部署。

网络空间的聚合型犯罪,发起者先通过网络群组对其他犯罪参与人进行笼络和统筹,待到群组成员相对稳定时,再进行人员的筛选和犯意的协商,以网络群组的空间范围为限,调整群组内部各方成员的利益,实施相应的网络犯罪。一般来说,网络空间有组织犯罪的幕后策划者和指挥者,一定属于“首要分子”的范畴;而网络空间的聚合型犯罪中,其发起者应该根据后续犯罪发展的动态来评价,未必都属于“首要分子”的范畴。

(三)从内部的联动机制上看,网络空间的聚合型犯罪的发起者不同于网络空间有组织犯罪的组织者

网络空间共同犯罪的组织者,与其他群组成员的联动机制主要体现为对其他共犯人的支配和控制。在网络空间中的有组织犯罪,虽然缺乏现实空间中组织犯罪的强硬制约机制,但是,网络空间共同犯罪的幕后操作者会根据一定的灰色利益为导向,吸引、鞭策其他共犯人实施犯罪。在网络空间的聚合型犯罪中,由于“意见领袖”的长时间缺位,网络群组的控制者也时常发生变化,网络群组控制者与其他共犯人的联动方式就是相互利用。在群组中陆续涌现出的犯意发起者,与其他共犯人倾向于合作互补,而非指挥服从的关系。一旦有人发起犯意,其他人会对此进行考量、评估和商榷。相互磨合犯意,以利益驱使为筹码进行相互联动。

(四)从管理对象和任务分工上看,网络空间聚合型犯罪的发起者不同于网络空间有组织犯罪的组织者

网络空间作为相对开放的空间,网络空间聚合型犯罪和共同犯罪的参与人都并非一成不变,但是网络空间共同犯罪的成员相对稳定,组织者所控制的受众对象和范围一般情况下是稳固的,网络空间的聚合型犯罪比较散漫,进出机制较为灵活。在任务分工上,网络空间的共同犯罪中的策划者、技术支持者较为明确,网络空间的聚合型犯罪,随着网络群组性质以及网络群组成员的变化,任务分配也适时地进行调整。

为此,即便网络空间的聚合型犯罪和网络空间的有组织犯罪在范畴上有所区别,但是从外延上,两者都可以划分到网络空间共同犯罪的范畴。在网络空间环境下,聚合型犯罪发起者和有组织犯罪的组织者,在手段力度上都是有限的,两个范畴在外延上亦存在交叉和重合,发起者和组织者以及其他共犯参与人应当如何处罚,还应当根据行为人的行为方式、参与程度以及在共同犯罪中起的作用来综合评断。

第三节 网络空间共同犯罪首要分子的行为方式和控制强度

网络空间有组织犯罪与网络聚合型犯罪的区别,核心症结在于实际控制人,也就是行为人对其他共犯人或者对整个犯罪团体的控制力度。控制力度是内核,以行为方式来展开。网络空间的组织犯是对其他共犯人起支配和控制作用的主要实施者,作为研究网络空间共同犯罪实际控制者的主心骨。

随着控制力度的逐渐减弱,组织者会沦为"发起者",其领导地位逐渐被网络空间中其他的犯罪"活跃分子"所取代。根据《互联网群组信息服务管理规定》第2条第2款的规定,互联网群组中的信息服务使用者,包括群组的建立者、管理者和成员,这也表明在立法上承认了建群者与实际控制者可能存在分化。

一、首要分子组织行为类型与方式的学说梳理

关于"组织"的行为类型和方式,学界主要可以分为"四类型""三类型""新三类型"三种学说。"四类型"学说为马克昌教授所倡导,认为组织行为包括组

织、领导、策划和指挥四种类型。[1] 陈兴良教授倡导“三类型”学说，把组织行为具体划分为组织、策划和指挥三种类型。[2] 还有部分学者指出，组织行为可以分为建立团体、组织计划和指挥实施三种类型，被称为“新三类型”学说。[3]

我国《刑法》中没有明确规定“组织犯”的手段，与其类似的，第 97 条明确了“首要分子”的概念，把“组织”“策划”“指挥”作为首要分子控制集团犯罪或者聚众犯罪的三种手段，《刑法》第 26 条对“首要分子”的描述中又把“领导”作为其中一类行为手段，因此绝大部分学者都按照马克昌教授的“四类型说”来展开对组织行为的研究。

有学者将“领导”行为排除在“组织犯”组织行为的手段之外，认为“领导”是对“组织”“策划”“指挥”三种行为的概括，[4] 笔者对此观点不予苟同，从管理学的角度上看，领导职能和决策职能都是组织职能的下位概念，“领导”和“决策”属于平行的概念。“领导”的机制重在协调，而“决策”的机制重在对方案的抉择。因此，笔者以马克昌教授的“四类型”学说为基础展开论述。

二、网络空间犯罪首要分子行为强度分析

无论是网络空间有组织犯罪中的组织犯，还是网络空间聚合型犯罪的发起人和实际控制者，因为对网络共同犯罪具有驾驭和支配作用，都可以被评价为“首要分子”，“组织”“领导”“策划”“指挥”是其控制作用的具体表现，其行为强度也是评价首要分子刑事责任的重要指标。

（一）组织行为及其强度分析

组织行为及其强度分析中指的是狭义的组织行为，学者对其有诸多定义，总结起来，是指将分散的个人按照一定的形式串联起来，形成较固定的犯罪集团或者犯罪团伙，纠集其他共犯人实施犯罪的行为方式，[5] 学者都将“组织”行为的

---

[1] 马克昌主编：《犯罪通论》（第 3 版），武汉大学出版社 1999 年版，第 542 ~ 543 页。

[2] 陈兴良：《共同犯罪论》（第 2 版），中国人民大学出版社 2006 年版，第 81 ~ 83 页。

[3] 路军：《论组织犯》，载吴振兴主编：《犯罪形态研究精要》，法律出版社 2005 年版。

[4] 路军：《组织犯概念诸学说介评——从组织犯刑事立法出发的思考》，载《当代法学》2005 年第 3 期。

[5] 马克昌主编：《犯罪通论》（第 3 版），武汉大学出版社 1999 年版，第 542 页；陈兴良：《共同犯罪论》（第 2 版），中国人民大学出版社 2006 年版，第 81 页；桂梦美、宣学伟：《组织犯本体论》，载《铁道警官高等专科学校学报》2003 年第 1 期；路军：《论组织犯》，载吴振兴主编：《犯罪形态研究精要》，法律出版社 2005 年版，第 454 页。

落脚点放在犯罪集团或者犯罪团伙上。

在网络空间中,组织行为主要是指首要分子凭借网络平台将其他共犯人串联起来,进而统筹成一个较统一的犯罪整体。首要分子可以定期或者不定期地在网络群组里发表言论,这些言论表现为对共同犯罪发展动向、共同犯罪实施方式出谋划策,拉拢其他参与人、煽动参与人情绪以及通过网络群组发展下线成员的过程。

狭义的组织行为重在对其他成员串联和部署的过程。从汉语意义上看,"组织"一词既可以作动词使用,也可以作名词使用。[1] 但无论是作为动词还是名词,"组织"一词强调整体和部分之间的配合性和系统性。

因此,"组织"的强度应当归结于首要分子对其他共犯人的统筹程度,这一方面可以通过首要分子对其他共犯人的控制力度来考察,另一方面可以通过控制广度来参考。首要分子对其他共犯人的控制力度,可以通过网络群组中的双向互动进行参考。这里的互动必须是双向的而非单向的,首要分子在群组里适时的发言和调遣只是一个侧面,另一个侧面在于其他共犯人对他的回应和反馈,以此来综合评定首要分子对其他共犯人的组织力和号召力。首要分子对其他共犯人的控制广度,可以通过群组成员的数量、网络群组发展的下线层级数等因素来考虑。

(二)领导行为及其强度分析

马克昌教授倡导组织行为的"四类型"学说,按照他的观点,"领导"是率领并引导向一定方向实施的行为人。[2] 狭义的组织行为侧重的是统筹人员,扩大队伍,而领导行为侧重人员与人员之间的协调,以内部纪律、规章制度等手段的鞭策下属成员执行命令和要求。网络空间的组织者,其领导行为体现在对其他成员有所统筹和组织的前提下,行为人与其他共犯人的协调程度。

网络空间组织犯领导行为的强度,即首要分子对这个群组协调性的体现及强度,主要可以通过两个方面来体现。

第一个方面是首要分子命令、要求的指向性,即首要分子在网络群组中发出的邀请是概括的、明确的。如果首要分子发出的信息内容只是调查性、试探性

---

[1] 吕叔湘、丁声树主编:《现代汉语词典》,商务印书馆2006年版,第1820页。
[2] 马克昌主编:《犯罪通论》(第3版),武汉大学出版社1999年版,第543页。

的,比如,在网络空间播放淫秽音像制品的案件中,群组控制人只是在群组里发出"谁能提供加密技术"这类的询问性内容,则不能上升到"领导"行为的层面;倘若发出的是"××负责完成播放技术加密,××负责视频播放后的利益分成和转账",明确了职能与分工,具有明确的指向性,可以认为有领导和协调的意图和决断。

第二个方面要看其他共犯人对组织犯发号施令的反应程度,即领导执行力的外化,其他共犯人在接到明确任务分工后,是拖延施行,还是按时办理,其他共犯人对犯罪的实施是另起炉灶,还是利用组织犯号召和布局的优势,都可以作为其他共犯人对组织犯领导行为是否作出反应的重要参考。

(三)策划行为及其强度分析

"策划"行为具有谋划和部署的含义。根据各学者的主张,"策划",是指犯罪集团或者拟制犯罪集团所实施的计划犯罪、拟订方案、作出决策等一系列出谋划策的行为,包括犯罪方法、场所以及逃避打击办法活动的选定。[1] 如果"组织"行为侧重的是行为人对其他共犯人的统筹和部署,"领导"行为侧重的是行为人对其他共犯人的协调和安排,那么"策划"行为就是行为人对犯罪集团执行力和可行性的把控和驾驭。

网络空间策划行为的强度,可以通过犯罪计划的可行度进行评判,也可以参考策划行为的执行力。关于策划行为的执行力,可以通过策划者安排的"实施议程"和犯罪计划的推进程度进行考虑。犯罪计划实施越深入,表明对法益侵害的程度越大,首要分子的策划力越强。犯罪计划的可行度,可以参考网络犯罪活动的进展情况、网络犯罪活动的发展情况以及对原有计划的偏离程度。如果策划者通过网络空间策划犯罪,而后网络犯罪参与者并没有根据原本的计划开展犯罪,而是完全背离其实施,则可以视为策划行为切实性的缺乏,在一定程度上阻却策划者的刑事责任。

通过网络空间组织、策划的有组织犯罪或者聚合型犯罪,共犯人之间由于犯意联络的孱弱,可能造成犯罪意图的偏离,倘若实行行为完全偏离了首要分子的

[1] 马克昌主编:《犯罪通论》(第3版),武汉大学出版社1999年版,第543页;陈兴良:《共同犯罪论》(第2版),中国人民大学出版社2006年版,第82页;桂梦美、宣学伟:《组织犯本体论》,载《铁道警官高等专科学校学报》2003年第1期;阴建峰、周加海主编:《共同犯罪适用问题中疑难问题研究》,吉林人民出版社2001年版,第246页;路军:《论组织犯》,载吴振兴主编:《犯罪形态研究精要》,法律出版社2005年版,第246页。

策划,则首要分子的策划行为归结为无效,首要分子按照无罪或者犯罪预备来处罚。

(四)指挥行为及其强度分析

从通说上看,“指挥”行为指的是首要分子对共犯人的部署调度和指点行为。[1] 指挥行为指向犯罪活动,包括对犯罪计划的分派和对犯罪指令的部署。[2] 与前面三种行为不一样的是,狭义的组织行为的对象在于共犯人,侧重于对共犯人的凝聚和统筹;领导行为的对象也在于共犯人,侧重于共犯人的管理与服从;策划行为的对象在于案件,侧重于犯罪实施的策划性和计划性;指挥行为的对象也是在于成员,旨在有计划或者有指令牵引的前提下首要分子对共犯人的任务分派。

首要分子对其他共犯人的指挥力度或者指挥强度的评价,是对行为人指挥行为有效性的评价。在管理学上,管理规模与管理幅度以及管理层次成正相关。管理规模从某种程度上可以评断出行为人的组织能力,或者行为人对组织对象的控制强度,但是组织强度只是控制强度的一部分,能否很好地实施调遣和安排,还应当结合领导强度和指挥强度。领导强度强调行为人在人事上的协调能力,而指挥强度强调工作部署的有效性,是对组织能力、领导能力以及策划能力的综合评定。

一方面,指挥行为的强度可以通过对组织、领导和策划行为的强度来折射;另一方面,指挥能力的强度,可以通过指挥的结果来考察,通过行为人对群组实际控制力的大小,以及行为人对群组其他成员的调遣力度来考察。

在网络空间中,网络群组的成员数未必是组织者实际的控制人数。可以通过组织者与共犯人的互动频率,组织者命令的执行力度,组织者的号召方向与网络群组实施动态的偏差程度来进行考量。如果网络群组中成员较活跃,且群组成员对组织者的信息回应表明其处于服从和归顺的状态,则共犯人与组织者的指挥力度成正相关。倘若组织者的指挥部署,群组成员都能一五一十地落实,组织者能够控制群组犯罪动态的进程,则组织者可以视为对群组成员有较强的控制力度和指挥力度。

---

[1] 马克昌主编:《犯罪通论》(第3版),武汉大学出版社1999年版,第543页。

[2] 陈兴良:《共同犯罪论》(第2版),中国人民大学出版社2006年版,第81~83页;路军:《论组织犯》,载吴振兴主编:《犯罪形态研究精要》,法律出版社2005年版,第455页。

总之，在网络空间中，组织者的行为强度，不能单独、孤立地来考察，即便是采纳彻底的共犯独立性，也不能孤立地、片面地评价网络空间共同犯罪中组织者的行为。其他犯罪参与人是组织者组织行为的重要参考，如同一面镜子，映射出组织者的行为在其他共犯人身上的效果和反应。

有学者指出，不能将"集团所犯的全部罪行"与"集团成员所犯的全部罪行之和"等同，[1]这说明组织者刑事责任的大小，与其行为和其他参与人的参与程度有莫大的关系。在网络空间的有组织犯罪或者聚合型犯罪中，如果首要分子的组织强度、领导强度、策划强度以及指挥强度较弱，或者行为人的指挥方向与共犯人的实施方向出现了严重偏离，则组织者不宜为其他成员的犯罪行为承担刑事责任。首要分子的刑事责任，必须建立在与其他共犯人有充分关联的基础上，或者首要分子的行为强度达到一定程度的前提下才能追究。

第四节　网络空间共同犯罪重要参加人的刑事责任

大多数学者认为，在立法技术上，以分工分类的刑事立法取代以作用分类的刑事立法是共同犯罪分类的必然趋势，[2]但是，笔者认为，在刑事责任的评价上，分工分类法终归要转化为作用分类法，因为共犯参与人刑事责任的大小取决于其在共同犯罪中所起的作用。网络空间有组织犯罪和聚合型犯罪承担刑事责任的，主要包括首要分子和积极参加者两类，其他参加者一般没有作为犯罪来处理。首要分子是网络空间有组织犯罪和聚合型犯罪的实际控制者。积极参加者是除对犯罪走向起控制作用的首要分子外的其他重要参加者。

一、网络空间共同犯罪首要分子的刑事责任

在传统的共同犯罪中，首要分子和主犯不是一个等同的关系，也并非包容关系。[3] 主犯的分类存在二分法和三分法之争，二分法立足于《刑法》第 26 条的规定，认为主犯分为在集团犯罪中起组织、领导作用的人，以及在共同犯罪中起

---

〔1〕 赵辉：《组织犯刑事责任之探讨》，载《中国刑事法杂志》2009 年第 6 期。

〔2〕 李祖华：《共犯人分类比较研究》，载《浙江师范大学学报（社会科学版）》2008 年第 2 期。

〔3〕 石经海：《首要分子与主犯关系新论》，载《现代法学》2000 年第 6 期；刘新良、林峰、张铮：《聚众犯罪首要分子与主犯关系探究》，载《沈阳大学学报》2006 年第 6 期；丁鹏：《首要分子与主犯关系新探——从任意共同犯罪与必要共同犯罪角度》，载《福建政法管理干部学院学报》2002 年第 1 期。

主要作用的人,[1]三分法在原本的二分法中派生出聚众犯罪的首要分子作为一类。[2] 首要分子也分为两类:一类是集团犯罪中的首要分子;另一类是聚众犯罪的首要分子。在共同犯罪的形态中,首要分子属于主犯的范畴,在只处罚首要分子的罪名中,首要分子构成单独犯罪,[3]如聚众扰乱公共场所秩序、交通秩序罪。

网络空间的首要分子主要存在于网络空间的共同犯罪中,属于共犯行为,部分存在于分则个案中的罪名,属于正犯行为。从处罚机制上看,分则中的组织行为与共同犯罪中的组织行为是不一样的。分则中的组织行为是正犯行为,行为人只为自己的行为承担刑事责任;总则中的组织行为是共犯行为,行为人应当为整个犯罪集团,或者为共同犯罪的全部罪行承担刑事责任。比如,凭借网络平台,通过加密技术组织他人播放淫秽电影、录像等音像制品的,可以直接按照《刑法》分则第 364 条组织播放淫秽音像制品罪的相关规定来定罪处罚。

网络空间有组织犯罪的首要分子,就是网络空间共同犯罪的策划者和组织者。网络空间聚合型犯罪的发起者未必是后来网络群组的实际控制者,所以在刑事责任的讨论中,在实施网络犯罪的过程中,对聚合型犯罪起支配、控制、号召作用的参与人是首要分子。

无论是网络空间共同犯罪中的组织犯,还是网络空间聚合型犯罪中的首要分子,从本质上都是对多人犯罪的指挥和控制,只是在力度上有所不同:网络空间有组织犯罪的首要分子,因为犯罪目标的明确和实施方案的明晰而在身份上大体稳定,网络空间聚合型犯罪的首要分子,因为网络群组性质的易变性,也决定了群组首要分子身份的易变性。

但是,两类首要分子的本质区别以及刑事责任的有无以及大小,最终归结于对犯罪的控制力和对结果的原因力。首要分子对网络群组,或者共同犯罪的实际控制力,表现为指挥、领导、策划和组织行为的强度。结合前面的描述,这些控制力的强度,可以从以下几个方面来讨论。

(一)首要分子管理群组的规模程度

首要分子所管理的群组规模越大,或者所管理的网络共同犯罪的成员越多,

---

[1] 何秉松等:《刑法教程》,法律出版社 1987 年版,第 132 页;陈兴良:《共同犯罪论》(第 2 版),中国人民大学出版社 2006 年版,第 191 页。

[2] 谢望原主编:《刑法学》,北京大学出版社 2003 年版,第 255 ~ 256 页。

[3] 刘德法、刘聪:《论聚众犯罪中的首要分子》,载《山东警察学院学报》2013 年第 5 期。

则可以视为首要分子对共同犯罪的控制力强，社会危害性大。首要分子的管理规模，可以从成员的数量以及组织的层级数等因素综合考量。网络空间中的有组织犯罪或者聚合型犯罪，首要分子控制的各种社交群组、事务群组是开展和组织网络犯罪活动的主要工具。

但是，群组中的总人数未必是管理规模中的总人数，对于首要分子管理的"有效人数"，还应当结合组织者与参与者的语言互动来评判。另外，群组的下线层级数也可以作为首要分子组织规模的重要参考。诸如，在通过网络空间实施聚众赌博，或者开设赌场的，应该根据行为人发展的代理级数、行为人发展代理的职能分布以及业务分布综合评定其控制规模，进而评断出行为人组织行为的社会危害性大小。首要分子的刑事责任与其管理群组的人数，以及管理群组的层级数成正相关。

（二）首要分子与其他共犯人的协调程度

首要分子作为聚合型犯罪或者组织犯罪的策划者和领导者，体现出对组织对象的驾驭能力和协调能力，是其领导作用以及领导强度的体现。首要分子与其他共犯人的协调程度，通过首要分子对其他共犯人的利益投放、利益允诺，或者行为人之间双向互动的频率来评判。

如果首要分子经常通过网络群组实施红包打赏，或者进行工作部署，可以证成首要分子单方在组织犯罪，或者在协调共犯人方面上的贡献。首要分子的协调程度，取决于协调的有效性。待首要分子在群组中投放利益诱惑，或者部署犯罪分工后，其他共犯人对此的响应程度，能够反映首要分子领导行为的有效性。

如果部分共犯人参与共同犯罪并不接受首要分子的调遣和安排，各行其是，则首要分子欠缺对该部分共犯人的驾驭效果和指挥效果，削弱首要分子的协调程度，首要分子的社会危害性较小，在其驾驭和协调范围内承担刑事责任，首要分子的刑事责任与其对犯罪活动安排的协调能力成正相关。

（三）首要分子策划犯罪的进展程度

首要分子所策划犯罪的进展程度，包括事实评价和价值评价两个方面的要素。

一是从事实评价上看，共犯人所实施的网络犯罪，能够匹配到首要分子策划犯罪的哪一个步骤。从网络空间中财产类犯罪和传播类犯罪的大概实施过程来看，犯罪实施过程主要包括：磨合犯意—分派工作—寻找网络技术支撑—发布违法犯罪信息—反馈意见—利益分成几个阶段。[1]

二是从价值评价上看，共犯人所实施的网络犯罪能够满足规范刑法学中的哪一个阶段，是还在犯罪预备阶段，或犯罪实施阶段，还是共同犯罪已经终了，正在策划并实施下一个犯罪构成的共同犯罪。网络共同犯罪的推进程度与首要分子的社会危害性成正相关，同时，也与首要分子的刑事责任成正相关。

首要分子应当在多大程度或者多大范围上为其他共犯人实施的网络犯罪承担责任？庞杂而虚拟的网络空间中，人员繁杂、分布零散，首要分子通过网络空间所实施的组织行为，是一个犯罪行为朝外围不断扩张和衍射的结果。“尾大不掉”正是形容组织者与参与犯罪的“下线”人员的关系。

如果共犯人在犯罪实施的过程中与组织者的本意相悖，超出首要分子的策划范围，首要分子当然不应当承担该部分刑事责任。网络空间中有组织犯罪以及组织型犯罪的首要分子，承担刑事责任的范围，应当根据首要分子所实施的行为具体分析，适当地进行扩张或者限缩。根据《刑法》的规定，犯罪集团的首要分子，应当按照集团所犯的全部罪行处罚，其他起组织或者策划作用的主犯，应当按照其组织、指挥的全部犯罪处罚。

网络空间中有组织犯罪的首要分子，其对犯罪组织的控制力较大，可以比照《刑法》第26条第3款中“集团所犯的全部罪行处罚”的量刑规定，网络空间的聚合型犯罪中的首要分子，其对其他参与者的控制力较弱，可以比照《刑法》第26条第4款的“组织、指挥的全部犯罪处罚”的量刑规定。

问题的关键在于，如何理解法条中的“全部犯罪”，学界主要存在全部罪行负责说、自身罪行负责说、预谋罪行负责说、集团故意负责说、支配犯罪负责说、总体概括性故意负责说等学说。[2] 这些学说各有千秋，“全部罪行负责”和“自身罪行负责”的对立最具有代表性，集团故意负责是对总体犯意抽象的概括，内部出现预谋罪行负责、支配犯罪负责以及总体概括性负责的分化。

罪责自负是刑法归责理论中的重要原则，因此研究共同犯罪当然不能脱离这个框架。首要分子应当承担多大的责任，笔者倡导应该把握“关联性原则”，即其他共犯人所实施的犯罪是否与首要分子的策划和组织相关，存在关联性，才

---

〔1〕 张强、陈勇、张雷：《计算机网络犯罪的认定和防控——以利用计算机网络实施损害商誉罪为视角》，载《重庆交通大学学报（社会科学版）》2015年第4期。

〔2〕 秦宗川：《论黑社会性质组织犯罪中“全部罪行”的认定》，载《中国刑事法杂志》2014年第5期。

应当承担刑事责任，关联性的大小也影响刑事责任的大小。譬如，首要分子通过网络群组开设赌场，群组成员在赌博聊天之余，与其他群组成员谈判涉黄交易，在线贩卖黄色电子音像品以牟利，则首要分子不应为参与者传播淫秽物品牟利的行为承担责任。但是，如果首要分子通过网络空间组织在线淫秽直播表演，在明知部分下线组织者录制、传播淫秽直播表演而放任其行为时，首要分子不仅应当为组织淫秽表演承担全部刑事责任，还成立传播淫秽物品牟利罪的从犯，[1]为其他共犯人传播淫秽物品的行为承担刑事责任。

二、网络空间共同犯罪积极参加者的刑事责任

积极参加者，是网络空间有组织犯罪和聚合型犯罪处罚的另一类重要参加人。积极参加者，从表面意思上来看，就是积极参加并实施犯罪的行为人，有学者认为“积极”是强调参加者实施犯罪时的态度，[2]也有学者认为“积极”是强调参加者在共同犯罪中所起的作用，[3]还有学者从结果无价值论的角度出发，认为“积极”是指行为人实施了犯罪行为并造成了严重的犯罪后果。[4] 无论如何定位，积极参加者在共同犯罪中起的都是较突出的作用，这种突出的作用可以体现为对犯罪的原因力，也可以体现为对首要分子行为的“加功”程度。

在网络空间的有组织犯罪和聚合型犯罪中，积极参加者的行为方式表现如下：

第一，为群组的控制者，或者共同犯罪的首要分子积极发展下线。在网络犯罪的黑色链条上，需要不同的行为人去统筹、组织和规划。积极参加者可以为壮大黑色链条，不断扩张共同犯罪的人数，发展网络群组的下线。比如，在网络群组中充当“二把手”的作用，首要分子负责犯罪的策划和部署，积极参加者负责方案的传达和人员的调遣。再如，在网络赌博案件中，充当网络群组的二级代理或者群主代理，负责每次赌博活动的组织和赌资的分成。

---

〔1〕 在组织播放淫秽音像制品罪的犯罪构成上，首要分子是主犯，其他配合首要分子的下线组织者是从犯；但是在传播淫秽物品牟利罪的犯罪构成上，下线组织者因为是主要的传播者和受益对象，所以是主犯，首要分子为下线组织者提供了“片源”，是从犯。笔者所倡导的主从犯，是从个罪的犯罪构成上看。

〔2〕 李宇先：《论聚众犯罪主体》，载《零陵学院学报》2004 年第 1 期。

〔3〕 马贤兴：《聚众斗殴案件中对纠集者、首要分子如何处罚——兼谈对刑法第 292 条第二款的理解与适用》，载《中国刑事法杂志》2004 年第 5 期。

〔4〕 罗毅：《聚众斗殴犯罪主体认定中的三个疑难问题》，载《上海市政法管理干部学院学报》2001 年第 1 期。

第二,为实施网络犯罪活动提供重要网络技术支持。网络犯罪活动的帮助者,在网络空间共同犯罪中,大多数时候应当被认定为主犯而非从犯。关于网络犯罪帮助者的刑事责任,笔者主要放在后面的章节来讨论。为网络空间的有组织犯罪,或者聚合型犯罪提供技术支持的行为可以表现为:为在线淫秽直播表演提供加密技术,为洗钱犯罪在线提供流量渠道,为金融诈骗类犯罪提供账号密码及破解方法等行为。

第三,积极响应首要分子的号召,参加网络犯罪活动。这一类行为人主要表现为与首要分子互动频繁,配合群组的管理者或者共同犯罪的控制者,时常建言献策,负责谋划安排。此类积极参加者充当首要分子的补充作用,负责小范围的犯罪活动的策划和指挥,成为一定范围的意见主导者,并在决策意志上,与首要分子的方向保持一致,以方便其指挥和领导活动的开展。

对于发展网络下线的积极参加者,可以根据发展下线的层级数,以及下线的管理人数等因素来综合考虑,评判方式与首要分子的作用评判类似,这里不再赘述。

对于提供网络技术支持的积极参加者,可以根据技术的垄断性、排他性和不可替代性,以及行为人提供技术支持的积极性等因素来评判。

对于响应首要分子的积极参加者,可以通过参加者与首要分子互动的频繁性、其行为与首要分子犯罪行为的关联性以及实施犯罪活动的活跃性等方面来考察。

从《刑法》分则的法条来看,积极参加者的刑事责任低于主要分子,在共同犯罪中,大多数属于从犯地位,如第 290 条的聚众扰乱社会秩序罪与聚众冲击国家机关罪。也有部分把积极参加者与主犯放到了同样的量刑档次,如第 317 条的组织越狱罪、暴动越狱罪与聚众持械劫狱罪。因此,网络空间有组织犯罪和聚合型犯罪的积极参加者,一般应当比照作为主犯的首要分子,从轻、减轻或者免除处罚,个别重罪的,比照主犯量刑处罚。

本章小结

网络空间的有组织犯罪和聚合型犯罪,都是由一人进行组织统筹,其他共犯人根据策划者的指挥、号令和安排所作出的同向性的犯罪行为。相较于传统空间中的首要分子,由于控制力的减弱,网络空间的有组织犯罪和聚合型犯罪有逐渐靠拢的趋势。网络空间的聚合型犯罪,其行为模式的自发性和分工的模糊性是区别于网络空间有组织犯罪的关键。但是,无论是网络空间的有组织犯罪还是聚合型犯罪,首要分子对共同犯罪或者网络群组的控制程度是承担刑事责任大小的重要考量。

网络空间有组织犯罪或者聚合型犯罪的首要分子,是共同犯罪中的主犯。援用管理学原理,评断首要分子在群组的管理规模、策划的进展程度、人员的协调程度等因素,对其控制力作出合理评价,结合群组成员所实施犯罪与首要分子策划犯罪的相关程度,方能科学地选择首要分子量刑的适用。积极参加者作为网络空间有组织犯罪以及聚合型犯罪的重要参加者,原则上应当按照从犯的标准量刑,部分重罪除外,应参照主犯量刑。

第六章　网络空间犯罪帮助行为研究

网络空间犯罪的帮助行为，亦称网络空间的中立帮助行为，主要表现为为行为人实施网络犯罪行为提供网络平台支持、连接服务以及网络储存业务的技术支持者。2015 年 11 月生效的《刑法修正案（九）》第 28 条和第 29 条新增了“拒不履行信息网络安全管理义务罪”和“帮助信息网络犯罪活动罪”，用以规制平台监管责任和评价网络中立的帮助行为，以第 286 条之一和第 287 条之二，呈现在《刑法》分则条文中。解决网络空间中帮助犯的渠道：一是“消极帮助行为”“中立帮助行为”等理论的构建；二是“片面帮助犯”理论的适用。

第一节　网络空间犯罪帮助行为的方式和特点

有学者认为，网络空间的帮助行为主要以四种形式来进行：物质帮助、精神帮助、技术支持、黑客攻击。[1] 在网络空间中，物质帮助可以通过在线转账、在线支付等钱财手段来实施，精神帮助可以通过会话框或者聊天平台以鼓励打气的形式进行，这些手段只是传统帮助犯在网络空间中的一般表现，没有体现出网络空间帮助行为的特殊性。

从广义上讲，黑客攻击也是对其他共同犯罪人的技术支持，但是，黑客攻击主要针对的是对网络本身的犯罪，不在讨论之列。网络空间帮助行为的作用，可以从帮助行为的专业性和不可替代性入手，审视和“反哺”我国现有的帮助犯理论。

---

〔1〕 陈兴良：《共同犯罪论》（第 2 版），中国人民大学出版社 2006 年版，第 201 页；赵秉志、张新平：《试论网络共同犯罪》，载《政法论坛（中国政法大学学报）》2002 年第 5 期。

一、网络空间犯罪帮助行为概述

网络空间中的帮助行为，通常以网络技术支持的形式来展开，行为人可以积极的手段来支持，即在明知有人从事网络犯罪的情况下仍然提供互联网接入等网络服务；网络空间中的帮助行为，也可以消极的方式来支持，在先前已经提供以互联网接入为代表的网络服务的情况下，服务对象从先前的网络合法活动逐渐发展为网络犯罪行为，行为人明知服务对象的行为性质已然发生变化，并未终止网络技术支持的行为。

与传统的帮助行为不同的是，传统的帮助行为通常情况下以“一对一”的形式展开，帮助者对被帮助者的基本情况、犯罪目的以及犯罪动向都有清晰的认知。在虚拟的网络空间中，“一对多”成了帮助行为的主要形式。在网络空间共同犯罪中，帮助行为主要以平台支持和技术支撑为主要形式。

《刑法修正案（九）》新增“拒不履行信息网络安全管理义务罪”和“帮助信息网络犯罪活动罪”，根据部分学者的观点，前者属于网络监管责任，行为人的主观方面可以是故意，也可以是过失，属于典型的混合罪过；〔1〕后者属于真正意义上的帮助责任，行为人的主观方面只能是故意，而不能是过失。在网络监管责任中，行为人可能因为疏忽大意而造成了重大损失，也有可能对损害后果持放任甚至是希望的态度。根据《刑法》第286条之一的规定，网络监管责任，通常只有在几种情况下才承担：违法信息大量传播，用户信息泄露并且造成严重后果，刑事案件证据灭失且情节严重。根据《刑法》第287条之二的规定，帮助信息网络犯罪活动罪的成立，也有“情节严重”的要求，但是并没有对此具体展开。

二、网络空间帮助行为的行为方式和学理分类

从行为的方式上来看，网络监管责任和网络犯罪帮助者的责任，在一定程度上是存在重合的。前罪的犯罪主体限制为“网络服务提供者”，后罪没有这项限制。在网络平台管理者对网络犯罪结果的主观方面为故意时，其行为模式也符合“帮助信息网络犯罪活动罪”的犯罪构成，行为方式上属于想象竞合。

---

〔1〕 李永升、袁汉兴：《拒不履行信息网络安全管理义务罪的理解与适用》，载《宜宾学院学报》2017年第2期。

(一)网络空间帮助行为的行为方式

网络空间的帮助行为可能是以作为的方式进行,也可能是以不作为的方式进行。巴尔赛银行将与网络平台相关的金融科技分为支付结算、存贷款与资本筹集、投资管理、市场设施四个种类。[1] 根据法律规定,网络空间帮助行为的行为方式可以分为以下两大类。

1. 网络技术支持活动

网络技术支持活动,即为犯罪提供互联网接入、服务器托管、网络存储、通讯传输等行为。互联网接入是指通过信息采集、共享和传输,对广域网或者万维网进行高速度的物理连接。[2] 服务器托管是指为了使系统达到安全、可靠、高效运营的目的而采取的系统自行维护,或者请求远程维护。[3] 网络存储是指通过直连式、网络附加式或者存储区域网的形式进行的数据存储。[4] 通讯传输,是指一个客户端向另一个客户端进行的电子信息传导和输送。[5]

2. 网络宣传和网络结算活动

网络宣传和网络结算活动,是指网络广告推广和网络支付结算帮助行为。网络广告推广是网络媒介向网络营销者进行宣传投放的手段。网络广告推广的实施,虽然不能从直接的力度上加强对网络犯罪实施者的匡扶,但是能间接扩大网络犯罪的影响程度和影响范围,对法益侵害是间接性而非直接性的。网络支付结算帮助行为是指商业银行的升级,是基于网络平台的运作,为交易客户提供货币支付或者资金流转的电子支付结算手段。[6] 可以说,网络平台支持为行为人实施网络犯罪提供了活动空间,网络支付平台是为行为人实施犯罪开放了资金流动渠道。

(二)网络空间帮助行为的学理分类

学理上通常把网络帮助的平台或者网络支持的手段分为 ISP 和 ICP 两

[1] 李文红、蒋则沈:《金融科技(FinTech)发展与监管:一个监管者的视角》,载《金融监管研究》2017年第3期。

[2] 柳华文、严玉婷:《从国际法角度看互联网接入权的概念》,载《人权》2016年第2期。

[3] 唐俊易:《服务器托管和服务器租用的区别》,载《计算机与网络》2015年第1期。

[4] 李颖、宋鱼水:《论网络存储空间服务商合理注意义务——以韩寒诉百度文库案判决为切入点》,载《知识产权》2013年第6期。

[5] 杨莉、郭红英:《浅谈光纤通讯传输的常见问题与解决方法》,载《数字运用与科技》2011年第6期。

[6] 郑瞳:《商业银行网络与企业结算系统关系研究》,载《闽江学院学报》2006年第3期。

种。[1] 前者指代所有的网络服务提供经营者，后者指的是网络信息发布的直接平台。随着网络技术分工越来越细化和专业化，ISP 和 ICP 的区分标准越来越模糊。对于网络服务提供经营者的外延，有学者指出包括基础设施经营者、接入服务提供者、主机服务提供者、电子公告板系统经营者和信息搜索工具提供者五类，[2]有学者认为包括主机存放服务提供、服务器缓存服务提供和接入服务提供，[3]有学者认为包括为局域网提供服务的小服务商、为互联网提供服务的大服务商以及以软件业、通信业为首的拓展业务的服务商，[4]还有学者认为包括网络内容提供者和网络中介服务者。[5]

ISP 和 ICP 的区分有利于划分网络服务提供者和网络技术支持者的责任。有学者认为，ISP 和 ICP 的根本差别在于前者是为网络信息服务提供组织和发布的技术支撑与技术路径，与网络内容无关，后者直接涉及组织、发布有关信息的具体内容。

结合《刑法》第 287 条之二的相关规定，互联网接入、服务器托管、网络存储、通讯传输等行为本身不涉及网络服务的具体内容，属于 ISP 的范畴，网络宣传与网络结算活动涉及网络服务的具体内容，属于 ICP 的范畴。后文主要描述的 ICP，即网络信息平台的提供者，主要指网络信息宣传平台和网络资金流转平台两类，前者主要包括网络信息交流的各类社交平台和软件，后者主要指资金汇转的主要网络渠道，包括各式的理财软件和支付软件。

虽然法律对不同的网络服务主体规定了相同的法定刑，但是由于从事网络服务的主体离法益侵害的远近不同，其应当承担的刑事责任的大小也应当有所区别。具体而言，ISP 服务提供者或者网络技术活动支持者，离网络犯罪的法益侵害较远，其承担的刑事责任应当较小或者在结果回避的注意义务上较小。ICP 服务提供者或者网络技术的平台提供者，与网络犯罪的法益侵害较近，承担的刑事责任应当较大，或者在结果回避的注意义务上也应当较大。

---

[1] 赵联宁：《ISP/ICP 的法律责任》，载《河海大学学报（哲学社会科学版）》2001 年第 2 期；陈道英：《我国网络空间中的言论自由》，载《河北法学》2012 年第 10 期。

[2] 薛虹：《网络时代的知识产权法》，法律出版社 2000 年版，第 205 ~ 206 页。

[3] 张新宝主编：《互联网上的侵权问题研究》，中国人民大学 2003 年版，第 30 ~ 31 页。

[4] 赵联宁：《ISP/ICP 的法律责任》，载《河海大学学报（哲学社会科学版）》2001 年第 2 期。

[5] 蒋志培主编：《网络与电子商务法》，法律出版社 2002 年版，第 181 页。

三、网络空间中帮助行为的特点

与传统的帮助行为相比,网络帮助行为表现出来的是更强的技术性、专业性和不可替代性。在传统的帮助行为视域下,帮助者的缺失,对犯罪的实施未必有毁灭性破坏的影响,其他共犯参与人可以更换帮助者,或者独自实施犯罪,但是网络空间帮助者的缺位,对网络犯罪的正常实施的影响可能是致命的。总结起来,网络空间中帮助行为的特点可以总结如下。

(一)手段上的技术性

网络空间的技术支持行为,从实施手段上看,是帮助者提供的技术行为。比起一般的帮助行为,技术支持行为具有更强的垄断性和不可替代性。一般的帮助行为,如果欠缺帮助者的匡扶,相关者的行为仍然可以进行,只是在进度上有所怠慢或者在效果上有所打折。网络空间中的技术支持行为,在通常情况下具有排他性和不可替代性。从互联网接入业务、讯息传输业务的发展来看,网络技术发展经过了一个从有线网络到无线移动通讯的转变。但是,从国家对行业的管控来看,整个行业是倾向于垄断的。无论是提供网络连接还是提供网络平台支持,全国的王牌企业为数不多,在网络空间中能够提供传播平台和传播流量的主体数量也有限。一旦技术支持者终止其服务,可能会造成部分网域的瘫痪,相关者的网络犯罪无法开展,因此从手段上,网络空间的帮助行为具有更强的技术性和不可复制性。

(二)属性上的业务性

如前所述,众多论者把网络服务的提供者分为 ISP 和 ICP 两类:一类是提供与网络传播内容无关的技术支持;另一类是提供与网络传播内容相关的媒介支持。从网络空间帮助者的职能来看,网络服务提供者的行为在属性上具备一定的业务性,虽然网络服务技术支持者和网络服务平台提供者的业务范围和职能大小有所不同。

鉴于网络环境的特殊性,有学者适时提出"网络从业禁止令"的主张,旨在限制和剥夺帮助信息网络犯罪活动行为人的从业资格。从网络中立帮助行为的性质上看,行为人不是对相关者的网络犯罪提供匡助,而是对相关人的犯罪实施提供关键性的扶助。正如同木桶原理,网络服务提供者的帮助行为起着不可或缺的作用,倘若丧失其中一块,很难找到或者无法找到一块合适的木板替代该项网络技术的支持功效,因此,从帮助的效果和作用上看,网络技术支持行为属于业务行为或者职务行为,对犯罪的实施起举足轻重的作用。

(三)外观上的中立性

近年来,较多学者都致力于研究中立的帮助行为,部分学者开始着手研究网络中立帮助的行为。陈洪兵教授指出,中立的帮助行为,是指从外表看属于无害的、与犯罪无关的、不追求非法目的的行为,客观上却又对他人的犯罪行为起到了促进作用的情形。[1] 传统的中立帮助行为的“中立”都是立足于行为人的外观来加以评述的,笔者认为,网络中立帮助行为中的“中立”指的是目的上的中立,即行为人对相关者的帮助,并非一定处于相同的目的,更多可能是同向的目的。行为人对相关者实施犯罪不是持有希望的态度,而是放任的态度。

所谓中立,不是表面无害实际有害,其帮助行为是否具有社会危害性,还应当结合行为人对犯罪结果的态度以及实施的行为来具体评定。罗克辛教授也提出过类似的中立帮助理论,根据行为人的意图来构建出入罪机制。倘若行为人有确证证明有帮助相关人的意图,原则上可罚,在对相关人有犯罪之外的意图而不可罚,倘若行为人无法确证帮助相关人的意图,原则上因为信赖利益而不可罚,而在相关者有明显行为倾向时具有可罚性。[2] 准确地说,网络空间的技术支持者在外观上是“中立”的,但是在态度上不可能中立,所谓“无罪过则无责任”,行为人刑事责任的有无与大小,和行为人对犯罪结果的态度以及犯罪法益的侵害程度息息相关。

(四)联络上的片面性

联络的片面性是网络空间中共同犯罪的共同点,对这一部分笔者不再赘述。行为人可能知道或者已经知道相关人在利用网络实施犯罪,相关人也可能知道行为人在为网络犯罪的实施进行巩固和强化。

与网络空间中的组织行为和教唆行为中的统筹和利诱机制相比,网络空间技术支持行为的主观意图更倾向于利用,行为人和相关人处于平等合作的地位。在网络空间共同犯罪的行为联动内核中,行为人和相关人的行为动机及行为义务具有同向性,即促使行为人为相关人提供技术支持的利益刺激是同向的:相关

---

〔1〕 陈洪兵:《中立行为的帮助》,法律出版社2010年版,第2页。

〔2〕 吴雨豪:《聚合类网络服务商著作权侵权的刑事处罚边界》,载《电子知识产权》2014年第9期。

人意图通过网络实施犯罪来达到自己的犯罪目的,行为人希望通过网络技术支持获取网络流量和点击量,以增加自己的利益收成。从广义上讲,技术提供者有停止并及时报告的义务,相关者同样有维持良好网络秩序,在网络环境中按照行业和职业规范开展业务活动的义务。从对网络环境净化功能的义务上看,双方的义务具有重合性。在同向利益和相通义务的牵引下,行为人与相关人之间呈现相互利用、相互支配的行为模式。

第二节　网络空间犯罪帮助行为的性质评析与处罚机制

传统的刑法理论用来解读网络空间的帮助行为,理论亟待改良,有待商榷。传统帮助行为,"一对一"帮助是最典型的模式,网络空间中的帮助行为,"一对多"则是常见的形式。抛开帮助行为模式的转变,传统的帮助犯理论或许从理论起点开始,就存在论证的瑕疵。

在绝大多数网络空间传播类犯罪的司法实务中,提供深度链接技术服务的行为都作为实行行为处理,[1]这说明从实务经验上看,帮助行为的性质未必是辅助性的。

一、我国刑法理论关于帮助犯的理论误读

在传统的刑法理论中,"帮助犯"通常作为"从犯"的一种类型。根据我国《刑法》第27条第1款的规定,在共同犯罪中起次要作用或者辅助作用的,是从犯。前一种情况指的是起次要作用的实行犯,是在作用上对从犯的成立范围进行的框定,后一种情况指的是帮助犯。

在日本《刑法典》中,从犯和帮助犯是一个概念。[2] 马克昌教授指出,刑法理论中所指的"帮助行为"是指在他人实行犯罪之前,或者在实行犯罪的过程中对他人予以的匡助,使他人易于实行或者易于完成实行的行为。[3] 因此,可以看出,帮助行为的内核是"帮助他人易于完成或者易于实行",并非在他人实施

---

〔1〕 王冠:《深度链接行为入罪化问题的最终解决》,载《法学》2013年第9期;阎二鹏、梅腾:《行为共同说视角下深度链接入罪化探究》,载《江海学刊》2015年第4期;徐松林:《视频搜索网站深度链接行为的刑法规制》,载《知识产权》2014年第11期。

〔2〕 日本《刑法典》第62条规定:帮助正犯的是从犯。教唆从犯的,判处从犯的刑罚。第63条规定:从犯的刑罚,按照正犯的刑罚予以减轻。

〔3〕 马克昌主编:《犯罪通论》(第3版),武汉大学出版社1999年版,第388页。

的基础上为其打下手、当助理。这种“易于他人完成或者实行”的物理性帮助，行为人既可以在整个过程中扮演辅助性的作用，同样也可以扮演关键性或者决定性的作用。从字面意义上看，“帮助”的含义可能是代理或者替换，例如，我不会修空调，我请人来帮我修空调。这里的帮助行为绝不是起单纯的辅助作用，而是在整个维修过程中起关键性作用。再如，一个全身瘫痪的人无法活动，一个职业杀手“帮助”他杀死了自己的仇家。职业杀手的作用绝不是辅助性的，对帮助对象来说，具有身份替代的作用，对犯罪结果来说，起决定性的作用。在网络空间的共同犯罪中，行为人提供的技术支持或者平台支撑往往在网络犯罪中也起着至关重要的作用。要真正理解帮助行为，不能抛离关联行为，应当关注帮助行为与关联行为的“加功”与互动。

二、帮助行为的类型列举与性质评析

帮助者的行为到底可不可以评价为主犯，还要回归到帮助者与相关人的联动关系上。帮助者与相关人的犯意联络和行为联动决定了帮助行为的类型，进而决定了帮助行为的性质。

（一）帮助行为的类型列举

除却总则理论中的帮助犯理论，有学者把分则相关理论中的帮助行为分为四种类型。

第一种行为类型是构成共同犯罪的帮助犯，即依附于实行行为的帮助犯。根据大部分学者支持的从属性学说，只有当帮助对象构成犯罪时，帮助者才构成犯罪。比如，在保险诈骗罪的案件中，中介机构故意提供虚假的证明文件，为他人诈骗提供条件，根据《刑法》第198条第4款的规定，应当按照保险诈骗罪的共犯来定罪处罚。

第二种行为类型是连累犯，即事前和事中没有共谋，事后为行为人提供帮助，《刑法》分则中最典型的是事后的证据类犯罪，如洗钱罪，掩饰、隐瞒犯罪所得、犯罪所得收益罪以及窝藏、包庇罪等。无论是行为共同说还是犯罪共同说，以连累犯为代表的事后共犯，名义上有“共犯”之名，但本质上没有成立共同犯罪的空间。

第三种行为类型是帮助性犯罪，即《刑法》分则没有规定相关人的刑事责任，只处罚帮助者，并规定了帮助性犯罪的具体罪名，比较典型的是资敌罪，帮助毁灭、伪造证据罪等。

第四种行为类型是帮助行为的独立处罚,比起第三种行为类型,这一种行为类型并没有直接的罪名加以规制,需要借助其他罪名来规制。最典型的是,帮助他人自杀或者自残的,可能按照故意杀人罪和故意伤害罪定罪处罚。

笔者认为,网络空间的帮助行为属于第一种行为类型,但又不全同于第一种行为类型。笔者论述的帮助行为,必然是在网络空间的帮助行为与相关行为构成共同犯罪的前提。但是,与一般的帮助行为不同的是,网络空间帮助行为的犯罪形态,并不是与相关行为同步,而是以一种非典型的承继共犯的方式来展开。

承继共犯不同于事后共犯,事后共犯是相关人已经完成犯罪或者犯罪已经既遂,帮助者加入犯罪中,一般的共同犯罪理论都不认为事后共犯成立共同犯罪,而承继共犯是在相关人开始实施犯罪而犯罪未完成之前,其他行为人加入犯罪中来。网络空间的帮助行为属于承继共犯,只是比起传统的承继共犯,网络共同犯罪往往持续和发酵的时间较长,共同犯罪参与人加入和退出都相对自由,且行为人各方大多都以片面共犯的形式实施犯罪。

从前述的四种情形来看,只有第一种情况,帮助者与相关人构成共同犯罪。但是,无论帮助者与相关者是否构成共同犯罪,帮助者受到刑事处罚的依据都是相通的,最终要落脚于帮助者社会危害性的大小。

(二)帮助行为的性质评析

帮助犯的四种行为类型只是理论界为研究进行的划分。正如上一章节所述,《刑法》总则和分则都规定了组织行为,但总则的组织行为就是共犯行为,分则的组织行为就是实行行为。同一概念放在总则和分则不同的位置,学理上将其定义分为正犯和共犯,同时在量刑机制上作出了区分。

在以上四种帮助行为中,第一种类型的帮助行为,是共同犯罪中的共犯行为;第二种类型的帮助行为,与关联行为不构成共犯单独处理而认为是正犯行为;第三种类型的帮助行为,是《刑法》分则规定的正犯行为;第四种类型的帮助行为,依据《刑法》分则的相关规定处罚,是正犯行为。从这四种帮助行为的类型来看,只有第一种类型才是共犯行为,按照从犯的处罚机制,并在处罚幅度上可能轻于关联行为,后面三种类型的帮助行为,其刑事责任未必轻于关联行为。甚至可以说,从第三种类型和第四种类型看,帮助行为的刑事责任还可能大于关联行为,因为其帮助对象的行为只是违法而非犯罪(如帮助毁灭、伪造证据罪的帮助对象),甚至不构成犯罪(如自杀者)。

问题的分析不仅要在形式上展开,还要在实质上深挖。同样是对相关人的替代、匡助和帮扶,为什么会呈现不同的评价,四种类型的划分立足于法条规定,这属于形式方面的原因,其实质上的原因应当从行为的社会危害性入手。刑法意义的帮助行为是否应当受到处罚,或者受到重于关联行为的处罚,最终还是应当落脚于帮助行为的社会危害性大小。

帮助行为的社会危害性大小的评判,应当根据帮助行为的可替代程度、帮助行为性质本身的违法性程度以及帮助行为与关联行为的关联程度来把握。帮助行为的可替代性越小,帮助行为的社会危害性越大。帮助行为与关联行为的关联程度,是帮助行为可替代性的侧面。如果看似中立的帮助行为只是例行公事,那么即便是关联行为对其有所利用,在一般情况下也不能追究关联行为的刑事责任。关联程度的中断和弱化,会阻却或者削弱帮助行为的违法性。帮助行为性质本身的违法程度,是指在外表看似中立的帮助行为上,行为人是否违反了一定的规范和义务,或者是否造成了一定程度的客观危害。

关于违法程度的评判标准,域外主要存在社会相当性说、职业相当性说、利益衡量说、义务违反说以及受大多数学者所推崇的客观归责论。[1] 这些理论都从各自的角度,诠释了帮助者应当注意或者回避结果发生的规范和义务。

三、网络空间帮助行为的处罚机制

网络空间的帮助行为一般都为中立的帮助行为,这种中立的色彩并不一定阻却帮助行为的违法性,但是,在一定程度上淡化了帮助行为与关联行为的关联性,阻却共同犯罪的成立。在以往的刑事判决书中,一般没有把为传播淫秽物品的行为人提供网络平台的行为认定为传播淫秽物品罪的共犯,而是作为单独犯罪来处罚。[2] 在众多论者看来,为他人提供网络平台进而实施网络犯罪的,因为缺乏和网络犯罪相关者形成共谋的机制,网络平台提供者和传播淫秽物品的行为人分别构成犯罪。网络空间帮助行为性质的确立,其实是对网络空间帮助

---

〔1〕 张明楷编著:《外国刑法纲要》,清华大学出版社2007年版,第117页;蔡蕙芳:《P2P网站经营者之作为帮助犯责任与中性业务行为理论之适用》,载《东吴法律学报》2006年第1期。

〔2〕 比如,2012年江苏省南京市江宁区人民法院对王某某等十人传播淫秽物品进行判决,在十人构成传播淫秽物品罪的前提下,没有认为十人构成共同犯罪,也没有将提供平台支持的“色域色吧”认定为传播淫秽物品罪的共犯,而是作为单独犯罪来处理。

行为处罚机制的确立。

无论是以刘宪权、张勇教授等为代表，以共犯独立性来解释网络空间帮助行为的主张，[1]还是以张明楷教授为主，主张以共犯从属性来诠释网络空间的帮助行为的主张，[2]都是把网络空间的帮助行为放在共同犯罪的框架下展开的。刘宪权教授和张勇教授在论证独立性时各有所侧重，刘宪权教授认为网络空间中共犯独立性属性的倡导是解决网络共犯问题的趋势，张勇教授认为共犯独立性属性在解释上应当进行限缩，把共犯独立性限缩为“从犯独立性”。张明楷教授严格恪守共犯从属性，主张《刑法》第287条之二的帮助信息网络犯罪活动罪不是一个独立的罪名，而该条文仅是帮助犯处罚的注意性规定，规定在《刑法》分则有关网络犯罪的条款中加以明确。

虽然以上各种原理起点不同，但是，其论证的前提和论证的目的是一样的。独立性以及从属性之争，其意义不是得出共犯性质的结论，而是在于确立共犯处罚的机制。片面共犯概念的提出，是要确立共同犯罪参与人处罚机制的问题。在有利用他人犯罪的意思支配下，实施了利用他人来补强自己犯罪行为的参与人，按照片面共犯的处罚机制来处罚，在行为人缺乏利用他人犯罪的意思或者被他人利用犯罪的主观认知时，参与人适用单独犯罪的处罚机制。

对于共同犯罪的参与人，未必适用相同的罪名。比如，在卖淫类案件中，组织者和协助者可以分别被认定为组织卖淫罪和协助组织卖淫罪。在网络空间共同犯罪中，网络犯罪实行者和网络犯罪的技术支持者也可以适用不同的罪名。

根据以张明楷教授为代表的学者主张，《刑法》第287条之二的规定，在和其他行为人构成共同犯罪时，根据相关人的犯罪选择罪名的适用。[3] 笔者不同意这个观点，根据该条文第3款的表述，有前两款行为，同时构成其他犯罪的，依照处罚较重的规定定罪处罚。“依照处罚较重的规定定罪处罚”，也表明了该罪名与其他网络犯罪的关系，不是一般罪名与特别罪名的关系。因此，帮助信息网络犯罪活动罪与其他罪名的关系是想象竞合，而非法条竞合。网络犯罪活动的帮助者所帮助的关联行为，如果在量刑上轻于帮助信息网络犯罪活动罪，则帮助

---

〔1〕 刘宪权：《论信息网络技术滥用行为的刑事责任——〈刑法修正案（九）〉相关条款的理解与适用》，载《政法论坛》2015年第6期；张勇、王杰：《帮助信息网络犯罪活动罪的“从犯主犯化”及共犯责任》，载《上海政法学院学报（法治论丛）》2017年第1期。

〔2〕 张明楷：《论帮助信息网络犯罪活动罪》，载《政治与法律》2016年第2期。

〔3〕 张明楷：《论帮助信息网络犯罪活动罪》，载《政治与法律》2016年第2期。

者适用帮助信息网络犯罪活动罪的量刑;如果重于帮助信息网络犯罪活动罪,适用关联行为罪名的量刑。

第三节　网络空间犯罪帮助行为的论证原理和理论构建

网络空间犯罪帮助行为的论证原理,是提出一定的原理作为论证基点,对网络帮助行为的法律性质进行界定,在传统的刑法理论基调下,基于网络空间共同犯罪的基本构造进行的改良和修正。

网络空间帮助行为理论的构建,应当从从业者的职责义务、从业者的主观方面以及网络帮助行为的社会危害性进行综合评价,使网络帮助行为能立足于网络空间的大环境,适应于网络空间的大背景。

一、网络空间帮助行为的论证原理

根据网络帮助行为的特点,结合现有的帮助犯理论可以看出,网络空间的帮助行为有以下两点变化。其一,网络空间技术支持行为在通常情况下以“消极支持”为日常模式,以“积极修改”为纠错模式。值得考虑的是,在发现网络犯罪时,网络空间的技术支持者或者平台提供者是否应当或者是否有义务中止技术的提供?其二,网络技术支持的行为看似是“中立”的,在刑法通说否定严格责任,哪些情形可以推定行为人主观上对网络犯罪结果明知,因而被纳入刑法评价的范畴?为解决网络空间的帮助行为,可以考虑铺垫和展开两个理论,一个是消极帮助行为理论,另一个是中立帮助行为理论。

(一)网络空间消极帮助行为理论的提出与适用

所谓消极帮助行为,是以消极的或者不作为的行为对共同犯罪中其他行为人施以援助的行为。[1] 在网络空间中,消极的帮助行为是指在明知他人正在利用,或者可能利用自己提供的网络平台,凭借自己搭建的网络资源实施网络犯罪,却不对自己所管理的网络平台或者网络技术加以审查,进而中断技术服务的行为。

在消极的帮助行为中,网络技术的提供者往往缺乏与其他行为人共同实施

〔1〕 敬力嘉:《非确定性背景下网络服务提供者的刑事归责——基于实行行为视角的思考》,载《云南大学学报(法学版)》2016年第6期。

犯罪的故意,对其他行为人的行为也只有模糊的认识,因此,在司法实践中大多都是按照出罪来处理的。[1] 对消极中立帮助行为的论述,大多数学者都是从主观到客观,把行为人对犯罪过程的模糊性认识和对犯罪结果的放任态度理解为"消极"的本质,虽然在对主客观相统一原则的把握上,笔者主张从主观统筹客观,但是在评断网络中立帮助行为时,不能厚此薄彼。一方面,要注意行为人对犯罪结果的态度;另一方面,也不能忽略行为人在特定事项上的不作为行为。对"消极帮助行为"的"消极"的理解,当前学术界还存在两点误解:

其一,"消极的帮助行为"等于"中立的帮助行为"。

"消极"一词最根本的含义,是一种不作为,是在知道可能发生或者必然发生某种危害结果所采取的不阻止、不救助或者不挽回的行为方式。但是,消极的帮助行为并不等于"中立的帮助行为","消极"说明的是行为人的行为方式,而"中立"指的是行为人在实施犯罪过程中所秉承的主观态度。

笔者认为,在作为犯罪中,行为人也存在潜在的义务。作为犯罪的义务来源,可以从不作为犯罪的义务来源中进行梳理。德日刑法主要把作为义务来源分为先行行为说、事实上的承担说、结果因果经过支配说以及机能的二分说。[2] 我国刑法通说的四分法,把不作为的作为义务来源主要分为法律法规要求的义务、职业要求的义务、先行行为引发的义务以及法律行为引发的义务。且不论提供网络技术支持的行为能否被评价为先行行为,论证绕不开的话题是,法律法规有没有规定技术支持者相应的义务,或者网络职业活动赋予从业人员何种义务?

其二,网络消极的帮助行为的主观方面可以是故意,也可以是过失。

在网络空间共同犯罪的视野下,"消极的帮助行为"的主观方面只能是故意,而不能是过失。在刑法理论中,作为犯罪并不等于故意犯罪,不作为犯罪也并不等于过失犯罪。在共同犯罪的视域下讨论行为人的主观方面,只能限定为故意。那么对危害结果的发生,行为人在意志方面不可能是排斥的。换言之,网络技术的支持者或者平台的提供者,要么对犯罪结果持希望态度,要么对犯罪结果持放任态度,对相关人利用其技术和平台实施网络犯罪的事实肯定是明知的。

---

〔1〕 米铁男:《共犯理论在计算机网络犯罪中的困境及其解决方案》,载《暨南学报(哲学社会科学版)》2013 年第 10 期。

〔2〕 [日]内田文昭:《不真正不作为犯中的正犯与共犯》,载《神奈川法学》2004 年第 3 期。转引自杜文俊、陈洪兵:《不作为共犯与犯罪阻止义务》,载《刑法论丛》2009 年第 3 期。

这种“明知”的推定,并非实体法上对行为人无过错责任的追究,而是在程序法上对行为人明知程度的推定。行为外观上的中立,并不代表行为人立场的中立。

(二)网络空间中立帮助行为理论的引进与改良

如笔者前面所反驳,所有应当承担刑事责任的行为,从态度上来看,是不可能“中立”的。行为人对危害结果的发生不一定是希望,但至少持放任的态度,才应当承担刑事责任。技术支持行为或者平台提供行为,何以赋予帮助者对相关人的犯罪结果有挽回或者避免的义务,又存在什么样的情形,可以阻却帮助者技术支持行为的违法性,成为排除犯罪的事由?

排除犯罪的事由,在四要件犯罪构成学说中称为排除犯罪的行为,是放在独立于四个构成要件之外来讨论的,在三阶层犯罪成立学说中被分为违法阻却事由和责任阻却事由,分别放在违法性和有责性两个阶层中来讨论。其中,基于正当业务的行为和职务行为可以作为违法阻却事由之一。所谓职务行为,是指基于法令而实施的属于一定职务权限内的行为。[1] 业务行为中的“业务”,是指作为社会生活上的事务(或工作)可以反复继续进行,或者基于反复继续实行的意思而进行的事务(或工作),在日本刑法学中,主要包括治疗行为,正当的辩护行为,正当的报道、采访行为,正当的体育活动。[2] 网络中立帮助行为具有一定的职务性和业务性,这种职务或者业务上的正当性是否能阻却帮助行为的违法性,或者削减帮助行为的违法程度?

总结起来,网络帮助行为需要从三个方面来展开逻辑框架:其一,帮助者是否具备结果回避的义务,即阻止他人利用自己的网络渠道和网络平台实施犯罪活动的义务;其二,要追究网络空间帮助行为的刑事责任,如何证明行为人犯罪的主观倾向;其三,在行为人实施了违法行为时,如何通过正当事由的列举,建构网络帮助行为的出罪机制。

二、网络空间帮助行为的理论构建

网络中立帮助行为的性质决定了帮助者的义务,网络从业人员的身份同时也决定了帮助行为是否正当。构建网络空间帮助行为的理论,可以从网络帮助

---

〔1〕 马克昌主编:《外国刑法学总论(大陆法系)》,中国人民大学出版社2006年版,第202页。

〔2〕 张明楷:《妨害业务行为的刑法规制》,载《法学杂志》2014年第7期。

行为的义务来源、主观倾向和出罪机制三个方面来考虑。

(一)网络技术从业人员的注意和防范义务探析

网络技术支持和网络群组信息平台提供的行为,作为网络帮助行为的主要方式,到底属于刑法上的作为还是不作为,存在争议。但是,可以讨论的是,帮助者是否对网络犯罪的结果有杜绝和回避的义务,以及这种义务的大小和程度。

1. 正当职务行为和正当业务行为的内涵辨析

正当职务行为和正当业务行为,区别在于前者具有行业性和固定性,而后者具有惯常性和反复性。职业行为的义务来源通常来自法律法规的直接规定,业务行为的义务,在通常情况下是借助或者参考法律法规的规定。例如,教师这个行业的执业规范,规定在以《教师法》《教育法》等一系列教育类法律法规中,明确有关教师竞业禁止、从事第二职业等禁止或者限制性规范。而培训机构、自由授课的教师,虽然不受这些法规的直接约束,但是在授课时遵守宪法法律和职业道德、为人师表、关心和爱护学生等规范是相通的。从某种含义上讲,从事职务行为的主体,在通常情况下职业义务更加明确,是一种"硬约束";从事业务行为的主体,在通常情况下从业业务具有一定弹性,是一种"软约束"。那么,网络帮助行为,到底属于职务行为还是业务行为?

网络技术从业人员从事的网络业务活动,即网络帮助行为,可以分为网络技术支持和网络平台服务两种。前者具有相对的垄断性和单一性,后者具有相对的竞争性和丰富性。从一个行业或者区域来看,提供互联网接入、互联网托管、通讯传输服务的部门较为单一,这些部门提供的服务都是中立性的职务行为。正所谓"水可载舟亦可覆舟",互联网接入等技术提供的行为应当发挥什么样的功效,取决于在网络空间中的网民如何使用。提供网络平台服务的服务商,通常情况下都会根据一定目的或者宗旨建立起来网络群组。在网络安全立法的发展进程中,规范的对象更多是互联网服务的平台提供者,而非互联网服务的技术支持者。

2. 网络职业人员和从业人员法定义务的梳理和浅析

在早些年,《侵权责任法》(现已废止)、全国人民代表大会常务委员会《关于维护互联网安全的决定》、全国人民代表大会常务委员会《关于加强网络信息保护的决定》以及国务院《信息网络传播权保护条例》零散地规定了网络平台提供者的义务。概括起来,这些义务主要包括:(1)信息安全保障的义务;(2)隐私保障的义务;(3)信息监管的义务;(4)信息保管的义务;(5)采取措施制止侵权的义务。这些义务大多具有宣誓性,并不具有操作性。

根据2012年生效的全国人大常务委员会《关于加强网络信息保护的决定》第5条的规定,若互联网上出现违法犯罪信息,从事互联网业务的单位应当停止传输信息并及时报告。网络安全立法的进展较为缓慢,直至2017年《网络安全法》《互联网群组信息服务管理规定》才正式施行。根据《互联网群组信息服务管理规定》第10条规定,互联网群组信息服务提供者和使用者都负有不得利用互联网群组传播违法违规信息内容的禁止性义务。根据《互联网群组信息服务管理规定》第11条规定,网络信息服务的提供者在发现网络空间的犯罪活动时的义务有:(1)对网络群组采取警示整改、暂停发布、关闭群组等处置措施;(2)保存相关数据以备查验;(3)报告主管部门;(4)对于网络群组的使用者可采取降低信用等级、暂停管理权限和取消建立资格等管理措施。

通过诸多法律法规的对比,可以得出以下结论。

第一,从我国网络立法安全的立法进程来看,从没有一部法律法规苛责网络平台提供者有“发现并避免网络犯罪”的义务,网络平台提供者只有发现之后的报告、保存证据的义务,新法中明确了平台提供者的部分处罚情形。

第二,诸多法律法规中的网络平台提供者,主要是以电脑软件、浏览器、手机App为首的工具平台。这是平台运营的后台操控者,而非平台的直接管理者。平台的直接管理者,包括群组的建立者与管理者,不属于网络平台提供者的范畴。比如,前者包括腾讯公司出品的QQ、微信平台,后者包括QQ群、微信群的实际控制者或者群主。网络技术相关法律法规的约束对象,是前者而非后者,如果网络群组的实际控制者构成犯罪的,可以比照网络空间共同犯罪的组织者,以及网络空间聚合类犯罪的首要分子的相关规定来处理。

3. 网络职业人员和从业人员结果回避义务大小剖析

从法益侵害的程度来看,网络信息服务的使用者或者网络犯罪的实施者,对法益侵害是最直接的,网络空间平台提供者与网络犯罪的法益侵害距离稍远,最远的是网络技术的提供者,这一类行为人的行为是最“职业化”,也是最中性的。

网络信息服务的客户,应当被法律施加的义务最大,无论是成员还是网络群组的管理者,都有发现并终止网络犯罪的义务。这种义务的赋予并不苛刻,因为一个群组的人数有上限,群组里定时发布的信息数量也是有限的。群组成员与管理员、群主的关系和互动相对较密切，网络群组也有较概括性的主题和宗旨，管理员和群主理应适当关注成员的动态，对成员发布的违法违规言论主动发现，并且进行设置和处理。

网络空间平台的提供者，与网络平台中的参与成员关系较远，不宜苛责其"发现"或者过度"防范"网络犯罪，但是在已经有充分证据表明网络犯罪的发生时，网络平台的提供者有义务终止犯罪，并在第一时间保留证据，报告给相关部门。

网络技术的提供者与网络犯罪的距离最远，大多数学者都认为，这一类网络职业人员不宜承担刑事责任，即网络帮助者的责任应当限定为 ICP 而不应包括 ISP 的责任。但是，这也并非绝对，如果网络技术支持者明知相关人正在实施严重的网络犯罪活动，若不立刻终止网络接入活动，将造成大面积的网络瘫痪，或者计算机病毒的大规模扩散，网络技术接入者同样构成犯罪。比如，2009 年震惊全国的"5・19"断网事件，虽然事件的导火索是暴风影音域名授权服务器工作发生异常，网络攻击从平台开始，但是在网络连接者明知重大网络漏洞已经出现时，应当被赋予终止网络连接服务的义务，以防止网络漏洞的扩大。

（二）网络犯罪活动帮助者的主观方面分析

网络中立帮助行为之所以应当受到刑罚处罚，是由于行为人在主观上有犯罪的倾向。这种"中立"并不是说帮助者对危害结果的发生是"中立"态度，而是说帮助者对是否与网络犯罪相关人达成相同犯意的一致是中立的态度。也就是说，行为人犯罪的意愿是明显的，但是，行为人对危害结果的态度是行为人意志因素的体现，行为人对网络犯罪的结果持不理会的态度。

诚然，网络犯罪帮助者未必对犯罪结果的发生是持放任态度，同样可以是希望。网络犯罪实施者与网络犯罪的帮助者可能都存在利用他人的行为完成各自的犯罪活动，网络犯罪实施者意图通过网络的技术支持来实现自己的犯罪目的，而网络技术支持者和平台提供者也可以通过网络犯罪的开展，增加自己的平台流量，为自己创造更大的收益。

据此，网络空间犯罪活动的帮助者若与相关者构成犯罪，在主观方面，应符合以下要素。

1. 网络犯罪活动的帮助者与相关人在主观方面的犯意上具有同向性指引

淫秽物品上传者根据是否具有营利目的，构成传播淫秽物品罪或者传播淫秽物品牟利罪,2014 年的“快播案”中,快播有限责任公司及以王某为首的四个主要负责人,也因平台的不适提供和不当管理构成传播淫秽物品牟利罪。

在行为共同说的视角下,网络犯罪活动的实施者与网络犯罪活动的帮助者以相互利用为行为机制,构成共同犯罪,这种相互利用并不要求共犯参与人之间的犯意是共同的,而是同向的,在同向的犯意的指引下双方实施了同向的行为,进而被评价为共同犯罪。

根据第三章的论述,同向性的犯意指引,可以从帮助者主观方面中认识因素的幅度因素、认识方面的射程因素以及帮助者的意志因素三个方面来展开。和一般的共同犯罪一致的是,网络空间中看似“中立”的帮助行为,可以是直接故意,也可以是间接故意。帮助者认识因素中的幅度因素,是结合帮助者的犯意联络能力对网络环境的认知,包括对网络空间布局的认知,也包括对网络环境利用可能性的认知。也即,帮助者是否认识到有人正在实施网络犯罪活动,或者准备实施网络犯罪活动。

2. 网络犯罪活动的帮助者知道网络犯罪结果发生的可能性

网络犯罪活动的帮助者不仅会认识到有人正在或者准备实施网络犯罪,也有条件认识到犯罪结果发生的可能性。关于危害结果的认识可能性,可以通过三方面来评判。

(1)平台提供者的身份和从业年限

帮助行为距离法益侵害的远近直接决定了行为人的结果回避义务的大小。除帮助行为本身的性质,平台提供者的自身情况也能在一定程度上反证其对犯罪活动的认识可能性。如果网络平台提供者多年从事网络平台管理活动,对平台中的日常管理、网站上的违规信息有熟悉的认识,对网络漏洞的产生以及违规信息的投放有较准确的判断,对网络信息违法活动有较敏锐的触觉,从证据上则可以反推,该平台提供者在网络犯罪活动的认知上有更大的可能性;反之则在认知上有较小的可能性。

(2)受众者对网络平台的一般印象

网络空间最基础的功能是传播,因此,从传播受众的反应上能够反推网络信息平台提供者是否对相关犯罪行为是否明知。比如,在“快播案”中,大多数网友在认知上,都把快播视频软件不自觉地和淫秽视频联系在一起,“主打淫秽载体，连擦边球都不打”是民众对其的主要印象。[1] 若以不知晓淫秽音像的传播为自己抗辩，快播的主张基本上不可能被采纳。

(3)网站的点击量、浏览量以及有效转发量等要素

网站的点击量、浏览量以及有效转发量等是重要的参考要素，能够评估网络犯罪的影响范围或者事态发展，即便不能百分之百证实平台提供者对违法事实明知，但是能够从一个侧面推断出平台提供者对违法事实是可知的，其应作为主观方面证据认定的一个参考。

根据法条的表述，行为人在明知“他人利用信息网络实施犯罪”的前提下为“犯罪活动”提供技术支持或者平台支持的，才构成犯罪。因此，绝大部分学者都主张，在主观上能认识到相关行为构成犯罪，并且在客观上相关行为构成犯罪，才能够追究帮助者的刑事责任。[2]

对于此观点，笔者不予认同。无论是否承认违法性认识是三阶层中的责任要素，或者是四要件中的主观方面要素，行为人对自己的行为以及共同犯罪参与人的行为的违法性是明知的。但是，网络平台的提供者并不是一定明知相关人“构成犯罪”。法条所称的“犯罪”，是一种“相对的犯罪概念”，可能行为人尚未达到刑事责任年龄，但是其所实施的行为已然达到了犯罪的程度。

即便在一般的共同犯罪中，共犯人也难以对行为人各自的刑事违法性有所判断，因此，从认识因素的幅度和射程上，只能要求网络平台的提供者能够认识到相关人的行为具有严重的违法性，并且自己在技术支持或者平台支持上能够强化其违法性。

3. 网络犯罪活动的帮助者，对网络犯罪结果的发生持有希望或者放任的态度

网络平台提供者在通常情况下对平台的经营和管理是日常反复、程序化的，在网络平台成立伊始，网络平台的管理经营就随之展开。虽然《刑法》分则将帮助责任和监管责任分为了不同的责任，但是从平台的行为方式来看，都表现为积极管理和消极禁止。即在日常经营中，不存在违法事实，但是一旦有发现网络平台正在实施或者预备实施网络犯罪时，网络平台提供者有制止的义务。平台是

---

〔1〕 张黎：《从叙事交流看“快播案”的庭审微博直播》，载《海峡法学》2016 年第 4 期。

〔2〕 花岳亮：《帮助信息网络犯罪活动罪中“明知”的理解适用》，载《预防青少年犯罪研究》2016 年第 2 期。

否构成犯罪,其主观方面的意志因素并不取决于平台成立时候的态度,而是发现网络犯罪时所持有的态度,这种态度,可以是希望,也可以是放任,还可以是两种心态兼有。

一般的帮助行为,是帮助者在确定相关人在实施或者预备实施犯罪时,予以匡助加功其犯罪,推动犯罪结果的发生。网络空间的帮助行为与之相同,网络平台是固定的,而支持的对象或者网络犯罪的实施者是不固定的。无论网络平台提供者是否有帮助他人实施网络犯罪的意图,平台提供的行为都会以中性无害的外观来表现:有违法犯罪意图的平台提供者,由于网络环境的特殊性,也不可能"找米下锅",而是用一种"守株待兔"的方式,等到有人利用平台实施网络犯罪时,明里暗地地进行扶持,或者在管理平台时"放水",以保证该网络犯罪活动的顺利实施。因此,从认识因素的幅度上看,行为人只需要认识到"有人正在实施或者预备实施犯罪"。对于到底是可能明知,还是必然明知"有人正在实施或是预备实施犯罪",不影响网络共同犯罪的帮助者对犯罪结果的态度评定。

(三)网络空间犯罪帮助行为的社会危害性评判

明确了网络犯罪帮助者的防范义务和行为实施的主观方面,帮助行为是否应当入罪,还应当对其法益侵害的大小进行判定。关于帮助行为的社会危害性评判,应当从入罪和出罪两个维度的可能性来梳理。网络空间犯罪的帮助行为应当在什么样的情况下才能纳入刑法评价,在司法实践中,又应当构建何种情形的出罪事由。在承认网络空间犯罪的帮助行为相对独立性的前提下,帮助行为的情节是量刑的重要依据。

1. 网络犯罪帮助行为的社会危害性概述

在网络空间共同犯罪的帮助者与相关者的关联与互动中,有学者主张:相关人所实施的行为必然是"犯罪",才能追究平台提供者的刑事责任,[1]这不仅是共犯从属性学说的主张,也为《刑法》第287条之二的法条解读提供了从属性学说的视角。笔者不赞同这一主张,认为网络犯罪活动帮助者的社会危害性独立于网络犯罪活动的相关人,这种独立性是相对的,而非绝对的。

---

〔1〕 张明楷:《论帮助信息网络犯罪活动罪》,载《政治与法律》2016年第2期;刘科:《帮助信息网络犯罪活动罪探析——以为网络知识产权犯罪活动提供帮助的犯罪行为为视角》,载《知识产权》2015年第12期;李冠煜、吕明利:《帮助信息网络犯罪活动罪司法适用问题研究——以客观归责方法论为视角》,载《河南财经政法大学学报》2017年第2期。

首先,笔者的观点是以"违法共同,责任分别"的方法论来解决,违法共犯论与限制从属性学说的主张与笔者的主张类似,平台提供者是否应当承担刑事责任,相关行为人实施的犯罪行为的社会危害性只是影响要素,帮助行为本身社会危害性大小才是决定性要素。

其次,从司法实践来看,不可能按照严格程序,先确定了网络犯罪者的刑事责任,再进一步追究网络平台的刑事责任,在共犯独立性的视角下,行为人之间的刑事责任是分别评价的,部分学者主张,法条中的"犯罪"指的是"严重的网络犯罪行为",或者应当扩大解释为"具备刑法分则客观方面性质特征,具有社会危害性"的行为。

这样的解释也并不会超出民众的预测性,正如在部分事后共犯的成立问题上,也有学者主张其帮助隐瞒的行为不一定构成犯罪。例如,有学者主张掩饰隐瞒犯罪所得、犯罪所得收益罪的"上游犯罪"不必然构成犯罪;再如,多个行窃者因各自的犯罪所得达不到法定数额而不构成盗窃罪,但为他们收购赃物的行为人可能构成掩饰隐瞒犯罪所得罪。[1]

2. 网络空间帮助行为的情节严重性评估

网络空间帮助行为是法定的情节犯。这种情节的严重程度,一方面,取决于相关人实施违法活动的严重程度,以平台提供者为参照,属于外因;另一方面,取决于平台支持者能够在整个违法犯罪活动中所起的作用,属于内因。

网络平台提供者是否构成犯罪,应当着眼于平台支持这一行为本身的社会危害性。网络平台支持者的责任,从大多数情况来看存在与监管责任相竞合。《刑法》分则特别区分了两者,前面已经说明,监管责任属于混合过错,后者的主观方面只能是故意。前者以"经监管部门责令采取改正措施而拒不改正"为客观行为的条件,后者没有这一条件的要求。前者在犯罪构成上要求"情节严重"或者"造成严重后果",后者在犯罪构成上要求"情节严重"。

网络平台监管责任与网络帮助行为规定了同样的法定刑,因此,网络犯罪帮助行为犯罪构成所要求的结果,可以参考网络监管责任中列举的几种情形。根据《刑法》第286条之一的规定,结合司法实践,拒不履行信息网络安全管理义

---

〔1〕 冯英菊:《赃物犯罪研究》,中国政法大学出版社2000年版,第53页;王作富主编:《刑法分则实务研究》(下)(第3版),中国方正出版社2007年版,第1389页。

务罪所引发的“严重情节”包括以下五种。

第一,造成违法犯罪信息的大量扩散,如虚假的警情、疫情、险情和灾情的大量传播,或者相关企业组织商业秘密的不当流失。

第二,造成用户隐私或者用户信息大量泄露,这些信息包括但不限于公民的姓名、年龄、身份证号码、电话号码、婚姻状况、工作单位、家庭住址、学历履历等侵犯用户个人隐私的电子信息和数据资料。

第三,造成刑事案件损失的证据大量灭失,这些证据包括《刑事诉讼法》中的电子证据,或者以网络平台为储存的视听资料、录音录像。

第四,造成数额较大的网络资金流失,如因为网络平台的运转不畅造成网络资金周转的长时间停滞,或者短时间内造成大规模网络客户所掌控的“支付钱包”中数额的骤减。

第五,严重影响网络平台正常运作和经营,如平台中的职业差评、职业水军等恶意诋毁商家的用户活跃,或者“僵尸粉”故意只刷屏不购买,严重影响网站或者 App 上的流量消耗但并不产生实际收益。

3. 网络空间帮助行为其他刑事责任减免事由

职业的相关性,作为网络平台刑事责任的减免事由之一,网络平台支持的行为离法益侵害的关联越远,其社会危害性越小。网络平台的提供行为的其他出罪事由,是指除却帮助行为社会危险性大小本身,平台提供者是否存在刑事责任减免的其他事由。

德国在中立帮助行为的理论中较为出名的是替代原因说。[1] 法益侵害性是从帮助行为的正向来进行论证,即“有了帮助行为,关联行为在实施的效果上将会如何”。替代原因说就是从帮助行为的反向来进行论证,即“即便没有帮助行为,关联行为在实施效果上将会怎样”。

笔者认为,替代原因说从论证的出发点上看是可取的,只是在论证的过程中偏离了标准,各学者在声称帮助行为的垄断性和不可替代性时,错误地把帮助行为不可替代的程度等同了帮助行为在结果归因上的程度。网络平台提供行为的不可替代性以及平台提供和管理的违法性,是网络犯罪结果归因的两个不同维度,一正一负,双管齐下对刑事责任进行判定。与其说评判的是平台支持的替代

〔1〕 陈洪兵:《中立行为的帮助》,法律出版社 2010 年版,第 107 ~ 109 页。

程度,还不如说是网络犯罪对平台支持的依赖程度。

诚然,该平台技术,全国只由一家企业承包或者在一定地区达到了行业垄断,难以找到该平台的替代手段,则可以视为相关网络犯罪对平台的依赖程度相当大,如果该平台只是常规平台,并未从事垄断或者独家经营,网络犯罪只是恰巧借助了平台的支持,那么网络犯罪活动对平台的依赖程度较小,可以在一定程度上对平台支持行为的刑事责任进行减免。这也印证了前文所推断:在网络空间,越是具有垄断性的行业活动,或者越是具有专业技术性的行业活动,越是对网络犯罪具有防范和杜绝的义务。平台提供的责任减免或者犯罪活动对平台的依赖性,在很大程度上也受网络平台的性质、网络平台的业务经营范围等要素所影响。

本章小结

网络空间的帮助行为,因为技术提供的日常性和职业性通常情况下被评价为“中立行为”。要构建网络空间帮助行为的相关理论,必须在借鉴原有帮助犯理论的基础上进行修整和重构。不同于其他论者,笔者所理解的“中立”,并非技术支持者,对网络犯罪相关人的行为是否引发严重的犯罪后果持“中立”态度,而是对是否与网络犯罪参与人达成犯意上的一致持“中立态度”。换言之,网络空间中的帮助行为,在犯意上只要与相关网络犯罪相关人保持同向性即可。

在理顺网络平台提供者和网络技术支持者与相关行为的关系时,应当从共犯独立性视角来切入,“违法共同,责任分别”是解决网络空间帮助行为的方法论。在主观上,技术支持者和相关人之间表现为犯意的同向性;在客观上,技术支持者与相关人之间表现为相互利用。技术支持者的从业身份以及网络技术活动离网络犯罪法益侵害的远近,决定了网络平台提供者或者网络技术支持者是否对犯罪结果的发生具有避免的义务。网络犯罪活动对平台或者技术的依赖程度、正当程度以及网络犯罪活动的法益侵害程度,可以作为网络空间帮助行为责任减免的酌定事由。

在具体的罪名选择上,帮助信息网络犯罪活动罪与其他的网络犯罪可能成立想象竞合。倘若网络技术支持者违法提供网络技术支持,同时构成帮助信息网络犯罪活动罪与其他犯罪的,应当按照较重的罪名进行适用,合理地进行量刑适用。

第七章　网络空间共犯中教唆行为研究

与现实空间中的教唆行为相比，网络空间的教唆行为具备更严重的社会危害性。教唆行为的虚拟化，教唆内容的多样性及广泛传播性和教唆对象的不确定性是网络空间中教唆行为的广泛性的体现。[1] 与研究网络空间帮助犯的文献相比，研究网络空间教唆犯的文献数量并不多。随着互联网技术的发展，网络空间的教唆行为逐渐衍变为一种新型的教唆犯罪方式。

原有的教唆犯理论是否能解决当下的问题，传统的教唆犯理论能否适用于新型的教唆类型？无论是网络空间还是现实空间，都应当立足于法条本身的规定，从教唆犯的概念，包括教唆方式、教唆内容以及教唆的主观程度等要素来剖析网络空间的教唆犯。

第一节　教唆行为与网络空间的教唆行为

博登海默曾经说过："概念是解决法律问题所必需和必不可少的工具。"[2] 法律的规定性、表述的明确性和内涵的确定性，在法律概念表述过程中，是外延辐射和内涵框定必然遵循的规则。[3] 早期有关网络教唆犯罪的相关行为理论，主要分为两派：一派是主张网络教唆行为是一种独立的教唆形式，以魏东教授为

〔1〕 唐棣：《网络教唆对青少年犯罪的影响及其预防对策》，载《公安教育》2006 年第 6 期。

〔2〕 [美]E. 博登海默：《法理学——法律哲学与法律方法》，邓正来译，中国政法大学出版社 2004 年版，第 504 页。

〔3〕 李凤梅：《教唆犯论——以独立构成说为视角的建构》，中国社会科学出版社 2011 年版，第 108 页。

代表。[1] 另一派认为网络教唆行为只是在教唆方法上有所改变,教唆行为的本质并未发生变化,因此不宜作为一个新型的教唆类型,该派学者以李凤梅教授为代表。[2]

在以往学者有关教唆犯概念的表述中,通常是结合法条的规定,从教唆者的主观方面、教唆内容、教唆对象等要素展开。[3] 构建网络空间教唆行为的理论体系,应当从教唆行为的性质和网络空间、网络传播的特殊性两个维度来把握。

一、法条中“教唆”行为的词义梳理

研究教唆行为的独立性程度,应当从法条规定教唆行为的词源和词义入手。与组织行为和帮助行为不同,法典中的“教唆”行为并非只有一种规范表述,在《刑法》总则和分则中有不同的说法。大多数学者认为,刑法理论中的教唆犯有两重含义,[4]《刑法》第29条第1款规定的是共犯教唆,第2款规定的是独立教唆。笔者认为,从广义上讲,我国刑法理论中的教唆从词源上有三种含义。

(一)法条中有关“教唆”行为的词源列举

笔者认为,在法条的表述中,第一种含义和第二种含义并列为狭义的教唆行为,分别指共犯教唆与非共犯教唆。非共犯教唆是在教唆者与被教唆者不能成立共同犯罪时,教唆者仍然追究责任的例外规定,属于共犯教唆的补充,旨在原本应当成立共同犯罪,而因教唆者意志以外的原因未能与被教唆者形成犯罪合意,原本也是以共同犯罪为视角展开的。

我国《刑法》分则中有关“教唆”行为的表述,才是真正意义的“独立教唆”,这种“独立教唆”的性质,是共同犯罪视域之外的“独立教唆”,也即行为人一旦作出教唆,不考虑被教唆者是否受其犯意的影响,更不考虑是否着手实施犯罪,教唆者都应当承担相应的刑事责任,只是,《刑法》分则中很少使用“教唆”一词,使用的多是“煽动”“引诱”等动词,如《刑法》第103条的煽动分裂国家罪,以及

---

〔1〕 魏东:《教唆犯分类论》,载《四川警官高等专科学校学报》2002年第3期。

〔2〕 李凤梅:《教唆犯论——以独立构成说为视角的建构》,中国社会科学出版社2011年版,第127~131页。

〔3〕 魏克家:《略论教唆犯》,载《中国政法大学学报》1983年第4期;魏智彬:《教唆犯的概念与成立要件问题研究》,载《社会科学研究》2000年第3期;吴文翰:《略谈共犯中的几个问题》,载《法学研究》1982年第1期。

〔4〕 何庆仁:《我国刑法中教唆犯的两种涵义》,载《法学研究》2004年第5期。

第353条的引诱、教唆、欺骗他人吸毒罪。从处罚的机制和内核上来看,引诱、欺骗和煽动与教唆的本质都一样,都是因挑起他人犯意而具备刑事违法性,只是为了加以区分,总则和分则中使用了不同的表述。分则中的几个以教唆手段实施的罪名,并不要求被教唆者实施的行为成立犯罪,这也彰显了分则中教唆行为的独立性。

(二)网络空间的教唆行为与煽动行为

与“教唆行为”相比较的是“煽动行为”。与传统的煽动行为类似,网络空间的教唆行为,在教唆对象上具有不特定性与隐匿性。因此,对教唆行为的词源和内涵的把握,应当严格框定在狭义的教唆行为领域,还是扩大为包括煽动行为在内的广义概念,是一个解释方法论的问题。

张明楷教授认为,煽动行为的对象必须是不特定的人或者是多数人。[1] 高铭暄教授和赵秉志教授却截然相反地提出了,煽动行为的对象可以是不特定的多数人,也可以是特定的多数人。[2] 诚然,“煽动”一词来自英美法系国家,英国刑法学者认为,“煽动犯是计谋使他人产生犯罪意图的人”。[3] 澳大利亚学者也指出,“煽动行为的本质是煽动者通过利用被煽动者实施犯罪,当被煽动者条件成就时,煽动者就应当承担相应的刑事责任”。[4]

一般而言,教唆犯罪的行为对象是特定的,所以在众多学者对教唆行为的分类中,悬赏教唆和网络教唆因为教唆对象的不特定,被列为独立的教唆类型,在处罚机制上亦与传统的教唆类型有所区别。[5]

学界将教唆和煽动的区别概括如下:其一,从概念的归属上看,教唆行为是《刑法》总则中规定的行为概念,煽动行为是《刑法》分则中规定的行为概念。[6] 其二,从概念所属的范畴上看,教唆行为属于共同犯罪的范畴,属于非实行行为;

---

〔1〕 张明楷:《刑法学》(下册)(第5版),法律出版社2016年版,第423~424页。

〔2〕 赵秉志主编:《刑法争议问题研究》,河南人民出版社1996年版,第289页;高铭暄、马克昌:《刑法学》(第7版),北京大学出版社2016年版,第322页。

〔3〕 [英]J. C. 史密斯、B. 霍根:《英国刑法》,马清升等译,法律出版社2000年版,第304页。

〔4〕 David J. Lanham et al. , *Criminal Laws in Australia*, The Federation Press, 2007, p. 37.

〔5〕 夏华:《教唆犯新探》,载《政治与法律》1991年第4期;魏东:《教唆犯分类论》,载《四川警官高等专科学校学报》2002年第3期;李兰英:《论教唆犯的几个问题》,载《现代法学》2003年第5期。

〔6〕 当然,部分学者也提出分则中可以设置“教唆罪”,李虎子:《论增设教唆罪》,载《河南公安高等专科学校学报》2004年第4期;陈伟:《非共犯教唆视野下的教唆行为与教唆罪的构建》,载《江西公安专科学校学报》2007年第6期。

煽动行为既可以单独犯罪的形式展开,也可以共同犯罪的形式展开,属于实行行为范畴。其三,从教唆对象的数量来看,教唆行为可以是"一对一",也可以是"一对多",而煽动行为的对象必须是多数人。其四,从教唆对象的身份和角色来看,教唆行为的对象是特定的,而煽动行为的对象是不特定的。其五,从教唆的犯罪形态上看,教唆行为既遂的通常情况,要求被教唆人着手实施犯罪并实现犯罪结果,煽动行为是一经作出,就已经达到既遂状态。

网络空间的教唆行为和煽动行为是否具有同质性?在刑法教义学的框架下,对不特定的人通过网络空间进行的煽惑或者挑动的行为如何界定?网络空间教唆行为理论,应当在教唆对象和范围上进行框定和修正。

二、网络空间教唆行为的联动机制与成立机制

从煽动行为的本质上来讲,煽风、鼓动他人实施犯罪,与教唆他人实施犯罪,其本质是一样的。网络空间的教唆行为,在行为方式和手段上也与煽动行为有所重合。网络空间中教唆行为的相关学说要不要进行改良,最大的理论障碍在于教唆对象的特定性问题。当然,在网络空间中鼓动不特定的受众实施犯罪,这种行为叫"教唆"还是叫"煽动",只是称谓上的不同。如此区别,还不如考虑将教唆对象特定与教唆对象不特定的情况相区别,考虑行为人的联动机制和成立机制是否有区别、行为人当罚的机制是否相同。

(一)网络空间教唆行为的联动机制

网络空间教唆行为的联动机制,是指网络空间的教唆者,与特定的或者不特定的受众如何形成犯意的联动,以及行为上如何协同。

从刑事立法的功能上看,总则与分则各司其职,但是分析行为可罚性的内核和机制时,不能孤立地审视分则中的教唆行为。正如,"组织"一词在刑法理论中也有两层含义,总则和分则中的"组织"在性质上有所不同,但是从组织行为的处罚机制和内核上,对行为人刑事违法性和社会危害性的评估是一样的。只是略有不同的是,"组织"行为在总则和分则中都用了相同的词组来描述,而"教唆"行为在总则和分则中,则使用了不同的词组进行描述。

一般认为,在刑法理论中,教唆行为的联动机制是教唆者激发被教唆者的犯意,因而具有刑事可罚性。教唆者对被教唆者的犯意激起,要达到一定程度或完成一定形态,才能够纳入刑法的评价范畴。

笔者认为,“激起”犯意是对教唆行为的结果进行描述,与其在描述中使用“激起”,还不如使用“传递”。无论是传统视野下的教唆行为,还是网络空间中的教唆行为,其具有可罚性,是因为行为人制造了犯意,并向他人散布或者传播了犯意,至于他人是否接受犯意,不影响行为人可罚性的有无,只影响行为人可罚性的大小。因此,网络空间的教唆行为,其行为联动的机制可以表述为,教唆者通过网络制造了犯意并向不特定的受众传递了犯意。

(二)网络空间教唆行为的处罚机制

网络空间教唆行为的处罚机制,亦称当罚机制,是指通过网络空间实施的教唆,在何种程度下应当受到刑罚处罚。联动机制是成立机制的外化,成立机制是联动机制的内核。成立机制的研究,旨在探讨网络空间的教唆行为在什么情况下被纳入刑法调整,在该维度下讨论网络空间的教唆行为是否应当追究刑事责任,是网络空间教唆行为处罚机制的研究前提。

对于《刑法》第 29 条第 2 款的理解,学者各执一词。不少学者认为,即便被教唆者没有接受犯意,或者实施与教唆内容无关的犯罪,也属于“被教唆的人没有犯被教唆的罪”的情形。这意味着教唆行为在没有被接受的情况下,教唆者仍然有受到刑罚处罚的可能性。“教唆未遂”,主要指教唆者激起被教唆者的犯意,教唆者的教唆未能得逞,而非被教唆者在接受教唆后实施犯罪未能得逞。[1]一般认为,教唆未遂同样具有可罚性,只是可罚性程度比传统意义的煽动行为略小。

刑法理论中,一般把煽动行为认为是举动犯,[2]意味着行为人一旦作出煽动行为,行为人的犯罪活动就已经既遂,也就意味着以煽动为首的举动犯是没有未完成形态的。这是因为煽动行为的对象广泛,且《刑法》分则规定的煽动型罪名,都是严重危害国家安全的犯罪,所以同样在性质上是对他人犯意的挑唆和煽惑,煽动行为比一般的行为具备更大的社会危害性和刑事违法性。网络空间的教唆行为,因为受众是广泛的网民,比一般的教唆行为具有更强的社会危害性,

---

[1] 教唆未遂一般指教唆人实施了教唆,但是被教唆人并没有接受教唆,或被教唆人虽然接受了教唆,但并没有实施被教唆的罪的情形。(陈雄飞:《犯“教唆未遂”与“未遂的教唆”——三大法系比较研究》,载《西南政法大学学报》2006 年第 5 期。)教唆未遂应当包括四种情形:(1)被教唆人没有产生犯罪的决意;(2)被教唆的人实施了行为,但是行为并未达到犯罪的程度;(3)教唆行为与实行行为没有因果关系;(4)“以失败告终的教唆”。([日]大谷实:《刑法总论》,黎宏译,法律出版社 2003 年版,第 328 页。)

[2] 张艳语:《煽动型犯罪中煽动行为的界定》,载《武汉冶金管理干部学院学报》2017 年第 1 期。

那么网络空间教唆行为的成立,是以教唆行为的作出为标准,还是以受众对犯意的接受为标准呢?

有一个颇具争议的例子,行为人在一群盲聋哑人面前煽动分裂国家,构成煽动分裂国家罪的未遂。虽然很多论者对此案例表示质疑,也有论者认为该案例有些不切实际:如果煽动的对象都是盲聋哑人,那么煽动行为最终是如何被举报的?一个行为如果没有引起任何危害社会的危险后果,或者不会引起任何对社会的危险,这样的行为根本不需要刑法来调整,甚至根本不用其他部门法来评价。结合网络空间教唆行为的联动机制,教唆或者煽动的行为的危害后果并不在于行为人最终制造出了犯意,或者导致了后面的犯罪行为,而在于教唆行为或者煽动行为的传递性和扩散性。

笔者主张,在网络空间教唆行为成立的问题上,应当采取的是"到达主义"。即网络空间教唆行为的成立机制可以表述为,行为人教唆或者煽动的信息到达特定或者不特定的受众,教唆行为才应当成立,进而才有条件考虑行为的当罚性。这一点主张也和持"合同说"的理论有契合之处。[1] 如果行为人的教唆或者煽动是一次毫无意义的无效信息传播,行为人的教唆或者煽动没有波及任何受众,或者没有波及受众的可能,行为人的教唆行为不可能具有违法性。

网络空间中的教唆行为,因为对象的广受众性而使部分论者主张重构传统教唆理论。在突破传统的教唆犯理论,否定教唆对象必须特定的前提下,网络空间中的教唆犯理论应当寻找合适的论证起点。

第二节 网络空间教唆行为的内涵及展开

网络空间的教唆行为,是行为人通过网络平台,向特定或者不特定的人传播犯罪决意的行为。通过网络传播犯罪决意,并不要求受众者实际犯意的产生,网络空间的教唆行为是否具备刑事违法性,如何适用量刑机制,应当从网络空间教唆行为的内涵入手,从教唆对象、教唆范围、教唆力度等方面来综合评判。笔者主张以教唆犯独立性为视角,将网络空间的教唆行为视为一种行为犯。与举动犯不同的是,行为犯并非一经作出就既遂,是否成立或者是否具备刑事违法性,还应当根据教唆行为的内涵分析犯罪构成的各方面后认定。

---

[1] 张正清:《教唆犯性质的合同说之提倡》,载《科技信息》2007 年第 5 期。

一、网络空间教唆行为的内容探究

在传播范围广、传播速度快的自媒体时代,网络空间是舆情传播和受众引导的重要媒介,每一个通过网络社交媒体抒发看法和观点的网民,都有恪守网络安全、维护网络秩序的非成文义务。2015年11月生效的《刑法修正案(九)》新增编造、故意传播虚假信息罪,与先前的编造、故意传播虚假恐怖信息罪规定在同一法条内分别对应虚假的普通信息和恐怖信息。至此,以虚假的恐怖信息,或者虚假的险情、疫情、灾情和警情为内容进行传播,应当受到刑法的处罚。

网络空间的教唆行为或者煽动行为其本质也是对违法信息的传播,但与一般的传播行为不同,一般的传播行为的内容是静态的,旨在让受众了解虚假的警情、疫情、险情和灾情或者恐怖信息;煽动或者教唆的内容是动态的,意在使受众在接受了教唆者的挑唆之后作出违法或者犯罪行为。

两个与传播不法信息相关的罪名,其行为的犯罪特征不在于信息本身的违法性,而在于传播行为的违法性,因为虚假信息在内容上不涉及对其他人的行为指引。教唆和煽动则与之不同:从教唆的内容来看,行为人教唆的是犯罪;从本身的教唆行为来看,教唆行为为刑法所禁止。因此,教唆行为是行为与内容的二元违法。

在网络空间中传播虚假信息,与网络空间的教唆行为之区分并非绝对,在网络空间中实施煽动、教唆,通常情况下会出现两者的竞合。如果网络信息传播者在传递虚假信息时给予受众明示或者暗示性的指引,鼓动网络受众实施违法犯罪行为,则应当被评价为网络空间的教唆行为,而非单纯的传播虚假信息的行为。譬如,网络信息传播者通过网络传播虚假的出警和执法信息,旨在通过虚假的暴力执法信息鼓动群众情绪,煽动受众暴力抗拒执法,应当评价为网络教唆行为,而非单纯的传播型犯罪。笔者认为,网络空间的教唆行为的内容应当具备刑事违法性,对受众有一定的指向性,且教唆行为的社会危害性与网络教唆的受众的犯罪行为相对独立。

(一)网络空间教唆行为的内容是犯罪行为或者与犯罪社会危害性相当的行为

网络空间教唆行为的可罚性,是从教唆者的教唆强度、教唆手段、教唆范围和教唆内容等方面来综合评判的。无论是共犯从属性说,还是共犯独立性说,都认为教唆行为的内容应当是犯罪行为,教唆行为才应当受到刑罚处罚,教唆一般的违法行为,则不是刑法理论上的教唆犯,有特殊规定的,根据分则中的具体罪名来加以规制。

对于该观点,笔者不完全赞同。

首先,无论是共犯独立性说还是共犯从属性说,都认为正犯和共犯的独立性或者从属性是相对而非绝对的,共犯人的人身危险性由其行为本身的社会危害性决定,受其在共同犯罪中所起的作用,以及与其他共犯人的互动关系所影响。因此,教唆行为内容的犯罪特征是教唆行为成立的充分条件而非必要条件。

其次,从教唆行为的本质上来看,教唆行为是"犯意传播"。也就意味着,教唆行为的刑事违法性由教唆行为本身和教唆内容两个维度来决定。教唆的内容是联系教唆犯和实行犯的纽带,而教唆行为本身的违法性,独立于以后的实行行为,教唆的内容对教唆行为违法性的评断具有一定增减效果,而非决定效果。

再次,从立法的角度上看,《刑法》分则中,以"煽动""引诱""教唆"为表述的罪名,并不是每一个教唆内容都构成犯罪,部分罪名只涉及违法,"引诱、教唆、欺骗他人吸毒罪"就是典型的代表。

最后,结合网络空间和网络环境的特殊性,不利于将教唆的内容局限为犯罪行为。前面章节笔者所主张,帮助信息网络犯罪活动罪中的帮助对象可以是"相对的犯罪",教唆对象所实施的行为也可以是"相对的犯罪"。因为网络功能的强扩散性和广受众性,被教唆的人实施的违法行为,在这个虚拟的空间下会实现更大的破坏效果。因此,网络空间中的教唆行为,教唆的内容未必一定符合犯罪的构成要件,但是在违法的性质上必然是和犯罪的程度相当的。

教唆对象所实施的与犯罪社会危害性相当的行为,是指没有达到犯罪的"量",但是从性质上判断,该行为与犯罪没有本质的差异,只是欠缺了量变向质变进化的程度积累。比如,行为人通过网络平台,向不特定的人提供个人信息或者提供网络风险漏洞信息,引诱被教唆者实施诈骗、窃取他人钱财的行为,如果被教唆者单个窃取的数额并未达到犯罪数额,被教唆者不构成犯罪,但教唆者由于其教唆的受众广、强度大,仍然可能被纳入刑法的评价范畴。

(二)网络空间的教唆行为应当在教唆内容上有一定的行为指向

网络空间的教唆行为,其教唆内容一定是"行为",而不能是一般的"犯意表示",一般的犯意表示不构成教唆。由于网络空间的特殊性,行为人之间的犯意交流都比较含蓄，但是，无论是明示还是暗示，教唆者在言语中都应当包含传递犯罪的内容，不包括向不特定的人进行笼络和统筹。因此，网络空间的教唆行为，一定是教唆者向特定或者不特定的受众发出的实施或者部署犯罪的指令。

比如，行为人通过网络平台仅发布"××时间行动"，虽然没有明确发出指令说实施特定的犯罪，教唆对象不特定，但是根据相关犯罪的"行话"和"术语"，可以断定出该"行动"的概括性指引，以此来判断行为人是在煽动、教唆犯罪，还是只是统筹协调一般的犯罪行为。再如，以发红包或者群名片任务等方式发出"要约"，仅征集和反馈他人犯罪意愿的，不能被评价为教唆。但是，通过网络群组投放红包，明确对群组成员进行利诱和指挥，要求其实施犯罪的，应当评价为网络空间的教唆行为。

在网络空间中，各种以思想、观点为内容的犯罪意图，以图片、文字的方式扩散。虽然在这些内容中，有些是明确地包含了行为人教唆行为的具体指向，有的只是模糊地表述了抽象的暗示，但是这些明示性的要求或者暗示性的指令，都可以用法益侵害性的大小进行评断，教唆行为的内容，必然指向一定的法益侵害。网络空间中不成立教唆的言语和信息输出，单向的，是网络空间的犯意表示；双向的，是网络空间的犯意交换。

（三）网络空间教唆行为在内容上与实行行为的社会危害性相对独立

在教唆犯独立性视域下，教唆行为的法益侵害性大小，由教唆内容的指向所决定，也受教唆强度等其他因素的影响。教唆内容的明确性或是概括性，不影响对教唆行为社会危害性的评断。网络空间的教唆行为，其行为内容的法益侵害程度，取决于该内容直接指向的法益侵害，而不是教唆行为投射到实行行为上的实然危害。

根据传播学经典的把关人理论，信息接收者可以对信息发出者所发出信息的内容进行更替、修缮和改良。[1] 实行犯犯意的激起虽然来自教唆犯，但是实行犯和教唆犯的社会危害性评价，是两个独立评价的范畴。网络空间中教唆行为的社会危害性，是由教唆行为的内容决定的，网络受众实行犯罪，其社会危害性，主要由实行行为的内容决定。

教唆行为的社会危害性的评判，应当牢牢锁定在教唆犯这个"传播源"上，

---

〔1〕 屠筱茵：《网络与新媒体环境下的"把关人"理论》，载《西部广播电视》2015年第14期。

根据教唆内容指向的抽象法益判定教唆行为法益侵害的大小。

二、网络空间教唆行为的方式及展开

综观学者们对教唆行为方式的列举,总结起来,主要包括:请求、要求、纠缠、引诱、唆使、暗示、鼓励、煽动、刺激、威胁、怂恿、利诱、授意、劝说、强迫等。[1] 在网络空间实施教唆,其教唆行为在手段上有所区别,但是从教唆方式的范畴列举上来看,其内核大同小异。

(一)教唆行为的方式列举

请求,放在教唆方式的语境中,表示说明或者提出要求,以达到自己的犯罪目的。要求,是指向特定或者不特定的人提出具体事项或者条件,希望做到或者实现某种犯罪目的。纠缠,是指通过制造麻烦、制造尴尬等方式使他人就范,以实现自己的犯罪目的。引诱,是指以诱导、劝导、吸引等方式使他人实施犯罪,以实现自己的犯罪目的。唆使,是指挑动他人从事坏事,以实现自己的犯罪目的。暗示,是用含蓄、间接的方式使他人心理、行为受到影响,以实现自己的犯罪目的。鼓励,是指以激发、勉励的方式鼓动他人实现自己的犯罪目的。煽动,是指以煽惑、鼓动他人的方式来实现自己的犯罪目的。刺激,是指借助外因引起他人的某项需求变化,使他人实施犯罪,以实现行为人的犯罪目的。威胁,是指威逼、胁迫他人,用威力使他人服从以实施犯罪,来实现自己的犯罪目的。当然,以威胁的方式实现教唆,教唆强度的问题还有待讨论。怂恿,是指鼓动他人实施犯罪,以实现自己的犯罪目的。利诱,是指用利益引诱他人实施犯罪,以实现自己的犯罪目的。授意,是指行为人将自己的犯罪意图告知他人,使之照办。劝说,是指劝人从事某项犯罪活动,或者是他人对从事某项犯罪活动表示同意或者默认。强迫,是指向他人施加压力使之屈从,迫使他人从事犯罪活动以实现自己的犯罪目的。

(二)网络空间教唆行为的方式列举及分类

在网络空间中实施的教唆行为,在教唆的行为方式上有所改变,但是教唆行

---

〔1〕 储槐植:《美国刑法》,北京大学出版社2005年版,第110页;《泰国刑法典》,吴光侠译,中国人民公安大学出版社1996年版,第19页;《俄罗斯联邦刑法典》,黄道秀等译,中国法制出版社1996年版,第12页;吴文翰:《略谈共犯的几个问题》,载《法学研究》1982年第1期;练继祥、彭春文:《共犯刑事责任的立法缺陷及其完善》,载《检察实践》1999年第5期。

为的实质,即刺激和传递犯意的本质是没有变的。犯意传递是教唆的手段,而犯意刺激是教唆的目的。在网络空间中,教唆者利诱、鼓动、授意、强迫的对象通常是不特定的。

1. 根据教唆者在网络空间中是否投放物质利诱,网络空间教唆行为的方式分为物质教唆和非物质教唆

物质教唆以“网络悬赏教唆”和“网络雇佣教唆”为代表:前者是指通过网络平台或者网络空间,给不特定的网络受众对象予以示意,使之接受教唆并实行特定的犯罪;后者是指行为人通过网络平台找到适当的行为人,建立“雇主”与“受雇人”的关系,一方购买“枪手”,另一方接受“雇佣”并帮忙实现相应的犯罪。[1]

此外,教唆者还可以通过在教唆的过程中打赏红包,在线转账等方式用金钱对受众进行引诱,这些都属于物质教唆的范畴,除以金钱为利诱,还可以以职位担保、工作保证等其他物质利诱对受众进行教唆。不涉及金钱交易的,是非物质教唆。教唆者在教唆的过程中投放的经济利诱越大,对受众的吸引性和挑唆性越大,其社会危害性当然也越大。

2. 根据教唆者通过网络空间实施教唆中指示是否明确,网络空间教唆行为的方式分为明示的教唆和暗示的教唆

明示的教唆,是指教唆者通过网络交流工具,向特定或者不特定的人发出明确的犯罪指示;暗示的教唆,是指教唆者通过网络交流工具,向特定或者不特定的人发出不明确的犯罪指示,以暗号、暗语或者网络代码的形式来实现。

由于网络空间的虚拟性和特殊性,网络空间中的教唆行为一般以暗示的形式实现。但是,明示或者暗示只是教唆的形式有所不同,并不当然与教唆行为的社会危害性挂钩。

3. 根据教唆者对被教唆者是否存在强制或者威胁,网络空间教唆行为的方式可以分为具有胁迫性的教唆和不具有胁迫性的教唆

具有胁迫性的教唆,是指教唆者通过网络空间实施教唆时,以被教唆者的个人隐私、个人荣誉或者名誉等为内容相要挟或者威胁;不具有胁迫性的教唆又称为纯粹引诱型或者纯粹利诱型教唆,指在教唆的过程中纯粹利用说服或者利诱的方式,不涉及胁迫的内容。

---

[1] 刘凌梅:《雇佣犯罪若干问题刍论》,载《国家检察官学院学报》2003 年第 2 期。

不具有胁迫性的教唆,亦称为利诱型教唆,在教唆者和被教唆者之间的联动机制是互利的,教唆者实现其教唆的目的,被教唆者因为实施教唆的罪而获得利益交易的对价,因此,不涉及被教唆者意志自由的问题。

具有胁迫性的教唆,因为教唆者和被教唆者的意志相左,所以在教唆强度上,也与利诱型的教唆有所区别。

三、网络空间教唆行为的强度研究

教唆的强度,在大多数学者的文献中都有所论述,学者都是从教唆犯成立的根据和教唆犯处罚的根据等来反推教唆行为应当具备的强度问题,学者没有对这一强度给出准确的定义。笔者认为,教唆的强度,是教唆行为应当被纳入刑法调整的强度要求,是教唆行为在受众身上所产生的控制力度大小。

网络空间的教唆行为,在纯粹利诱型的教唆中,教唆者与被教唆者的意愿方向是一致的。教唆者通过在线转账、在线支付等方式贿买、笼络被教唆者等方式实施教唆,被教唆者在实施犯罪时因为利益的驱使为教唆者代劳,教唆者通过网络平台利益投放的多少,是评判教唆强度的关键。涉及在线转账和金钱打赏的,可以根据金钱的数额来对教唆的强度进行评估,在没有金钱利诱的情形下,可以根据教唆者在网络平台中的发言数量,被教唆者对相应平台或者相应网络页面的浏览量、点击量等方面来综合进行评断。[1]

对于网络空间的教唆行为,在胁迫性质的教唆中,被教唆者是特定的,教唆者与被教唆者的意愿方向并不一致,被教唆者实施犯罪违背自己的意志。随着教唆者教唆强度的加强,被教唆者可能会减弱意志自由,最后甚至丧失意志自由。在被教唆者完全丧失意志自由,或者没有意志选择的自由时,教唆者成立间接正犯。若要使被教唆者丧失意志自由,一般多以被教唆者,或者和被教唆者关系亲近的人的人身利益加以威胁,才具有较强的紧迫性。

然而,网络空间的教唆行为,是难以让被教唆者完全丧失意志自由的。以被教唆者或其亲友的人身安全相威胁,虽然口令的传递是通过网络途径来实施的,教唆者对被教唆者威胁或者要挟的手段,却是通过现实空间来实施的;利用网络对特定的对象以威胁的方式实施教唆,这种以“网络空间威胁”的方式,主要是

---

〔1〕 李永升、张楚:《公共事件网络谣言的刑法规制》,载《理论月刊》2016 年第 8 期。

通过言语和文字展开。比如,以被教唆者的隐私为威胁的内容,若被教唆者不就范,就以邮件定时发送、页面定时推送等形式加以干扰。因此,通过文字或者言语的形式威胁或者口头要挟,不能达到严重威胁被教唆者人身安全的程度,单纯利用网络进行威胁或者要挟,教唆者的教唆力度难以达到让被教唆者丧失意志自由的程度。教唆者根据具体的个案认定为主犯或者从犯,被教唆者根据具体的个案,认定为实行犯或者胁从犯。

四、网络空间教唆行为的对象和范围考究

网络空间的教唆,既可以针对特定的对象,也可以针对不特定的对象。问题的关键是,教唆的对象是否都应当具备刑事责任能力。与其他类型的共犯不同的是,《刑法》明确规定了"教唆不满十八周岁的人犯罪"的情形,关于这一规定的理解,学界上仍然颇具争议。网络空间教唆行为的社会危害性,教唆范围是重要的评价要素。因此,网络空间教唆行为的范围评估体制,有待构建。

(一)网络空间教唆行为的对象考究

有学者认为"不满十八周岁的人犯罪",其重点在于"犯罪",因此,在教唆对象中,不应当包括未满 14 周岁的人。在《刑法》第 29 条中,第 1 款规定的是共犯教唆,第 2 款规定的是独立教唆,因此,第 1 款"教唆不满十八周岁的人犯罪",必然是指具有相应刑事责任能力的人与教唆者构成共同犯罪的情形。[1] 也有学者认为,教唆对象应当包括"不满十四周岁"的行为人,但是,在此种情况下教唆者成立间接正犯,是单独犯罪,不适用从重处罚的规定。[2] 还有学者认为,教唆对象可以是未满 14 周岁的行为人,也可以是已满 14 周岁不满 18 周岁的行为人,分别构成间接正犯和教唆犯,但两者都适用从重处罚的规定,[3] 甚至有学者还主张在两种情形没有实质区别的前提下,间接正犯的概念是可以取消的。[4]

教唆对象能否包含无刑事责任能力的人,关键在于对"犯罪"的理解。如前所述,教唆犯的教唆内容,应当是"犯罪或者与犯罪社会危害性相当的违法行

---

〔1〕 魏东:《教唆犯研究》,中国人民公安大学出版社 2002 年版,第 202 页。

〔2〕 吴振兴:《论教唆犯》,吉林人民出版社 1986 年版,第 167 页。

〔3〕 马克昌主编:《犯罪通论》,武汉大学出版社 2010 年版,第 629 ~ 631 页;毛冠楠:《论我国刑法中教唆犯性质之界定》,载《云南大学学报(法学版)》2006 年第 6 期。

〔4〕 刘明祥:《间接正犯概念之否定——单一正犯体系的视角》,载《法学研究》2015 年第 6 期。

为”。况且,在网络空间中,教唆的受众广泛,教唆者和被教唆者的身份隐蔽,教唆者也不可能清楚地知晓每一个被教唆者的实际情况。笔者主张,教唆对象未必都具有刑事责任能力,也未必达到刑事责任年龄。

(二)网络空间教唆行为的范围考究

网络空间教唆行为的范围,是网络空间中教唆对象的覆盖面和扩散面,是以教唆者为中心,在网络空间辐射的受众范围。网络空间教唆的受众范围越广,社会危害性越大。

在互联网刚刚兴起时,受众基于对传统媒介的信任和期待,对传统舆论被动接受,对网络上的新兴事物和煽动性言论处于主动选择的心理,在保持个性化的同时渴望与传播者的交流,[1]但是随着网络进一步渗透到生活的方方面面,受众对网络活动的匿名心理、发泄心理和参与心理明显加强。网络空间的教唆行为带来的不仅是网络暴力等行政违法现象,还会让犯罪动机植根于受众的心中,对受众犯意的激发具有潜在的作用。

1. 网络平台点击量、浏览量和转发量对教唆范围的影响

与教唆强度类似的是,网络平台的点击量、浏览量、转发量以及跟帖量、评论量等要素可以作为教唆范围的重要参考。2004 年,最高人民法院和最高人民检察院首次将“实际被点击数”规定在了《关于办理利用互联网、移动通讯终端、声讯台制作、复制、出版、贩卖、传播淫秽电子信息刑事案件具体应用法律若干问题的解释(一)》中,直至 2013 年,最高人民法院和最高人民检察院出台《关于办理利用信息网络实施诽谤等刑事案件适用法律若干问题的解释》,把点击量、浏览量和转发量作为网络传播范围的三个指标。从教唆的效果上来看,受众的点击即便不能证明其已经被教唆者控制或者同化,但是能够证明,教唆者已然勾起了受众者的猎奇心理,可能让受众者进一步接受教唆者的利诱和鼓动。

与传统教唆不同的是,网络空间的教唆行为,欠缺引发实行行为的紧迫性,在教唆效果或者社会危害性的评价上,不在于受众是否参与犯罪,而在于受众与教唆者互动的可能性。

---

[1] 张秀珍、冯晓玉:《网络传播受众与传统大众传播受众的心理特征比较》,载《白城师范学院学报》2006 年第 5 期。

2. 网络平台点击量、浏览量、转发量的有效性考量

点击数被认为是对网民最有价值的信息,因为其代表了网站材料的受访量,也能显示访问者对信息的参与度。[1] 点击数是浏览量的直观表现,浏览量是点击数的实际内容。网络空间教唆的范围最终受平台流量和受众面的影响,网页点击量落脚到受访者的文件数量。在点击量、浏览量和转发量这三个指标中,哪些具有有效性?也即,实际点击量,是否等同于有效点击量?

点击数可能产生于访问同一网页上不同的文字、图像、音频和视频,这些重复页面的点击在评价中是算一次还是多次?在以往学者的研究中,将"同页多件""页面刷新""同源反复"等不同情况进行了区别讨论。但是,就教唆的作用而言,只要是同一被教唆者,无论是以同一 ID 还是不同 ID 进入页面,对有效教唆的计算都只能算"一次",而不能算"多次"。部分网站为吸引更多的流量和点击量,制作新颖的界面增加浏览量的函数,[2] 在这种网页设计的点击下,被教唆者只会因为教唆者内容形式的新颖性而提起更高的浏览兴趣,进而可能加深犯意,在教唆力度上有所加深,但是在教唆范围上并没有扩大。

因此,在计算浏览量和点击数时,尤其是自 2017 年 6 月《网络安全法》生效和 2017 年 10 月《互联网跟帖评论服务管理规定》的国家网络可信身份战略落地后,应当根据上网 IP、网络域名以及后台运营的实际控制人综合判断。浏览数和点击数只是教唆范围的外化,评判网络空间教唆行为波及的大概人数,应去除"不实际"的点击数和浏览数,[3] 根据实名用户和后台登录的具体情况对教唆行为的受众范围加以理性分析。"不实际"的点击数和浏览数主要包括:网站数据计数虚增的点击数,教唆者为造势和传播效果自增的点击数,以及受众刷新页面的不成功点击数。

基于以上论述,笔者把网络空间的教唆行为理解为行为犯,这与部分传统的教唆犯理论可能存在不一致。教唆行为是否应当入罪,或者是否纳入刑法评价范畴,应当从教唆范围、教唆强度以及教唆内容法益侵害性的大小评判。三个维

---

[1] 小木屋工作室编著:《电子商务——机遇入门》,辽宁科学技术出版社 2001 年版,第 62 页。

[2] [美]保罗·W. 法里斯等:《营销量化指标》,何志毅、赵占波译,中国人民大学出版社 2007 年版,第 332 ~ 333 页。

[3] 刘静坤:《杨勇传播淫秽物品牟利案(第 723 号)——淫秽电子信息实际被点击数和注册会员数如何认定》,载最高人民法院刑事审判一至五庭:《刑事审判参考》2011 年第 4 集·总第 81 集,法律出版社 2011 年版,第 63 页。

度各司其职,共同影响对教唆行为社会危害性的评断。总结起来,网络空间教唆行为的社会危害性用公式可以表示为:网络空间教唆行为的社会危害性 = 教唆内容法益侵害违法性 × 教唆范围(教唆的人数) × 教唆强度。

第三节　网络空间教唆行为的适用及改良

即便把网络空间的教唆行为视为行为犯,研究教唆犯仍然不能忽略教唆犯与实行犯的互动。虽然在广袤虚拟的网络空间中,教唆行为的社会危害性在于激发或者强化受众的犯罪意图,但是《刑法》第 29 条中“教唆不满十八周岁的人犯罪”加重处罚的规定以及“被教唆的人没有犯被教唆的罪”的规定,表明了实行犯或者受众实施犯罪的具体进程和具体情形,可能影响教唆者的量刑。独立教唆行为和共犯教唆行为,可能适用不同的评价体系。

在教唆犯成立的传统领域,教唆犯的对象特定,因此,法条适用的大前提成立,只是不同学者对法条作出了不同的诠释。在网络空间成立的教唆行为中,教唆的受众在大多情况下是不特定的,对于《刑法》第 29 条的规定,如何来适用和改良呢?

一、“教唆犯按照其在共同犯罪中所起的作用处罚”在网络空间语境下的适用

《刑法》第 29 条第 1 款规定:“教唆他人犯罪的,应当按照他在共同犯罪中所起的作用处罚……”笔者认为,该规定只是注意性规定,虽然各国共同犯罪的刑事立法,已经从作用分类逐渐向分工分类衍变,但是在量刑问题上,仍然应当根据共犯人在共同犯罪中所起的作用来评判。

在共犯独立性的主张下,组织犯、帮助犯和教唆犯的刑事责任独立评价,三种类型的共犯在共同犯罪中可以是主犯,也可以是从犯,因此“按照他在共同犯罪中所起的作用处罚”,在笔者看来只是注意性规定,而非教唆犯的处罚原则。在部分国家,教唆犯按照主犯的处罚原则来适用量刑。[1] 但是更多的学者认为,教唆犯的作用,可以是主犯,也可以是从犯。[2]

---

〔1〕 比如,日本在对共犯进行分类时区分了教唆犯和帮助犯,日本《刑法典》第 61 条明文规定了教唆犯的处罚原则与正犯类似。

〔2〕 刘继春:《教唆犯之定性:主犯、从犯抑或兼而有之》,载《社科纵横》2006 年第 3 期。

(一)网络空间独立教唆适用的量刑原则

和传统的教唆行为一样,网络空间的教唆也分为独立教唆和共犯教唆。独立教唆指教唆者通过网络空间散播犯意,受众并未接受其教唆的情形;共犯教唆是指一部分或者全部受众接受教唆者的犯意挑唆,并实施犯罪的情形。

根据《刑法》规定,教唆未成年人犯罪可能涉及独立教唆,因为被教唆者可能未达到刑事责任年龄;"被教唆的人没有犯被教唆的罪",可能是教唆者和被教唆者成立共同犯罪,但没有实现最终犯罪结果,也有可能是教唆者和被教唆者没有成立共同犯罪。[1] 但是,共犯教唆的成立在时间推进上,也经过了独立教唆阶段的过程转化,即先有犯意的传播,然后才有犯意的接受。

根据笔者前述的分析,网络空间的教唆犯罪,教唆者的作用可以根据教唆内容法益侵害性、教唆范围以及教唆强度三个方面来进行评判。从适用的前提上看,网络空间的独立教唆,应当适用于针对不特定的多数人所实施的教唆行为。通过网络空间对特定的人实施教唆,教唆者在此过程中具有更强的合作目的性,旨在通过物质利诱或者利益承诺与被教唆者达成犯意互动,通过网络对特定的人实施教唆,教唆者更注重与被教唆者达成共同犯意,协作实施犯罪,以实现犯罪目的的结果。对不特定的人实施教唆,旨在对不特定的人在犯罪动机、犯罪情感上进行刺激,教唆者在一般情况下不是意图驾驭或者控制被教唆者,而是在特定的网络空间中奠定实施违法犯罪的氛围。

因此,以教唆内容法益侵害性、教唆范围和教唆强度三个方面来评判的独立教唆,在网络空间中只适用于教唆对象不特定的情形。在网络空间中对特定的人实施教唆而未成立共同犯罪的,按照"被教唆的人没有犯被教唆的罪"这一规定量刑处罚。

(二)网络空间共犯教唆的量刑原则

无论教唆对象是特定还是非特定的,只要网络空间的受众接受教唆者的教唆,就应当适用网络空间共犯教唆的量刑原则,"按照他在共同犯罪中所起的作用处罚"。

根据陈兴良教授的观点,教唆犯在共同犯罪中所起的作用,应当根据教唆的

---

[1] 部分倡导教唆犯独立性学说的论者,认为三款法条都应当放在共同犯罪的视野下,如果教唆者和被教唆者没有成立犯罪,不在刑法评价的范畴。王昭武:《教唆犯从属性说之坚持与展开》,载《刑法论丛》2008 年第 3 期;王东海:《教唆犯从属性说的中国式展开》,载《贵州警官职业学院学报》2012 年第 3 期。

事实、性质、情节和社会危害程度入手。[1] 这四个因素可以概括为对教唆者的评价，此外，还应当关注被教唆者一方：在网络空间的共同犯罪中，教唆者和作为受众的实行者，哪一方在共同犯罪中所起的作用更为突出。教唆行为具体的作用大小，还应当考究网络受众实行行为的作用大小，从而判断教唆者与被教唆者孰主孰辅。

1. 网络空间教唆者按照其在共同犯罪中的作用，依照主犯或者从犯量刑处罚

教唆犯既可以让实行者的犯意从无到有，也可以让实行者的犯意从有到进一步加深。在广袤虚拟的网络空间中，倘若教唆者针对不特定的多数人进行教唆，或者对浏览网页的少部分网民进行些许鼓动和挑唆，那么网络受众的犯意就可能被引发，或者在原有犯意的基础上加深。即便网络空间的教唆者引起了受众的犯意，但在犯罪实施的手段、方法和步骤上无从提点，那么，在此种情况下，在共同犯罪中教唆者所起的作用是次要的，应当被认定为共同犯罪的从犯，比照共同犯罪的主犯从轻、减轻或者免除处罚。反之，如果教唆者在犯意刺激或者犯意加强的作用上极大，对受众实施犯罪的决意产生具有不可替代的作用时，教唆者依照共同犯罪的主犯来处罚。比如，教唆者通过网络发布犯罪计划，在此计划中规划好了实施方案、实施步骤和善后措施，网络空间的教唆者应当按照其组织、策划的全部罪行来定罪处罚。

2. 网络空间的教唆者是首要分子，按照首要分子的量刑原则处罚

教唆者将受众通过网络群组或者社交 App 框定在一个固定的人流群组中，不时地通过投放红包吸引受众的注意，或者定期地在群组里宣扬犯罪计划、组织人员、编配工作，教唆者的角色出现了教唆犯与组织犯的竞合。诚然，无论是在现实生活中，还是在网络空间中，组织策划者在实施组织犯罪时，必然伴随对组织对象的统领、煽动和指使。教唆者在一定条件下掌握了“意见领袖”的主动权，也利用网络空间对受众进行指挥、部署和安排。在此种情况下，教唆者作用的大小，按照前述网络空间犯罪，或者网络空间聚合型犯罪的首要分子的刑事责任来评判，根据行为人的组织强度、群组的规模程度、受众成员内部协调的程度和犯罪的进展程度等要素来评判教唆者是主犯还是从犯，进而确定其刑事责任

---

[1] 陈兴良：《共同犯罪论》（第 2 版），中国人民大学出版社 2006 年版，第 239 ~ 243 页。

的大小。

3. 网络空间独立教唆和共犯教唆两个阶段构成想象竞合的,从一重处罚

独立教唆和共犯教唆是教唆者通过网络空间实施一个教唆行为,随着时间推移所处的两个不同阶段,属于一个行为引起了不同的法律后果,是典型的想象竞合犯。

在与受众成立共同犯罪前,传递和煽动网络舆情、教唆犯罪的行为按照独立教唆的制裁思路来处罚,往后与网络空间的受众成立共同犯罪,应当按照共犯教唆的量刑规制来定罪处罚。但是,有可能独立教唆的处罚比共犯教唆的处罚更重,因为就教唆行为的评价而言,其教唆范围、教唆内容法益侵害性和教唆强度决定了教唆行为的社会危害性,即社会危害性是由教唆行为本身决定的;而在后一个阶段,教唆行为的社会危害性主要由与教唆对象的互动以及教唆行为在共同犯罪中起的作用决定。因此,网络空间教唆在不同阶段有不同的评价标准。在最终的量刑上,应当选择独立教唆和共犯教唆中较重的标准来进行量刑处罚。

二、“教唆不满十八周岁的人犯罪”在网络空间语境下的理解和适用

在《刑法》第29条第1款法条的后半段中,对“教唆不满十八周岁的人犯罪”的理解,在传统刑法理论中颇具争议,在网络空间的语境下,该条款的适用更棘手。这一法条的症结,不仅在性质的认定上具有争议,而且“从重处罚”的适用机制也是众说纷纭。在网络空间的语境下适用教唆未成年人犯罪的从重处罚规定,“从重”应当以何种量刑为基准呢?

(一)网络空间教唆未成年人犯罪的对象范围和行为性质

在“教唆不满十八周岁的人犯罪”的三种理解中,笔者倾向于第三种理解,“教唆不满十八周岁的人犯罪”,既包括教唆已满14周岁不满18周岁的人实施具备相应刑事责任能力的犯罪,也包括教唆不满14周岁的人实施与犯罪社会危害性相当的违法行为。

1. 网络空间教唆未成年人犯罪之对象范围

在网络空间无限扩散、传播范围无限辐射的大环境下,教唆者无从知晓教唆对象的具体情况。主客观相统一原则是在任何情形下都必须遵循的黄金法则,“教唆不满十八周岁的人犯罪”适用的大前提是,行为人知道或者从证据上可以推断出行为人知道被教唆者属于未满18周岁的未成年人。

在网络空间中实施教唆对象不特定的盖然性教唆,教唆者必然知道受众中有可能存在未成年人。据有关部门调查,80%的青少年犯罪都与网络犯罪相关,[1]在接触网络的人群中,5岁以下的比例接近10%,10岁以下的比例接近60%,[2]网络是教唆和传授青少年犯罪的重要途径,因此,教唆者一般不能以不知道网络平台有未成年人为由,提出减轻责任的抗辩。

2. 网络空间教唆未成年人犯罪之行为性质

通说认为教唆不满14周岁的人,属于间接正犯,教唆已满14周岁不满18周岁的人,是教唆犯。[3] 也有学者认为,间接正犯和教唆犯在一定范围内是竞合的,比如,已满25周岁的成年人甲教唆年仅8周岁的未成年人乙实施盗窃,甲成立教唆犯,也成立间接正犯。[4]

"间接正犯"并非一个法定的概念,而是一个"舶来品"。在德国刑法理论中,间接正犯理论的引入本是为了努力解决基于教唆对象或者教唆强度的不同情境所作的区分,因而"间接正犯"也成了学界公认的"替补角色"。[5] 笔者认为,学界关于教唆犯与间接正犯的区分是为了证成教唆犯的成立条件,因为14周岁的人欠缺刑事责任能力而不得不排除在共同犯罪的范畴外,以谋求共同犯罪理论体系的协调和统一。就理论层面,根据未成年人是否达到相应的刑事责任年龄,可以把网络空间教唆未成年人的性质分为间接正犯和共同犯罪两种,但是在处罚层面,这样的区分似乎并没有实际意义。

(二)网络空间教唆未成年人犯罪的处罚机制及法律适用

按照犯罪成立三阶层学说,无论教唆者与被教唆者是否具备刑事责任能力,教唆者和被教唆者成立共同犯罪,因为共同犯罪的成立仅在违法性上评价,不涉及有责性的问题。按照犯罪构成四要件学说,教唆者和被教唆者一方欠缺刑事

[1] 姜玉、尹辰:《我国青少年网络犯罪成因及预防对策》,载《吉林省教育学院学报(下旬)》2012年第2期。

[2] 中国互联网络信息中心:《第38次中国互联网络发展状况统计报告》,载中国互联网络信息中心,http://www.cnnic.net.cn/hlwfzyj/hlwxzbg/hlwtjbg/201608/t20160803_54392.htm,2020年7月19日最后访问。

[3] 付立庆:《犯罪概念的分层含义与阶层犯罪论体系的再宣扬——以"教唆不满十八周岁的人犯罪"的规范理解为切入》,载《法学评论》2015年第2期。

[4] 肖吕宝:《关于"教唆不满十八周岁的人犯罪的,应当从重处罚"的理解与适用》,载《政法学刊》2007年第5期。

[5] 陈子平:《论共犯之独立性与从属性》,载《刑事法评论》2007年第2期。

责任能力,在犯罪主体方面就欠缺了构成要件的要素。但是,行为人应当如何适用刑罚,受行为性质的影响,由行为的社会危害性决定。

1. 网络空间教唆未成年犯罪的处罚机制

从处罚机制上看,是否应当"从重处罚",与教唆者和实行者是否成立共同犯罪并没有必然的关系。从教唆行为本身来看,尤其是在网络空间的语境下,教唆行为具有更强大的覆盖面和感染力;从教唆行为对受众产生的传播效果上看,由于受众都是不满 18 周岁的未成年人,心智发育不成熟,人生观、价值观和道德观都尚未形成,加上他们意志力弱、道德观念单薄以及认知片面的心理特点,网络教唆可能会诱导他们走向歧途。[1]

因此,对已满 14 周岁不满 18 周岁的未成年人实施教唆的应当从重处罚,对不满 14 周岁的未成年人教唆,就没有理由不从重处罚。从对未成年人保护的角度看,对于年龄越小的孩童,在心理、智力和三观方面越应当注重疏通和引导。一旦从小沾染血腥、暴力和犯罪的气息,随着年龄的增长,这些阴暗的气息会在他们心底越积越深,直至把他们逼进犯罪的深渊。因此,从心理学的角度出发,要建立长期和有效的防控机制,就必须从小对青少年进行教育和引导,配合社会力量,着力营造青少年的成长环境。[2]

培养网络空间良好健康的环境是每个网民应尽的责任,孩子越小,身心发育越不成熟,就越容易被网络上的不法信息所诱导,走上违法犯罪的不归路。教唆不满 14 周岁的未成年人实施违法犯罪,其社会危害性并不比教唆已满 14 周岁不满 18 周岁的未成年人小,从保护青少年,有利于青少年身心健康发展上看,教唆不满 14 周岁的未成年人,甚至应该被判处更严重的刑罚。所以,对不满 14 周岁的人实施教唆适用从重处罚的规定,也并不违反刑法的谦抑性。

2. 网络空间教唆未成年人犯罪的法律适用

在网络空间中教唆不满 18 周岁的人实施犯罪,如何适用从重处罚的规定呢？在教唆对象不特定的网络空间中,教唆对象可能是成年人,也可能是未成年人,也或者两者兼有。教唆成年人的,适用一般规定;教唆未成年人的,适用从重

---

〔1〕 徐伟:《网络诱发未成年人犯罪的类型分析与治理策略——基于三十个典型案例统计》,载《预防青少年犯罪研究》2016 年第 4 期。

〔2〕 吴宗宪:《论社会力量参与预防青少年犯罪的长效机制》,载《华东政法大学学报》2013 年第 5 期。

处罚的规定；如果教唆对象既有成年人又有未成年人，属于想象竞合的情形，按照教唆未成年人的规定从重处罚。这是教唆对象不特定时适用的量刑规则。

在物联网以及移动互联网兴起的时代，尤其是上网人群逐渐呈现低龄化的时代，通过网络空间实施的教唆，其中有一部分受众必定是未成年人。只要教唆对象中存在未成年人，就应当适用“从重处罚”的规定，这显然不合理。教唆未成年人从重处罚的规定能否适用，一方面，取决于教唆者主观方面的内容；另一方面，取决于教唆行为的实际效果。

只有行为人明知教唆的受众主要是未成年人，或者以未成年人为主要的煽动对象，而对其进行教唆，才适用从重处罚的规定，教唆的受众是否全部为未成年人在所不论。能够从侧面证明行为人主观方面的，是行为人在一定情况下客观方面的行为调整，或者实施教唆时的网络环境情况。具体表现如下：

其一，行为人明知网络社交平台中的受众以未成年人为主，故意煽动其实施与犯罪社会性相当的行为。比如，行为人在一个中小学在线教育平台以评论、留言、纸条等形式与在线的学员进行交流，并通过青少年感兴趣的话题，如Q币、游戏装备等物质利益加以诱惑，要求网络受众实施转发涉黄超链接、有偿删帖等行为。根据平台的性质、功能和作用，教唆者可以判断出网络平台的主要受众是未成年人，其不能以不知情提出抗辩，理应适用从重处罚的规定。

其二，行为人根据未成年人的爱好和习性，故意设计网络教唆的方式和内容。比如，前述举例的根据未成年人的习性通过网络投放物质利诱；再如，根据未成年人的生活习性设计教唆的内容和话题，把教唆的内容制作成动画或者游戏，在未成年人在线阅读或者在线学习的时候引发其犯罪的动机；因以动漫、游戏为主的娱乐方式主要以青少年为受众，行为人选择此类方式进行网络教唆，说明其教唆行为具有明显的针对性和动机性。

三、“被教唆的人没有犯被教唆的罪”在网络空间语境下的适用与改良

根据传统刑法理论的通说，《刑法》第29条第1款是共犯教唆，第2款是独立教唆。在网络空间的语境下，把教唆犯理解为行为犯，“被教唆的人没有犯被教唆的罪”证成的前提显得有些苍白，尤其主张将此类教唆犯单独规定为“教唆

罪”的学者,更是提出了废除第29条第2款的主张。[1] 若把教唆犯理解为行为犯,教唆者的教唆行为达到一定程度就成立并既遂,“被教唆的人没有犯被教唆的罪”,并不影响独立教唆或者教唆罪的成立。

(一)“被教唆的人没有犯被教唆的罪”在传统刑法理论视野下的解读

对于“被教唆的人没有犯被教唆的罪”条款的解释,共犯独立性说和共犯从属性说的学者也作了不同的努力,支持共犯从属性说的学者,把“被教唆的人没有犯被教唆的罪”理解为被教唆者接受了教唆,但是在犯罪预备阶段或者犯罪实行阶段,被教唆者出现了犯罪预备、犯罪未遂或者犯罪中止的情形。[2] 总之,教唆者和被教唆者已经达成了犯罪的合意。持共犯独立性和教唆犯独立性学说的学者,主张该条款是被教唆者明示拒绝教唆者,教唆者与被教唆者不成立共犯的独立教唆情形。还有部分学者提出,“被教唆的人没有犯被教唆的罪”,应当包括教唆者已经实施教唆行为,但是教唆意思尚未传达到被教唆者的情形。[3]

在“到达主义”的视角下,教唆行为的成立必须以教唆信息到达受众为前提,况且在网络空间中,传播受众广泛、教唆信息无人接收的无效教唆,几乎是寥寥无几。关于“被教唆的人没有犯被教唆的罪”的情形界定,学界大致可以分为“三情形说”“四情形说”“五情形说”“多情形说”。[4] 受支持较多的是“四情形说”,即四种情形:其一,被教唆者在接收到教唆信息后拒绝实施教唆行为;其二,当时接受了教唆者的教唆,其后打消了犯罪意图;其三,被教唆者接受教唆,但是实施另一种犯罪;其四,教唆者在实施教唆时,传播的受众或者被教唆者已

---

[1] 卢勤忠:《论教唆罪的设立》,载《现代法学》1996年第6期;杨晓东、肖怡:《教唆行为应构成独立的“教唆罪”》,载《西南政法大学学报》2002年第2期;鲁昕:《教唆罪成立刍议》,载《经济与社会发展》2005年第10期。

[2] 张明楷:《论教唆犯的性质》,载《刑事法评论》2007年第2期;郝晓玲、王拓:《教唆未遂的可罚性论争》,载《中国刑事法杂志》2009年第10期;陈洪兵:《教唆犯规定、适用及立场之考量》,载《河南科技大学学报(社会科学版)》2007年第4期。

[3] 刘明祥:《“被教唆的人没有犯被教唆的罪”之解释》,载《法学研究》2011年第1期;刘明祥:《再释“被教唆的人没有犯被教唆的罪”——与周光权教授商榷》,载《法学》2014年第12期。

[4] 马克昌主编:《犯罪通论》(第3版),武汉大学出版社1999年版,第563页以下;阮齐林:《刑法学》,中国政法大学出版社2008年版,第212页以下;陈伟:《非共犯教唆视野下的教唆行为与教唆罪的构建》,载《江西公安专科学校学报》2007年第6期。

经有了犯罪的意图。第三种情况和第四种情况也被部分学者称为“无效的教唆”。[1] 笔者也支持“四情形说”，评价教唆行为的有效性，必须以教唆信息传递到被教唆者为前提。

（二）“被教唆的人没有犯被教唆的罪”在网络空间视域下的解读

在网络空间的语境下解读“被教唆的人没有犯被教唆的罪”，要厘清两个问题：一个问题是，在网络空间中实施对象不特定的教唆，一部分人实施了被教唆的罪，另一部分人没有实施被教唆的罪，是适用一般的规定，还是适用“可以从轻或者减轻”的规定？另一个问题是，这里的“可以从轻或者减轻”，量刑的参照标准应当是什么？

1. 网络教唆“被教唆的人没有犯被教唆的罪”的适用前提

大部分学者，尤其是主张教唆犯独立性的学者主张废除《刑法》第 29 条第 2 款。这款原本为 1979 年《刑法》第 26 条第 2 款，保留到 1997 年《刑法》，甚至十一部刑法修正案也没有对其作出改动。虽然该款在文字表述上有瑕疵，但是从态度上可以看出，对于未达到教唆目的的教唆，立法者在态度上是倾向于从轻、减轻的，只是没有找到更好的表达方式或者处理方式，该款才保留至今。一般认为，“被教唆的人没有犯被教唆的罪”的，适用教唆对象特定的教唆类型，这样方能立竿见影地评价教唆行为的效果。

因此，在网络空间中，如果行为人以社交平台对特定受众加以框定实施教唆，可以直接适用该条款的规定；倘若教唆者是在一个开放的平台以宣扬、煽动的形式实施教唆，受众对象不特定，只能通过网络信息平台的数据显示，被煽动的受众有增长或者减少趋势，难以评估行为人对受众犯意的直接支配力度。因此，受众对象不特定的教唆，应当适用独立教唆的评价机制，从教唆强度、教唆范围和教唆内容法益侵害性三个方面评价教唆行为的社会危害性。

“被教唆的人没有犯被教唆的罪”，必须放在教唆对象特定的情形下研究，才能确切地厘清教唆行为对被教唆者的控制、支配和协作。在非特定对象的教唆中，孱弱的犯意联络不能形成教唆者与被教唆者之间有效的犯意联动，教唆者对被教唆者犯意的产生只起到“火苗”点燃的作用，“火势”将如何发展，还有待

---

〔1〕 郭园园：《论教唆未遂与未遂教唆——以我国〈刑法〉第 29 条第 2 款的解读为中心》，载《现代法学》2003 年第 6 期。

被教唆者自身的控制。因此,教唆者的教唆或者煽动行为,与特定对象的具体危害结果之间,因为犯意联动的缺乏,导致了因果关系的弱化。

排除了非特定教唆情形,通过网络空间对特定对象实施教唆,其处理方式与传统的教唆类似。但是,在司法实践中,“没有犯被教唆的罪”是一个并不规范的表达,除却犯意传递本身,被教唆者可以是拒绝教唆或是接受教唆后又打消犯罪意图,或者不实行教唆之罪,也可以是接受教唆,由于意志以外或者非意志以外的原因停止了犯罪。

在前一种情况下,教唆者与被教唆者的犯意交流在犯意传递到被教唆者时即终止;在后一种情况下,教唆者与被教唆者的犯意交流在被教唆者部署犯罪之后,可以是在被教唆者的犯罪预备阶段终止,也可以是在被教唆者犯罪实行阶段终止。对于教唆者来说,这些情形都可以一箩筐地被包含进“被教唆的人没有犯被教唆的罪”的情形。“可以从轻或者减轻处罚”的规定,类似于犯罪未遂的处罚规定,根据《刑法》第 23 条第 2 款的规定,未遂犯的处罚原则是“可以比照既遂犯从轻或者减轻处罚”。“被教唆的人没有犯被教唆的罪”的情形,就教唆者而言,仍然是其意志以外的原因未能得逞,因此,对于教唆者精心策划、细心安排的教唆,未能实现其意欲实现的犯罪,“可以从轻或者减轻处罚”的规定也符合刑法谦抑性的要求。

根据共同犯罪中“部分实行,全部责任”的量刑原则,在教唆的特定对象中,即使只有一人或者部分人实施了被教唆的罪,其他的人没有实施被教唆的罪,但只要被教唆者实施犯罪并产生了犯罪的结果,对于教唆者,也应当按照教唆既遂来进行量刑处罚。[1] 在网络空间语境下,《刑法》第 29 条第 2 款的规定,指的是教唆者利用网络平台框定特定受众实施犯罪,未有一人接受其教唆且实施犯罪的情形。

2. 网络教唆“被教唆的人没有犯被教唆的罪”的量刑参考

一般而言,在《刑法》总则中,“可以从轻、减轻”的量刑参照基准有三种类型:第一种是修正形态参照完成形态,如犯罪预备、犯罪未遂和犯罪中止的量刑参照犯罪既遂;第二种是非实行犯参照实行犯,如从犯的量刑规则“应当从轻、

[1] 笔者这里所指的教唆既遂,不是单独教唆的既遂,而是指共犯教唆的既遂,即实行犯实施了犯罪并实现了犯罪结果。

减轻或者免除处罚”的规定,虽然法条中未列明,但是实际上比照的是共同犯罪中的主犯或者实行犯;第三种是特殊情况的行为主体比照一般情况的行为主体,如紧急避险、正当防卫的量刑规则以及未成年人、盲人、聋哑人的量刑规则。

被教唆者没有犯被教唆的罪,是由于教唆者意志以外的原因未能得逞,其处罚可能参照几种情形:其一,共犯教唆既遂的情形下,教唆者原本应当适用的量刑;其二,共犯教唆既遂的情形下,实行犯的量刑;其三,共犯教唆中实行犯未遂或者中止,实行犯的量刑。到底比照教唆犯原本适用的量刑还是实行犯的量刑,必须结合法条的规定。

在《刑法》总则规定的“共同犯罪”这一节中,比照实行犯进行量刑适用的是从犯和胁从犯,教唆犯的量刑适用的是“应当按照他在共同犯罪中所起的作用处罚”的规定,表明在量刑参照的选择上,教唆犯的量刑适用必然要经过一次转换,依照其在共同犯罪中所起的作用转换成主犯或者从犯。“被教唆的人没有犯被教唆的罪,可以从轻或者减轻处罚”的规定,应当根据教唆犯在共同犯罪中所起的作用区别适用。

教唆者通过网络空间教唆和煽动犯罪,倘若对整个犯罪活动起支配、控制作用,因为被教唆者的原因未能得逞的,教唆者比照共同犯罪中主犯的量刑基准,酌情地从轻、减轻处罚;倘若只是强化了其他共犯人的犯意,对犯罪的实行起的只是催化作用时,教唆者比照共同犯罪中从犯的量刑基准,在“应当从轻、减轻或者免除处罚”的基础上,再度酌情从轻、减轻处罚。

本章小结

教唆行为,无论是在现实空间中还是在网络空间中,本质上都是犯意的扩散和传递。在网络时代的背景下研究教唆犯,应当从教唆行为的扩散面和传递效果上进行。在概念和特征上,从教唆对象、教唆强度、教唆内容等方面对网络空间的教唆行为着手研究。解决网络空间教唆行为的相关问题,一方面,要借用和遵循先哲们的结论;另一方面,要结合网络空间的特殊性。

由于网络环境的特殊性,网络空间教唆行为的刑法规制,应该更侧重信息源上的遏制。笔者认为,在网络空间中讨论教唆,尤其是在网络空间信息传递的发散性和传播受众行为实施的可选择性下,应承认“独立教唆”和“共犯教唆”两种类型，打破对教唆行为外延和内涵的传统认识，承认网络空间中教唆行为对象的不特定和特定的并存情形，承认教唆内容的盖然性。在独立教唆的情形下，以行为人通过网络散布犯罪信息的范围、教唆的强度以及教唆内容的法益侵害性，评判教唆行为的社会危害性。

在共犯教唆的情形下，根据教唆者所选择的网络平台的性质、教唆者实施教唆的形式和内容，评断教唆犯是否适用教唆未成年人从重处罚的规定；倘若教唆者利用网络平台对特定受众实行引诱、教唆和部署，属于教唆犯与组织犯的竞合。教唆者在共同犯罪中起主要作用，按照主犯的量刑处罚；起次要作用，按照从犯的量刑处罚。被教唆者接受教唆但未能实现最终犯罪结果的，教唆者以其在共同犯罪中所起的作用，酌情从轻或者减轻处罚。

参考文献

一、中文参考文献

(一)著作类

1. [德]汉斯·海因里希·耶塞克、托马斯·魏根特:《德国刑法教科书》,徐久生译,中国法制出版社2001年版。

2. [德]克劳斯·罗克辛:《德国刑法学总论》(第1卷),王世洲译,法律出版社2005年版。

3. [德]恩施特·贝林:《构成要件理论》,王安异译,中国人民公安大学出版社2006年版。

4. [德]约翰内斯·韦赛尔斯:《德国刑法总论》,李昌珂译,法律出版社2008年版。

5. [法]孟德斯鸠:《论法的精神》,张雁深译,商务印书馆1997年版。

6. [美]E. 博登海默:《法理学——法律哲学与法律方法》,邓正来译,中国政法大学出版社2004年版。

7. [日]大谷实:《刑法讲义总论》(第2版),黎宏译,中国人民大学出版社2008年版。

8. [日]大塚仁:《犯罪论的基本问题》,冯军译,中国政法大学出版社1993年版。

9. [日]大塚仁:《刑法概说(总论)》(第3版),冯军译,中国人民大学出版社2003年版。

10. [日]福田平、大塚仁编:《日本刑法总论讲义》,李乔等译,辽宁大学出版社 1986 年版。

11. [日]木村龟二主编:《刑法学词典》,顾肖荣、郑树周等译校,上海翻译出版公司 1991 年版。

12. [日]牧野英一:《日本刑法通义》(第 1 版),陈承泽译,中国政法大学出版社 2003 年版。

13. [日]山口厚:《刑法总论》(第 2 版),付立庆译,中国人民大学出版社 2011 年版。

14. [日]西原春夫:《犯罪实行行为论》,戴波、江溯译,北京大学出版社 2006 年版。

15. [日]小野清一郎:《犯罪构成要件理论》,王泰译,中国人民公安大学出版社 2004 年版。

16. [苏联]A. H. 特拉伊宁:《犯罪构成的一般学说》,薛秉忠等译,中国人民大学出版社 1958 年版。

17. [意]贝卡里亚:《论犯罪与刑罚》,黄风译,中国大百科全书出版社 1993 年版。

18. [意]杜里奥·帕多瓦尼:《意大利刑法学原理》,陈忠林译,人民大学出版社 2004 年版。

19. [英]J. C. 史密斯、B. 霍根:《英国刑法》,马清升等译,法律出版社 2000 年版。

20.《俄罗斯联邦刑法典》,黄道秀等译,中国法制出版社 1996 年版。

21. 曹坚:《从犯问题研究》,上海社会科学院出版社 2009 年版。

22. 陈洪兵:《共犯论思考》,人民法院出版社 2009 年版。

23. 陈洪兵:《中立行为的帮助》,法律出版社 2010 年版。

24. 陈家林:《共同正犯研究》,武汉大学出版社 2004 年版。

25. 陈世伟:《论共犯的二重性》,中国检察出版社 2008 年版。

26. 陈伟强:《共同犯罪刑事责任研究》,清华大学出版社 2013 年版。

27. 陈兴良:《共同犯罪论》(第 2 版),中国人民大学出版社 2006 年版。

28. 陈兴良:《刑法哲学》,中国政法大学出版社 1992 年版。

29. 陈兴良主编:《刑法学》,复旦大学出版社 2003 年版。

30. 陈志军:《共同犯罪的理论与实践》,中国人民公安大学出版社 2012 年版。

31. 陈忠林:《意大利刑法纲要》,中国人民大学出版社 1999 年版。

32. 储槐植:《美国刑法》,北京大学出版社 2005 年版。

33. 储槐植、江溯:《美国刑法》(第 4 版),北京大学出版社 2012 年版。

34. 邓国良、邓定远主编:《网络安全与网络犯罪》,法律出版社 2015 年版。

35. 樊凤林主编:《犯罪构成论》,法律出版社 1987 年版。

36. 冯英菊:《共同犯罪的定罪与量刑》,人民法院出版社 2002 年版。

37. 冯英菊:《赃物犯罪研究》,中国政法大学出版社 2000 年版。

38. 高格等编著:《刑法教程》,吉林大学出版社 1987 年版。

39. 高铭暄主编:《刑法学》,北京大学出版社 1989 年版。

40. 高铭暄、马克昌主编:《刑法学》(第 7 版),北京大学出版社 2016 年版。

41. 高铭暄、马克昌主编:《刑法学》(上编),中国法制出版社 1999 年版。

42. 高铭暄主编:《新型经济犯罪研究》,中国方正出版社 2000 年版。

43. 高铭暄主编:《刑法学》,法律出版社 1982 年版。

44. 桂亚胜:《故意犯罪的主观构造及其展开》,上海人民出版社 2014 年版。

45. 郭君勋:《案例刑法总论》(第 2 版),台北,三民书局 1983 年版。

46. 何秉松:《犯罪构成系统论》,中国法制出版社 1995 年版。

47. 何秉松主编:《刑法教程》,法律出版社 1987 年版。

48. 何鹏主编:《现代日本刑法专题研究》,吉林大学出版社 1994 年版。

49. 何荣功:《实行行为研究》,武汉大学出版社 2007 年版。

50. 侯国云:《过失犯罪论》,人民出版社 1993 年版。

51. 黄丽勤、周铭川:《共同犯罪研究》,法律出版社 2011 年版。

52. 吴振兴主编:《犯罪形态研究精要》,法律出版社 2005 年版。

53. 江溯:《犯罪参与体系研究——以单一正犯体系为视角》,中国人民公安大学出版社 2010 年版。

54. 蒋惠岭主编:《网络司法典型案例(刑事卷)》,人民法院出版社 2016 年版。

55. 蒋平:《计算机犯罪问题研究》,商务印书馆 2000 年版。

56. 蒋志培主编:《网络与电子商务法》,法律出版社 2002 年版。

57. 柯耀程:《变动中的刑法思想》,台北,柯耀程,元照出版有限公司 2001 年版。

58. 黎宏:《刑法总论问题思考》,中国人民大学出版社 2007 年版。

59. 李凤梅:《教唆犯论——以独立构成说为视角的建构》,中国社会科学出版社 2011 年版。

60. 李光灿等:《论共同犯罪》,中国政法大学出版社 1987 年版。

61. 李双其主编:《网络犯罪防控对策》,群众出版社 2011 年版。

62. 李文燕主编:《计算机犯罪研究》,中国方正出版社 2001 年版。

63. 李宇先:《聚众犯罪研究》,湖南人民出版社 2004 年版。

64. 林维:《间接正犯研究》,中国政法大学出版社 1998 年版。

65. 林维主编:《共犯论研究》,北京大学出版社 2014 年版。

66. 林文肯、茅彭年:《共同犯罪理论与司法实践》,中国政法大学出版社 1987 年版。

67. 林亚刚:《犯罪过失研究》,武汉大学出版社 2000 年版。

68. 刘德法:《聚众犯罪理论与实务研究》,中国法制出版社 2011 年版。

69. 刘广三:《计算机犯罪论》,中国人民大学出版社 1999 年版。

70. 刘凌梅:《帮助犯研究》,武汉大学出版社 2003 年版。

71. 刘瑞瑞:《不作为共犯研究》,广西师范大学出版社 2009 年版。

72. 刘斯凡:《共犯界限论》,中国人民公安大学出版社 2011 年版。

73. 马克昌:《比较刑法原理:外国刑法学总论》,武汉大学出版社 2002 年版。

74. 马克昌、莫洪宪主编:《中日共同犯罪比较研究》,武汉大学出版社 2003 年版。

75. 马克昌主编:《犯罪通论》(第 3 版),武汉大学出版社 1999 年版。

76. 马克昌主编:《近代刑法学说史略》,中国检察出版社 2004 年版。

77. 马克昌主编:《外国刑法学总论》,中国人民大学出版社 2009 年版。

78. 宁汉林、魏克家:《大陆法系刑法学说的形成与发展》,中国政法大学出版社 2001 年版。

79. 皮勇:《网络犯罪比较研究》,中国人民公安大学出版社 2005 年版。

80. 朴宗根:《正犯论》,法律出版社 2009 年版。

81. 钱叶六:《共犯论的基础及其展开》,中国政法大学出版社 2014 年版。

82. 任海涛:《承继共犯研究》,法律出版社 2010 年版。

83. 任海涛:《共同犯罪立法模式比较研究》,吉林大学出版社 2011 年版。

84. 阮齐林:《刑法学》,中国政法大学出版社 2008 年版。

85. 田鹏辉:《片面共犯的理论与实践》,科学出版社 2013 年版。

86. 王光明:《共同实行犯研究》,法律出版社 2012 年版。

87. 王云斌编著:《网络犯罪》,经济管理出版社 2002 年版。

88. 王志远:《共犯制度的根基与拓展》,法律出版社 2011 年版。

89. 王作富主编:《刑法》(第 5 版),中国人民大学出版社 2011 年版。

90. 王作富主编:《刑法分则实务研究》(下)(第 3 版),中国方正出版社 2007 年版。

91. 魏东:《教唆犯诠释与适用》,中国人民公安大学出版社 2012 年版。

92. 魏东:《教唆犯研究》,中国人民公安大学出版社 2002 年版。

93. 吴光侠:《主犯论》,中国人民公安大学出版社 2007 年版。

94. 吴振兴:《论教唆犯》,吉林人民出版社 1986 年版。

95. 谢望原主编:《刑法学》,北京大学出版社 2003 年版。

96. 许秀中:《网络与网络犯罪》,中信出版社 2003 年版。

97. 许玉秀:《当代刑法思潮》,中国民主法制出版社 2005 年版。

98. 薛虹:《网络时代的知识产权法》,法律出版社 2000 年版。

99. 阎二鹏:《共犯与身份》,中国检察出版社 2007 年版。

100. 杨春洗等主编:《刑事法学大辞书》,南京大学出版社 1990 年版。

101. 杨春洗主编:《刑法总论》,北京大学出版社 1981 年版。

102. 杨金彪:《共犯的处罚根据》,中国人民公安大学出版社 2008 年版。

103. 杨力平编著:《计算机犯罪与防范》,电子工业出版社 2002 年版。

104. 杨正鸣主编:《网络犯罪研究》,上海交通大学出版社 2004 年版。

105. 叶高峰主编:《共同犯罪理论及其运用》,河南人民出版社 1990 年版。

106. 叶良芳:《实行犯研究》,浙江大学出版社 2008 年版。

107. 阴建峰、周加海主编:《共同犯罪适用问题中疑难问题研究》,吉林人民出版社 2001 年版。

108. 张开骏:《共犯从属性研究》,法律出版社 2015 年版。

109. 张明楷:《外国刑法纲要》,清华大学出版社 2007 年版。

110. 张明楷:《刑法的基本立场》,中国法制出版社 2002 年版。

111. 张明楷:《刑法分则的解释原理》,中国人民大学出版社 2004 年版。

112. 张明楷:《刑法学》(第5版),法律出版社2016年版。

113. 张伟:《帮助犯研究》,中国政法大学出版社2012年版。

114. 张新宝主编:《互联网上的侵权问题研究》,中国人民大学出版社2003年版。

115. 赵秉志:《犯罪主体论》,中国人民大学出版社1989年版。

116. 赵秉志、吴振兴主编:《刑法学通论》,高等教育出版社1993年版。

117. 赵秉志主编:《犯罪停止形态适用中的疑难问题研究》,吉林人民出版社2001年版。

118. 赵秉志主编:《犯罪总论问题探索》,法律出版社2003年版。

119. 赵秉志主编:《海峡两岸刑法总论比较研究》(下卷),中国人民大学出版社1999年版。

120. 赵秉志主编:《刑法新探索》,群众出版社1993年版。

121. 赵秉志主编:《刑法争议问题研究》,河南人民出版社1996年版。

122. 赵辉:《组织犯及其相关问题研究》,法律出版社2007年版。

123. 赵廷光等:《计算机犯罪的定罪与量刑》,人民法院出版社2000年版。

124. 周光权:《刑法总论》(第2版),中国人民大学出版社2011年版。

125. 周密:《论证犯罪学》,群众出版社1991年版。

126. 周三多、陈传明、贾良定编著:《管理学——原理与方法》,复旦大学出版社2014年版。

127. 朱道华:《教唆犯研究》,法律出版社2014年版。

128. 邹佳铭编著:《刑法中的行为论纲》,中国人民公安大学出版社2011年版。

(二)论文类

129. 巴卓、郑蕊:《论信息网络犯罪帮助行为的刑法规制》,载《净月学刊》2017年第1期。

130. 卜鹏爱:《浅议帕金森定律与企业管理》,载《长江大学学报(社会科学版)》2012年第7期。

131. 蔡蕙芳:《P2P网站经营者之作为帮助犯责任与中性业务行为理论之适用》,载《东吴法律学报》2006年第1期。

132. 蔡刘红:《网络共同犯罪的刑法应对及完善思路》,载《中共南宁市委党校学报》2017 年第 4 期。

133. 曹波:《中立帮助行为刑事可罚性研究》,载《国家检察官学院学报》2016 年第 6 期。

134. 常怡、黄娟:《司法裁判供给中的利益衡量:一种诉的利益观》,载《中国法学》2003 年第 4 期。

135. 陈道英:《我国网络空间中的言论自由》,载《河北法学》2012 年第 10 期。

136. 陈国猛:《未成年人网络犯罪的结构分析与预防策略》,载《中国刑事法杂志》2017 年第 2 期。

137. 陈洪兵:《"二人以上共同故意犯罪"的再解释——全面检讨关于共同犯罪成立条件之通说》,载《当代法学》2015 年第 4 期。

138. 陈洪兵:《共犯与身份的中国问题》,载《法律科学(西北政法大学学报)》2014 年第 6 期。

139. 陈洪兵:《教唆犯规定、适用及立场之考量》,载《河南科技大学学报(社会科学版)》2007 年第 4 期。

140. 陈洪兵:《最小从属性说与极端从属性说批判——兼质疑王昭武先生倡导的最小从属性说》,载《南京农业大学学报(社会科学版)》2008 年第 2 期。

141. 陈结淼:《关于我国网络犯罪刑事管辖权立法的思考》,载《现代法学》2008 年第 3 期。

142. 陈可倩:《德、意、中共同犯罪人认定标准比较研究》,载《法商研究》2015 年第 1 期。

143. 陈山:《刑法学中主客观相统一原则的承继或废弃》,载《中国刑事法杂志》2009 年第 2 期。

144. 陈伟:《"严格责任"抑或"推定责任"——性侵未满 12 周岁幼女的责任类型辨识》,载《法学家》2014 年第 2 期。

145. 陈伟:《非共犯教唆视野下的教唆行为与教唆罪的构建》,载《江西公安专科学校学报》2007 年第 6 期。

146. 陈文昊:《加功行为的匡正与型构》,载《宜宾学院学报》2017 年第 1 期。

147. 陈文昊、郭自力:《刑事立法帮助行为正犯化进程中的共犯独立性提倡——从共犯从属性的理论症结谈起》,载《广东行政学院学报》2017 年第 1 期。

148. 陈兴良:《“应当知道”的刑法界说》,载《法学》2005 年第 7 期。

149. 陈兴良:《论我国刑法中的片面共犯》,载《法学研究》1985 年第 1 期。

150. 陈兴良:《身份犯之共犯:以比较法为视角的考察》,载《法律科学(西北政法大学学报)》2013 年第 4 期。

151. 陈雄飞:《论“教唆未遂”与“未遂的教唆”——三大法系比较研究》,载《西南政法大学学报》2006 年第 5 期。

152. 陈绚:《虚拟空间的真实侵害——网络诽谤分析》,载《国际新闻界》2000 年第 1 期。

153. 陈毅坚、孟莉莉:《“共犯正犯化”立法模式正当性评析》,载《中山大学法律评论》2010 年第 2 期。

154. 丁鹏:《首要分子与主犯关系新探——从任意共同犯罪与必要共同犯罪角度》,载《福建政法管理干部学院学报》2002 年第 1 期。

155. 丁胜明:《共同犯罪中的区分制立法模式批判——以正犯、实行犯、主犯的关系为视角》,载《中国刑事法杂志》2013 年第 2 期。

156. 董文蕙、佘小松:《英美刑法严格责任探析》,载《河南师范大学学报(哲学社会科学版)》2008 年第 1 期。

157. 杜磊:《网络犯罪的特征与刑法规制路径》,载《河北法学》2017 年第 7 期。

158. 付立庆:《犯罪概念的分层含义与阶层犯罪论体系的再宣扬——以“教唆不满十八周岁的人犯罪”的规范理解为切入》,载《法学评论》2015 年第 2 期。

159. 傅家绪:《犯罪主体不应是犯罪构成的一个要件》,载《法学评论》1984 年第 2 期。

160. 高格:《关于共同犯罪的几个理论问题的探讨》,载《吉林大学社会科学学报》1982 年第 1 期。

161. 顾永忠:《犯罪构成理论新探》,载《政法论坛》1985 年第 3 期。

162. 桂梦美、宣学伟:《组织犯本体论》,载《铁道警官高等专科学校学报》2003 年第 1 期。

163. 郭烁:《应对“首要威胁”的起点:网络犯罪管辖研究》,载《求是学刊》2017 年第 5 期。

164. 郭园园:《论教唆未遂与未遂教唆——以我国〈刑法〉第 29 条第 2 款的

解读为中心》,载《现代法学》2003 年第 6 期。

165. 郭旨龙:《网络犯罪共犯行为的正犯化与定量评价》,载《科技与法律》2014 年第 6 期。

166. 郭旨龙:《预防性犯罪化的中国境域——以恐怖主义与网络犯罪的对照为视角》,载《法律科学(西北政法学院学报)》2017 年第 2 期。

167. 郭自力、陈文昊:《帮助信息网络犯罪活动罪的教义学阐释》,载《通化师范学院学报》2017 年第 1 期。

168. 韩其珍:《间接正犯的光与影——以比较刑法为视角的考察》,载《刑事法评论》2013 年第 1 期。

169. 郝守才:《共同犯罪人分类模式的比较与优化》,载《现代法学》2007 年第 5 期。

170. 郝晓玲、王拓:《教唆未遂的可罚性论争》,载《中国刑事法杂志》2009 年第 10 期。

171. 何秉松:《建立具有中国特色的犯罪构成理论新体系》,载《法学研究》1986 年第 1 期。

172. 何明凤:《共犯从属性与独立性统一说之提倡》,载《湖北警官学院学报》2014 年第 7 期。

173. 何庆仁:《我国刑法中教唆犯的两种涵义》,载《法学研究》2004 年第 5 期。

174. 侯艳芳:《我国环境刑法中的严格责任适用新论》,载《法学论坛》2015 年第 5 期。

175. 花岳亮:《帮助信息网络犯罪活动罪中"明知"的理解适用》,载《预防青少年犯罪研究》2016 年第 2 期。

176. 花岳亮:《网络共同犯罪的解决路径——以片面帮助犯为视角》,载《济宁学院学报》2014 年第 4 期。

177. 黄国盛:《盗窃罪与故意毁坏财物罪的区别研究——兼论〈关于审理盗窃案件具体运用法律若干问题的意见〉第 12 条第 4 项的理解与适用》,载《中国检察官》2010 年第 24 期。

178. 黄晓亮:《网络共同犯罪的几个问题》,载《信息网络安全》2005 年第 9 期。

179. 黄晓亮:《网络空间共同犯罪研究》,载《信息安全与通信保密》2003 年第 3 期。

180. 黄晓亮、黄伯青:《论网络共同犯罪》,载《犯罪研究》2007 年第 4 期。

181. 贾凌、侢澎:《大陆法系共犯分类之比较》,载《云南大学学报(法学版)》2003 年第 3 期。

182. 江溯:《超越共犯独立性与共犯从属性之争——刑法第 29 条第 2 款的再解释》,载《江苏大学学报(法学版)》2014 年第 2 期。

183. 姜瀛:《"口袋思维"入侵网络犯罪的不当倾向及其应对进路》,载《苏州大学学报(法学版)》2017 年第 2 期。

184. 焦艳鹏:《生态文明保障的刑法机制》,载《中国社会科学》2017 年第 11 期。

185. 金光旭:《日本刑法中的实行行为》,载《中外法学》2008 年第 2 期。

186. 金梦迪:《浅析网络时代"魔弹论"的处境》,载《新闻研究导刊》2015 年第 18 期。

187. 黎宏:《共同犯罪行为共同说的合理性及其应用》,载《法学》2012 年第 11 期。

188. 黎宏、姚培培:《间接正犯概念不必存在》,载《中国刑事法杂志》2014 年第 4 期。

189. 李冠煜、吕明利:《帮助信息网络犯罪活动罪司法适用问题研究——以客观归责方法论为视角》,载《河南财经政法大学学报》2017 年第 2 期。

190. 李虎子:《论增设教唆罪》,载《河南公安高等专科学校学报》2004 年第 4 期。

191. 李菁菁:《论遏制网络犯罪的法律对策》,载《网络安全技术与运用》2017 年第 1 期。

192. 李娟:《网络语境下恐怖犯罪活动组织形式及防范——网络语境下共同犯罪组织形式的异化与防范》,载《新疆社会科学》2010 年第 5 期。

193. 李兰英:《对"放任"的考究》,载《中国刑事法杂志》2001 年第 2 期。

194. 李兰英:《论教唆犯的几个问题》,载《现代法学》2003 年第 5 期。

195. 李立丰、鲁冰婉:《简论网络犯罪的"三级"罪前防控》,载《净月学刊》2017 年第 1 期。

196. 李敏:《论片面合意的共同犯罪》,载《政法论丛》1986 年第 3 期。

197. 李文红、蒋则沈:《金融科技(FinTech)发展与监管:一个监管者的视角》,载《金融监管研究》2017 年第 3 期。

198. 李霞:《涉网络犯罪相关行为刑法规制探究》,载《长春师范大学学报》2017 年第 7 期。

199. 李晓明:《刑法:"虚拟世界"与"现实社会"的博弈与抉择——从两高"网络诽谤"司法解释说开去》,载《法律科学(西北政法大学学报)》2015 年第 2 期。

200. 李荧荧:《教唆犯性质刍议——对刑法第 29 条的解读》,载《广西政法管理干部学院学报》2015 年第 1 期。

201. 李颖、宋鱼水:《论网络存储空间服务商合理注意义务——以韩寒诉百度文库案判决为切入点》,载《知识产权》2013 年第 6 期。

202. 李永升:《间接故意犯罪的概念新探》,载《河南大学学报(社会科学版)》2014 年第 3 期。

203. 李永升:《间接故意犯罪的主客观机制研究》,载《刑法论丛》2010 年第 3 期。

204. 李永升:《中外犯罪构成理论体系之比较》,载《西南政法大学学报》1999 年第 3 期。

205. 李永升、师福伟:《间接正犯的本质研究》,载《法治研究》2014 年第 2 期。

206. 李永升、袁汉兴:《拒不履行信息网络安全管理义务罪的理解与适用》,载《宜宾学院学报》2017 年第 2 期。

207. 李永升、张楚:《公共事件网络谣言的刑法规制》,载《理论月刊》2016 年第 8 期。

208. 李永升、张楚:《网络中立帮助行为的刑法规制》,载《刑法论丛》2018 年第 1 期。

209. 李永升、张楚:《移动网络视域下冒用型信用卡诈骗罪的界定》,载《学术探索》2016 年第 7 期。

210. 李宇先:《论聚众犯罪主体》,载《零陵学院学报》2004 年第 1 期。

211. 李祖华:《共犯人分类比较研究》,载《浙江师范大学学报(社会科学版)》2008 年第 2 期。

212. 练继祥、彭春文:《共犯刑事责任的立法缺陷及其完善》,载《检察实践》1999 年第 5 期。

213. 林清红、周舟:《深度链接行为入罪应保持克制》,载《法学》2013 年第 9 期。

214. 林亚刚:《共谋共同正犯问题研究》,载《法学评论》2001 年第 4 期。

215. 刘德法、刘聪:《论聚众犯罪中的首要分子》,载《山东警察学院学报》2013 年第 5 期。

216. 刘芳、俞毅刚:《聚众式裸聊的刑法规制》,载《河北法学》2009 年第 5 期。

217. 刘华:《论刑法上的行为》,载《政治与法律》1992 年第 4 期。

218. 刘继春:《教唆犯之定性:主犯、从犯抑或兼而有之》,载《社科纵横》2006 年第 3 期。

219. 刘科:《帮助信息网络犯罪活动罪探析——以为网络知识产权犯罪活动提供帮助的犯罪行为为视角》,载《知识产权》2015 年第 12 期。

220. 刘凌梅:《雇佣犯罪若干问题刍论》,载《国家检察官学院学报》2003 年第 2 期。

221. 刘明祥:《"被教唆的人没有犯被教唆的罪"之解释》,载《法学研究》2011 年第 1 期。

222. 刘明祥:《间接正犯概念之否定——单一正犯体系的视角》,载《法学研究》2015 年第 6 期。

223. 刘明祥:《论我国刑法不采取共犯从属性说及利弊》,载《中国法学》2015 年第 2 期。

224. 刘明祥:《论中国特色的犯罪参与体系》,载《中国法学》2013 年第 6 期。

225. 刘明祥:《再释"被教唆的人没有犯被教唆的罪"——与周光权教授商榷》,载《法学》2014 年第 12 期。

226. 刘守芬、丁鹏:《网络共同犯罪之我见》,载《法律科学(西北政法学院学报)》2005 年第 5 期。

227. 刘霜、任彦君:《论英美刑法中的严格责任及其借鉴》,载《河北法学》2005 年第 3 期。

228. 刘硕:《网络共同犯罪语境下帮助犯问题的解决路径》,载《湖北函授大学学报》2016 年第 3 期。

229. 刘为波、牛克乾:《放任的心理定性》,载《政治与法律》2002 年第 4 期。

230. 刘宪权:《论信息网络技术滥用行为的刑事责任——〈刑法修正案(九)〉相关条款的理解与适用》,载《政法论坛》2015 年第 6 期。

231. 刘孝敏:《刑法学知识的引入与运用——以违法性认识的研究为例》,载《刑事法评论》2008 年第 2 期。

232. 刘新良、林峰、张铮:《聚众犯罪首要分子与主犯关系探究》,载《沈阳大学学报》2006 年第 6 期。

233. 刘艳红:《共谋共同正犯的理论误区及其原因》,载《法学》2012 年第 11 期。

234. 刘艳红:《共谋共同正犯论》,载《中国法学》2012 年第 6 期。

235. 刘艳红:《论正犯理论的客观实质化》,载《中国法学》2011 年第 4 期。

236. 刘艳红:《网络中立帮助行为可罚性的流变及批判——以德日的理论和实务为比较基准》,载《法学评论》2016 年第 5 期。

237. 柳华文、严玉婷:《从国际法角度看互联网接入权的概念》,载《人权》2016 年第 2 期。

238. 楼伯坤、林国蛟:《行为加重犯研究》,载《法学家》2005 年第 2 期。

239. 卢勤忠:《论教唆罪的设立》,载《现代法学》1996 年第 6 期。

240. 鲁昕:《教唆罪成立刍议》,载《经济与社会发展》2005 年第 10 期。

241. 路军:《组织犯概念诸学说介评——从组织犯刑事立法出发的思考》,载《当代法学》2005 年第 3 期。

242. 罗毅:《聚众斗殴犯罪主体认定中的三个疑难问题》,载《上海市政法管理干部学院学报》2001 年第 1 期。

243. 马克昌、罗平:《论共同犯罪的概念和要件》,载《政法论坛》1985 年第 4 期。

244. 马贤兴:《聚众斗殴案件中对纠集者、首要分子如何处罚——兼谈对刑法第 292 条第二款的理解与适用》,载《中国刑事法杂志》2004 年第 5 期。

245. 毛海利:《“修正的共犯二重性说”之提倡》,载《法学论坛》2016 年第 2 期。

246. 毛玲玲:《传播淫秽物品罪中"传播"行为的性质认定——"快播案"相关问题的刑事法理评析》,载《东方法学》2016 年第 2 期。

247. 米铁男:《共犯理论在计算机网络犯罪中的困境及其解决方案》,载《暨南学报(哲学社会科学版)》2013 年第 10 期。

248. 米铁男:《网络犯罪的形式评价问题研究》,载《东方法学》2017 年第 5 期。

249. 苗生明:《论主客观相统一的定罪原则》,载《政法论坛》1998 年第 2 期。

250. 聂立泽、苑民丽:《主客观相统一原则与刑事证明标准的层次性研究》,载《法学评论》2011 年第 2 期。

251. 聂昭伟:《犯罪故意与行为不完全相同亦能成立共同犯罪》,载《人民司法》2010 年第 4 期。

252. 彭文华:《犯罪客体:曲解、质疑与理性解读——兼论正当事由的体系性定位》,载《法律科学(西北政法大学学报)》2014 年第 1 期。

253. 彭文华:《网络服务商之刑事责任探讨》,载《佛山科学技术学院学报(社会科学版)》2004 年第 3 期。

254. 皮勇:《论网络"聚众"性犯罪及其刑事立法》,载《人民检察》2004 年第 2 期。

255. 皮勇:《论网络服务提供者的管理义务及刑事责任》,载《法商研究》2017 年第 5 期。

256. 齐爱民:《论网络空间的特征及其对法律的影响》,载《贵州大学学报(社会科学版)》2004 年第 2 期。

257. 齐文远、周详:《对刑法中"主客观相统一"原则的反思——兼评主观主义与客观主义》,载《法学研究》2002 年第 3 期。

258. 钱叶六:《共犯与正犯关系论》,载《中外法学》2013 年第 4 期。

259. 钱叶六:《双层区分制下正犯与共犯的区分》,载《法学研究》2012 年第 1 期。

260. 钱叶六:《中国犯罪参与体系的性质及其特色——一个比较法的分析》,载《法律科学(西北政法大学学报)》2013 年第 6 期。

261. 秦宗川:《论黑社会性质组织犯罪中"全部罪行"的认定》,载《中国刑事法杂志》2014 年第 5 期。

262. [日]桥爪隆:《过失犯的构造》,王昭武译,载《苏州大学学报(法学版)》2016 年第 1 期。

263. 任彦君:《网络中财产性利益的刑法保护模式探析》,载《法商研究》2017 年第 5 期。

264. 邵维国:《论共同犯罪人的意思联络》,载《大连海事大学学报(社会科学版)》2003 年第 3 期。

265. 师晓东:《网络帮助犯正犯化之检讨——以〈刑法修正案(九)〉为中心》,载《山西高等学校社会科学学报》2016 年第 11 期。

266. 石经海:《首要分子与主犯关系新论》,载《现代法学》2000 年第 6 期。

267. 孙道萃:《网络犯罪治理的基本理念与逻辑展开》,载《学术交流》2017 年第 9 期。

268. 孙道萃:《网络共同犯罪的多元挑战与有组织应对》,载《华南师范大学学报(社会科学版)》2016 年第 3 期。

269. 孙万怀:《慎终如始的民刑推演——网络服务提供行为的传播性质》,载《政法论坛》2015 年第 1 期。

270. 孙玉荣、王永斌:《深度链接行为的法律规制探析——兼评“腾讯公司与易联伟达信息网络传播权纠纷案”》,载《科技与法律》2017 年第 1 期。

271. 孙占利、李毅:《ICP 侵权之若干法律问题探析》,载《河北法学》2004 年第 9 期。

272. 唐棣:《网络教唆对青少年犯罪的影响及其预防对策》,载《公安教育》2006 年第 6 期。

273. 唐俊易:《服务器托管和服务器租用的区别》,载《计算机与网络》2015 年第 1 期。

274. 童德华:《正犯的基本问题》,载《中国法学》2004 年第 4 期。

275. 涂龙科:《网络服务提供者的刑事责任模式及其关系辨析》,载《法律与政治》2016 年第 4 期。

276. 屠筱茵:《网络与新媒体环境下的“把关人”理论》,载《西部广播电视》2015 年第 14 期。

277. 汪红飞:《帮助型犯罪问题研究》,载《浙江万里学院学报》2003 年第 5 期。

278. 王兵兵:《“共犯正犯化”立法质疑——以帮助信息网络犯罪活动罪的增设为视角》,载《苏州大学学报(法学版)》2017 年第 1 期。

279. 王博:《论过失共同犯罪成立的现实依据》,载《政法学刊》2013 年第 4 期。

280. 王东海:《教唆犯从属性说的中国式展开》,载《贵州警官职业学院学报》2012 年第 3 期。

281. 王冠:《深度链接行为入罪化问题的最终解决》,载《法学》2013 年第 9 期。

282. 王华伟:《网络服务提供者的刑法责任比较研究》,载《环球法律评论》2016 年第 4 期。

283. 王肃之:《网络犯罪法益的公共化与刑法回应路径探析》,载《北京邮电大学学报(社会科学版)》2017 年第 2 期。

284. 王泰:《论共同犯罪的客观特征》,载《河北法学》1983 年第 2 期。

285. 王文华:《拒不履行信息网络安全管理义务罪适用分析》,载《人民检察》2016 年第 6 期。

286. 王昭武:《教唆犯从属性说之坚持与展开》,载《刑法论丛》2008 年第 3 期。

287. 王昭武:《论共犯的最小从属性说——日本共犯从属性理论的发展与借鉴》,载《法学》2007 年第 11 期。

288. 王昭振、赵微:《组织犯:诠释基础、类型与处罚》,载《河北法学》2008 年第 10 期。

289. 王者香、徐珏:《刑法上的行为新论》,载《政法论坛》1994 年第 5 期。

290. 王志远:《变动中的刑法“主客观相统一原则”——以奸淫幼女犯罪的主观要件设定为线索》,载《法制与社会发展》2006 年第 4 期。

291. 王志远:《网络共犯问题对我国共犯制度模式的挑战》,载《刑法论丛》2010 年第 3 期。

292. 魏东:《关于网络造谣入罪问题的法理检讨》,载《山东警察学院学报》2014 年第 6 期。

293. 魏东:《教唆犯分类论》,载《四川警官高等专科学校学报》2002 年第 3 期。

294. 魏东:《我国共犯论刑法知识的渊源考察与命题辨正——兼与陈兴良教授商榷》,载《现代法学》2013 年第 6 期。

295. 魏娟玲:《论教唆犯的性质》,载《河南省政法管理干部学院学报》2002 年第 6 期。

296. 魏克家:《略论教唆犯》,载《中国政法大学学报》1983 年第 4 期。

297. 魏智彬:《教唆犯的概念与成立要件问题研究》,载《社会科学研究》2000 年第 3 期。

298. 温建辉:《共同过失犯罪新解》,载《理论探索》2015 年第 4 期。

299. 吴波、仇小东:《共同犯罪预备形态刍议》,载《政治与法律》2011 年第 10 期。

300. 吴文翰:《略谈共犯中的几个问题》,载《法学研究》1982 年第 1 期。

301. 吴雨豪:《聚合类网络服务商著作权侵权的刑事处罚边界》,载《电子知识产权》2014 年第 9 期。

302. 吴宗宪:《论社会力量参与预防青少年犯罪的长效机制》,载《华东政法大学学报》2013 年第 5 期。

303. 伍柳村:《试论教唆犯的二重性》,载《法学研究》1982 年第 1 期。

304. 武小凤:《对我国刑法中严格责任立法现状及未来的比较分析》,载《法学家》2005 年第 3 期。

305. 夏华:《教唆犯新探》,载《政治与法律》1991 年第 4 期。

306. 向朝阳、邹佳铭:《论组织犯及其刑事责任》,载《中国刑事法杂志》2006 年第 4 期。

307. 肖吕宝:《关于"教唆不满十八周岁的人犯罪的,应当从重处罚"的理解与适用》,载《政法学刊》2007 年第 5 期。

308. 谢彤:《帮助行为可以在共同犯罪中起主要作用》,载《华东政法学院学报》2002 年第 1 期。

309. 谢望原:《共同犯罪成立范围与共犯转化犯之共犯认定》,载《国家检察官学院学报》2010 年第 4 期。

310. 徐海波、童伟华:《主客观相统一原则局限之检视——"客主观相统一"之提倡》,载《河北法学》2014 年第 10 期。

311. 徐松林:《视频搜索网站深度链接行为的刑法规制》,载《知识产权》

2014 年第 11 期。

312. 徐伟:《网络诱发未成年人犯罪的类型分析与治理策略——基于三十个典型案例统计》,载《预防青少年犯罪研究》2016 年第 4 期。

313. 徐文华:《网络犯罪的规制与中国刑事法律建构方向》,载《江西警察学院学报》2017 年第 3 期。

314. 许富仁:《重建共犯本质理论逻辑基点——关于德日共犯本质理论逻辑基点的否定》,载《法律科学(西北政法学院学报)》2007 年第 5 期。

315. [日]西原春夫:《日本与德意志刑法和刑法学——现状与未来之展望》,林亚刚译,李国胜审校,载《法学评论》2001 年第 1 期。

316. 阎二鹏:《法教义学视角下帮助行为正犯化的省思——以〈中华人民共和国刑法修正案(九)〉为视角》,载《社会科学辑刊》2016 年第 4 期。

317. 阎二鹏:《共犯本质论:基于“个人责任”的反思性检讨》,载《刑法论丛》2009 年第 3 期。

318. 阎二鹏:《共犯本质论之我见——兼议行为共同说之提倡》,载《中国刑事法杂志》2010 年第 1 期。

319. 阎二鹏:《共犯行为正犯化及其反思》,载《国家检察官学院学报》2013 年第 3 期。

320. 阎二鹏、梅腾:《行为共同说视角下深度链接入罪化探究》,载《江海学刊》2015 年第 4 期。

321. 杨金彪:《分工分类与作用分类的同一——重新划分共犯类型的尝试》,载《环球法律评论》2010 年第 4 期。

322. 杨金彪:《论同时犯》,载《云南法学》1999 年第 4 期。

323. 杨莉、郭红英:《浅谈光纤通讯传输的常见问题与解决方法》,载《数字技术与应用》2011 年第 6 期。

324. 杨晓东、肖怡:《教唆行为应构成独立的“教唆罪”》,载《西南政法大学学报》2002 年第 2 期。

325. 杨兴培:《共同犯罪的正犯、帮助犯理论的反思与批评》,载《法治研究》2012 年第 8 期。

326. 杨正鸣:《网络犯罪及其特征》,载《山东警察学院学报》2002 年第 1 期。

327. 杨志壮:《试析片面共犯》,载《政法论丛》1997 年 S1 期。

328. 叶景清:《网络聚合型共同犯罪的防控思考——以宁波市海曙区“2017.4.23”抢劫案为例》,载《公安学刊(浙江警察学院学报)》2017 年第 6 期。

329. 游涛、杨茜:《网络犯罪实证分析——基于北京市海淀区人民法院 2007 - 2016 年审结网络犯罪案件情况的调研》,载《法律适用》2017 年第 17 期。

330. 于冲:《三网融合背景下青少年网络犯罪的现状和发展趋势探究》,载《青少年犯罪问题》2014 年第 1 期。

331. 于冲:《网络犯罪帮助行为正犯化的规范解读与理论省思》,载《中国刑事法杂志》2017 年第 1 期。

332. 余定猛:《网络犯罪的立体化治理模式构想》,载《公安学刊(浙江警察学院学报)》2017 年第 1 期。

333. 喻海松:《网络犯罪的立法扩张与司法适用》,载《法律适用》2016 年第 9 期。

334. 詹毅:《网络游戏中物品的民法属性》,载《知识产权法研究》2009 年第 1 期。

335. 张楚:《网络空间聚合型犯罪研究》,载《法治论坛》2018 年第 2 期。

336. 张红艳:《论德日刑法的犯罪支配理论与共谋共同正犯》,载《河北法学》2011 年第 9 期。

337. 张捷、姚军:《伙同未达刑事责任年龄人作案可构成共同犯罪》,载《人民司法》2013 年第 8 期。

338. 张俊霞:《网络共同犯罪若干疑难问题探讨》,载《河北法学》2007 年第 11 期。

339. 张开骏:《共犯从属性理论的体系建构》,载《清华法学》2013 年第 6 期。

340. 张黎:《从叙事交流看“快播案”的庭审微博直播》,载《海峡法学》2016 年第 4 期。

341. 张明楷:《不作为犯中的先前行为》,载《法学研究》2011 年第 6 期。

342. 张明楷:《犯罪集团首要分子的刑事责任》,载《法学》2004 年第 3 期。

343. 张明楷:《妨害业务行为的刑法规制》,载《法学杂志》2014 年第 7 期。

344. 张明楷:《非法获取虚拟财产的行为性质》,载《法学》2015 年第 3 期。

345. 张明楷:《共同犯罪是违法形态》,载《人民检察》2010 年第 13 期。

346. 张明楷:《共同过失与共同犯罪》,载《吉林大学社会科学学报》2003 年第2期。

347. 张明楷:《教唆犯不是共犯人中的独立种类》,载《法学研究》1986年第3期。

348. 张明楷:《论帮助信息网络犯罪活动罪》,载《政治与法律》2016年第2期。

349. 张明楷:《论教唆犯的性质》,载《刑事法评论》2007年第2期。

350. 张千帆:《刑法适用应遵循宪法的基本精神——以"寻衅滋事"的司法解释为例》,载《法学》2015年第4期。

351. 张强、陈勇、张雷:《计算机网络犯罪的认定和防控——以利用计算机网络实施损害商誉罪为视角》,载《重庆交通大学学报(社会科学版)》2015年第4期。

352. 张睿:《论独立教唆犯》,载《河南省政法管理干部学院学报》2000年第3期。

353. 张少东:《深度链接行为的刑事审视》,载《山西师大学报(社会科学版)》2014年S5期。

354. 张婷:《犯罪产业链背景下"技术中立原则"对犯罪定性的干扰和反思——以"侵犯公民个人信息犯罪"为视角》,载《青海社会科学》2018年第2期。

355. 张伟:《帮助犯概念与范畴的现代展开》,载《现代法学》2012年第4期。

356. 张小虎:《犯罪预防与犯罪控制的基本理念》,载《河南省政法管理干部学院学报》2008年第1期。

357. 张秀珍、冯晓玉:《网络传播受众与传统大众传播受众的心理特征比较》,载《白城师范学院学报》2006年第5期。

358. 张艳语:《煽动型犯罪中煽动行为的界定》,载《武汉冶金管理干部学院学报》2017年第1期。

359. 张阳、刚婉:《论网络共同犯罪的认定——一起假淘宝网诈骗案引发的思考》,载《云南大学学报(法学版)》2014年第5期。

360. 张勇、王杰:《帮助信息网络犯罪活动罪的"从犯主犯化"及共犯责任》,载《上海政法学院学报(法治论丛)》2017年第1期。

361. 张智辉:《试论网络犯罪的立法完善》,载《北京联合大学学报(人文社会科学版)》2015 年第 2 期。

362. 张宗亮:《全球化背景下的网络犯罪及其控制对策》,载《中国人民公安大学学报(社会科学版)》2003 年第 4 期。

363. 赵秉志、张新平:《试论网络共同犯罪》,载《政法论坛(中国政法大学学报)》2002 年第 5 期。

364. 赵辉:《组织犯刑事责任之探讨》,载《中国刑事法杂志》2009 年第 6 期。

365. 赵联宁:《ISP/ICP 的法律责任》,载《河海大学学报(哲学社会科学版)》2001 年第 2 期。

366. 赵运锋:《帮助信息网络犯罪活动罪的立法依据与法理分析》,载《上海政法学院学报(法治论丛)》2017 年第 1 期。

367. 郑军男:《论定罪中的"主客观相统一原则"——解读刑法理论中的主观主义与客观主义》,载《法制与社会发展》2005 年第 4 期。

368. 郑曈:《商业银行网络与企业结算系统关系研究》,载《闽江学院学报》2006 年第 3 期。

369. 郑泽善:《网络犯罪与刑法的空间效力原》,载《法学研究》2006 年第 5 期。

370. 周德金:《论过失共同犯罪》,载《浙江工商大学学报》2008 年第 5 期。

371. 周光权:《行为评价机制与犯罪成立——对犯罪构成理论的扩展性思考》,载《法学研究》2000 年第 3 期。

372. 周铭川:《共同犯罪本质新论——共同故意实施犯罪说之提倡》,载《上海交通大学学报(哲学社会科学版)》2011 年第 5 期。

373. 周少华:《刑法机能的发生机制——一个技术性描述》,载《法商研究》2005 年第 2 期。

374. 周啸天:《事后抢劫罪共犯认定新解——从形式化的理论对立到实质化的判断标准》,载《政治与法律》2014 年第 3 期。

375. 周新:《英国刑法严格责任的构造与借鉴》,载《政治与法律》2011 年第 2 期。

376. 朱道华:《共犯本质:一个反思性检讨》,载《西北大学学报(哲学社会科学版)》2008 年第 2 期。

377. 朱建华:《论犯罪客体不是犯罪构成要件》,载《广东社会科学》2005 年第3期。

二、外文参考文献

378. 草野豹一郎『刑法の要論』(有斐閣,1956年)。

379. 草野豹一郎『刑法総則の講義(第1分冊)』(南郊社,1935年)。

380. 川端博『共犯の理論』(成文堂,2008年)。

381. 川端博『刑法総論ノート(第2版)』(成文堂,2006年)。

382. 大谷実『刑法講義総論(第3版)』(成文堂,2009年)。

383. 大野平吉『共犯者の従属性と独立性』(有斐閣,1964年)。

384. 大越義久『共犯してから考える』(成文堂,1989年)。

385. 大塚仁『犯罪論の基本問題』(有斐閣,1982年)。

386. 大塚仁『刑法の焦点(共犯者)』(有斐閣,1985年)。

387. 大塚仁『刑法概説(総論)(第4版)』(有斐閣,2008年)。

388. 島田聡一郎『正犯　共犯論の理論的基礎』(東京大学出版会,2002年)。

389. 高橋則夫『刑法の焦点(共犯者)』(成文堂,1998年)。

390. 宮本英修＝鈴木茂嗣『宮本英修の著作』(成文堂,1998年)。

391. 亀井源太郎『正犯と共犯の違い』(弘文堂,2005年)。

392. 久礼田益喜『日本刑法総論』(いかめしい,1925年)。

393. 立石二六『刑法総論』(成文堂,2004年)。

394. 牧野英一『刑法の研究』(有斐閣,1928年)。

395. 内藤謙『刑法講義総論(下)(二)』(有斐閣,2006年)。

396. 平野竜一『刑法総論』(有斐閣,1975年)。

397. 斎藤信宰『刑法の講義(総論)』(成文堂,1991年)。

398. 前田雅英『刑法総論講義(第4版)』(東京大学出版会,2006年)。

399. 青柳文雄『日本刑法論(下)』(成文堂,1973年)。

400. 松尾浩也＝芝原邦爾＝西田典之『刑法判例百選16(総論)』(有斐閣,1997年)。

401. 藤木英雄＝板倉宏『刑法の議論』(有斐閣,1987年)。

402. 西田典之『共犯と身分』(成文堂,1982年)。

403. 曽根威彦『刑法の重要問題(総論)(改訂版)』(成文堂,1996年)。

404. 正田満三郎『刑法体系総論』(有斐閣,1979 年)。

405. 中山研一『刑法総論』(成文堂,1990 年)。

406. 佐伯千仞『共犯理論の源流』(成文堂,1987 年)。

407. Andrew Ashworth & Jeremy Horder, *Principles of Criminal Law*, Oxford University Press,2013.

408. Armin Kaufmann,Die Dogmatik der Underlassungsdelikte,1959.

409. Calus Roxin, Strafgesetzbuch, Leipziger Kommentar, 10. Aufl, 2. Lieferung,1978.

410. Calus Roxin,Taterschaft und Tatherrschaft,1967.

411. David Dolinko, *The Theoretical and Philosophical Foundations of Criminal Law*, Ashgate Publishing Limited,2014.

412. George P. Fletcher, *Basic Concepts of Criminal Law*, Oxford University Press,1998.

413. George P. Fletcher,*Rethinking Criminal Law*,Little,Brown and Company, 1978.

414. Hans-Heinrich Jescheck,Lehrbuch des Strafrechts(AT),3. Aufl. 1978.

415. John Cyril Smith & Brian Hogan, *Criminal Law*, 10th ed. , Butterworths, 2002.

416. Jonathan Herring,*Criminal Law*,9th ed. ,Palgrave Macmillan,2015.

417. Paul Bockelmann,Strafrecht(AT),3. Aufl. 1975.

418. Rolf Dietrich Herzberg,Die Unterlassung im Strafrecht und das Garanten-prinzip,1972.

419. Werner Niese,Die Rechtsprechung des Bundesgerichtshofs in Strafsachen, JZ 1953.

后　记

寒窗十载，韦编三绝。从步入西南政法大学学习至今，已有 10 多年的光阴。在本科学习期间，因为对刑事法律颇感兴趣，最终在硕士阶段选择攻读刑法学，以“刑法基本理论与实践”作为研究方向，在硕士毕业工作一段时间后又继续攻读博士学位。由于第一篇发表的学术论文以共同犯罪为主题，因此，在恩师李永升教授的建议下，本人的硕士学位论文和博士学位论文都选择了共同犯罪这个方向。

比较研究中外文献，结合自己对共同犯罪粗鄙的理解，本人认为共同犯罪的原理和方法论，都是共同犯罪理论的核心构成问题，只有以基本构造作为圆心，才能展开对网络空间中各类共犯的描述。作为一门社科类学科，学术研究应当注重论证的严谨，也应当与时俱进，注意理论创新的前提和背景。

在攻读博士学位期间，我撰写过若干学术论文。其中，一篇与网络谣言的刑法规制相关，一篇与移动支付的刑法保护相关，一篇与网络“套路贷”的规制路径相关，一篇与网络数据和个人信息保护相关，一篇与网络空间的帮助行为相关，一篇与网络空间聚合性犯罪相关。小论文的发表给我的博士学位论文的选题以启发。最终，我选择以网络时代背景为切入点，研究共同犯罪理论，以“网络空间共同犯罪的基本构造”为题，尝试对共同理论进行升级和改进。博士学位论文的创作花了近一年的时间，加上资料的收集、整理，有近两年的时间。本书即在博士学位论文基础上修改而成。

博士毕业以后，我有幸在母校留校并在人工智能法学院任教，承担教学与科研工作。结合当前的网络技术、区块链技术、人工智能技术，我开始以科技法的视角,重新审视传统刑法理论。传统刑法理论,只有借助法应用学的思维,才能注入活水;法应用学的思维,唯有人工智能的助力,才能与时俱进。网络信息安全法学、人工智能法学是新兴的部门法学,被时代赋予了多元的可能,也为学术创作留下了不小的空间。传统的刑法学理论,能够以坚实的教义学与方法论,给今后的科研创作以指导;科技前沿的领域,能够以全新的视野和开阔的路径,不断改革与创新自己的研究思路。

关于本书的出版,首先,我非常感谢我的恩师——李永升教授,感谢他在为人处世、学术研究上对我的悉心指导,感谢在投入恩师门下7年以来他对我的栽培和教诲,感谢在求学生涯中恩师对我的鼓励、鞭策与指导;其次,我还要感谢这几年在学习与深造过程中有幸遇到的所有老师与同窗,感谢法学院刑法教研室的各位博士研究生导师,同时也感谢各位博士、硕士同门;最后,我要感谢我的工作单位——西南政法大学人工智能法学院,感谢学院的大力支持,将书稿纳入"应用法学文库",感谢各位同事在科研创新、教研改革过程中的互励与共勉。我唯有以力求严谨的科研态度,不断提升教学能力,才能担负教书育人的责任,传递传道授业的薪火。